O SEU DIREITO DE SER RICO

NAPOLEON HILL

Título original: Your Right to be Rich

O seu direito de ser rico

Edição promocional

Autor:
Napoleon Hill

Tradução:
Mayã Guimarães

Preparação de texto:
André Fonseca

Revisão:
3GB Consulting

Projeto gráfico:
Dharana Rivas

Produção editorial e distribuição:

CDG
Grupo Editorial

contato@cdgeditora.com.br

SUMÁRIO

INTRODUÇÃO À SÉRIE DE PALESTRAS

Pelo Editor

O seu direito de ser rico, de Napoleon Hill, foi apresentado originalmente como uma série de palestras para uma plateia de Chicago na primavera de 1954. Cortesia da Fundação Napoleon Hill, esta publicação disponibiliza para você essa série de palestras e amplia a obra ilustre do autor, um ícone americano da vida bem-sucedida.

O seu direito de ser rico pode ajudar verdadeiramente na realização de todos os seus objetivos e sonhos, além de inspirá-lo a buscar novos, nos quais a riqueza não se restrinja a parâmetros tão estreitos como fortuna e fama. Você merece ser rico em todas as áreas – pessoal, espiritual e financeira. Dr. Hill descobriu que aqueles que conquistaram só recompensas financeiras na vida, por maiores que possam ter sido essas recompensas, eram as pessoas menos felizes e satisfeitas do mundo. Para ser efetivamente rico, é preciso ser rico em todos os aspectos da vida.

Embora o Dr. Hill se refira a esta filosofia como uma ciência da realização pessoal, uma ciência do sucesso, você pode estar se perguntando como sucesso pode acompanhar a ciência. Os passos para a riqueza podem ser resumidos, quantificados e postos em funcionamento sem erro, como um confiável experimento no laboratório? Dr. Hill define ciência como a arte de organizar e classificar fatos. Como todas as ciências, a ciência do sucesso só é útil se aplicada em relação a algum objetivo. O Dr. Hill apresenta princípios factuais e provados, tão cuidadosamente organizados e explicados que, se forem seguidos com cuidado e à risca, o levarão à riqueza que você tanto deseja.

Essas palestras excepcionais representam uma oportunidade única a estudantes que se dedicam há muito tempo, bem como a recém-chegados ao trabalho de Napoleon Hill. A partir desse material, com base nas gravações de suas palestras, vivemos a apresentação pessoal do Dr. Hill dessa fabulosa filosofia como nunca antes, de um jeito impressionante, efetivo e dramático.

Essa série de palestras nos dá os dezessete princípios de sucesso de Napoleon Hill, o apogeu de décadas de estudo e pesquisa.

Para adquirir a mesma experiência como seus estudantes, siga estes três pontos que o Dr. Hill enfatiza ao dar suas palestras:

1. **Faça anotações.** Mantenha um caderno à mão e faça anotações generosas, a partir de agora. Escrever a informação que aprende ajuda a gravar com mais firmeza a filosofia do Dr. Hill em seu consciente e subconsciente. Você pode escolher entre escrever e gravar suas ideias.
2. **Adicione as próprias ideias.** Na medida em que avança no material, expanda suas anotações, adicionando constantemente seus pensamentos originais e pensamentos relevantes que encontrar nos jornais, revistas, rádio e TV.
3. **Use a repetição para se apoderar dessas ideias.** Não se limite a ler as ideias uma vez. Reveja esse material muitas e muitas vezes, enfatizando, pelo poder da repetição, suas mensagens de pensamento e ação. Quanto mais trabalhar nesse sentido, mais ele vai trabalhar por você.

OS DEZESSETE PRINCÍPIOS DO SUCESSO

1. **Definição de objetivo.** Toda realização começa com o estabelecimento de seu objetivo principal e a criação de planos específicos para alcançá-lo.
2. **MasterMind.** Esse processo permite que você colha todos os benefícios de experiência, treinamento, educação, conhecimento especializado e influência de outras pessoas.
3. **Fé aplicada.** Transforme fé em ação pela qual o poder da alma possa traduzir em realidade seus objetivos, desejos, planos e metas.
4. **Fazer o esforço extra.** Recompensas se multiplicam quando você presta mais e melhor serviço do que é pago para prestar.
5. **Personalidade agradável.** Desenvolva as características mentais, espirituais e físicas que vão ajudar a fazer o melhor de você e levá-lo ao sucesso.
6. **Iniciativa pessoal.** Tomar atitudes é o princípio que é necessário para liderar em qualquer esfera da vida.
7. **Atitude mental positiva.** A atitude certa cria um caminho para o sucesso e os meios pelos quais esta filosofia pode ser implementada.
8. **Autodisciplina.** Emoções devem ser administradas a fim de equilibrar cabeça e coração para obter uma coordenação entre razão e emoção.

9. **Entusiasmo.** Esse dínamo de toda realização individual ajuda a desenvolver autoconfiança e superar pensamentos negativos, preocupações e medos.
10. **Concentração/atenção controlada.** Organize a mente. Foque no sucesso. Coordene e controle os poderes da mente. Use a poderosa ferramenta da autossugestão.
11. **Pensamento preciso.** Reúna fatos, pese sua importância relativa, use o próprio julgamento e analise profundamente uma questão a fim de tomar a decisão certa com base em pensamento *versus* opinião ou emoção.
12. **Adversidade e derrota.** Entenda e supere as causas do fracasso, transformando os inevitáveis obstáculos, fracassos e oposição em benefício.
13. **Cooperação.** Coordene seus esforços com o de outras pessoas e trabalhe junto para alcançar um objetivo comum. Use o trabalho em equipe e o tato em proveito próprio nas suas empreitadas pessoais e de negócios.
14. **Visão criativa ou imaginação.** Deixe a poderosa oficina em sua mente revelar as maneiras para expressar o propósito do cérebro e os ideais da alma.
15. **Saúde forte.** O bem-estar físico é essencial para cultivar a energia, vitalidade, as atitudes e hábitos para uma vida realmente saudável, feliz e bem-sucedida.
16. **Orçamento de tempo e dinheiro.** Faça o máximo possível com seus recursos físicos.
17. **A Lei da Força Cósmica do Hábito.** Entenda e aplique a dinâmica e o poder da força controladora e das leis naturais que governam o universo (inclusive as relações humanas).

O PODER INCREMENTAL DE TODOS OS PRINCÍPIOS TRABALHANDO JUNTOS

Cada um desses dezessete princípios é muito valioso. Porém, essa é uma filosofia sinérgica em que todos os elementos, se trabalhados juntos, têm um efeito geral maior que a soma de seus efeitos individuais. Quando discute cada princípio, o Dr. Hill se refere com frequência a um ou mais dos outros princípios. A repetição é proposital e um lembrete constante de que todos esses princípios estão relacionados entre eles, cada um extraindo dos outros e construindo sobre os outros. É como fazer um bolo: cada ingrediente é necessário para se obter o resultado necessário. Não é possível fazer um bolo só com farinha ou bicarbonato de sódio, gordura ou farinha; você precisa de todos os ingredientes da receita.

Você vai notar uma palavra em particular que o Dr. Hill usa com frequência. A palavra é *transmutar*. O dicionário a define como transformar uma forma, condição, natureza ou substância em outra. Para transformar ou converter, esse pensamento é essencial para compreender e aplicar esta filosofia.

> *Transmutação significa que você tem o controle final sobre seus pensamentos e sentimentos. Se eles são negativos, você pode torná-los positivos. Se são restritivos, você pode fazê-los expansivos. Se você se restringia, pode se libertar. Você tem a capacidade de transmutar ou mudar os hábitos e padrões que o derrotaram.*

Você também vai notar que Dr. Hill faz referência aos nove motivos básicos, também chamados (em outras palavras) de alfabeto do sucesso. Eles são importantes para entender por que emoções e desejos inspiram todas as ações voluntárias que se tornam realizações individuais. Como pedras fundamentais do caráter humano, os motivos são a base sobre a qual esta filosofia se apoia. São vitais para compreender outros seres humanos e você mesmo, porque são parte de todos nós.

1. A emoção do amor.
2. A emoção do sexo.
3. O desejo de ganho material.
4. O desejo de autopreservação.
5. O desejo de liberdade de corpo e alma.
6. O desejo de autoexpressão e reconhecimento.
7. O desejo de vida e morte.
8. O desejo de vingança.
9. A emoção do medo.

Como você pode ver, essa lista realmente reflete a natureza humana, com motivos que são positivos e motivos que são negativos. Para alcançar as riquezas que queremos, precisamos entender essas forças e como trabalhar com elas.

Os princípios desta filosofia e as forças dinâmicas básicas da humanidade sugerem a jornada excitante e inspiradora que nos aguarda. Nas próximas páginas, você vai aprender com o homem que desenvolveu esta filosofia, e que motivou mais homens e mulheres a alcançar o sucesso do que qualquer outro na história. Napoleon Hill, maior fazedor de milionários da América, vai dividir com você seus segredos de sucesso nessa série nunca antes publicada de poderosas palestras. Sente-se na primeira fileira como um de seus alunos. Acolha a sabedoria que vai mudar sua vida. Prepare-se para a aventura de toda uma vida. Aceite seu direito de ser rico.

PRINCÍPIO 1

DEFINIÇÃO DE OBJETIVO

> Vamos estudar a lição de definição de objetivo e ver o que ela realmente significa e por que é ponto de partida das realizações – porque é realmente o ponto de partida de todas as realizações individuais. Um "objetivo definido" deve ser acompanhado por um plano definido para um objetivo seguido da ação apropriada.

PREMISSA 1: UM PLANO DE AÇÃO

Você precisa ter um objetivo, precisa ter um plano, e tem que começar a pôr esse plano em ação. Não é muito importante que seu plano seja sólido, porque, se descobrir que adotou um plano que não é sólido ou funcional, você sempre pode mudá-lo. Pode modificar seu plano, mas é muito importante que seja definido em relação a ele. O que está procurando, e seu objetivo de encontrar essa coisa – isso deve ser muito definido. Não pode haver *se*, *e* ou *mas* a respeito disso. Antes de chegar ao final desta lição, você vai entender por que isso tem que ser definido.

Simplesmente entender esta filosofia, ler ou me ouvir falar sobre ela não teria muito valor para você. O valor virá quando você começar a formar seus próprios padrões a partir da filosofia e colocá-la em prática em sua vida diária, nos negócios, na profissão, no emprego ou nas suas relações humanas. É aí que os benefícios realmente virão.

PREMISSA 2: MOTIVO DETERMINA TODA AÇÃO E CADA REALIZAÇÃO

A segunda premissa é que todas as realizações individuais resultam de um motivo ou da combinação de motivos. Quero deixar bem claro que você não tem o direito de pedir a alguém para fazer alguma coisa a qualquer momento... sem o quê? Sem dar a essa pessoa um motivo adequado. Consequentemente, é essa a medida da competência em vendas, da capacidade de plantar na mente do comprador em potencial um motivo adequado para a compra. Aprenda a lidar com pessoas plantando na cabeça delas motivos adequados enquanto fazem as coisas que você quer que elas façam. Tem muita gente que se diz "vendedor" e nunca ouviu falar nos nove motivos básicos. Essas pessoas não sabem que não têm o direito de pedir uma venda enquanto não plantarem um motivo na cabeça do comprador.

PREMISSA 3: O PODER DO SUBCONSCIENTE

A terceira premissa é que qualquer ideia, plano ou objetivo dominante é mantido em mente pela repetição de pensamento, e, carregado de emoção com um desejo ardente por sua realização, é tomado pela seção subconsciente da mente e posto em prática por todos os meios naturais e lógicos disponíveis. A última frase contém uma tremenda lição de psicologia. Se você quer que a mente capture uma ideia e crie um hábito de agir automaticamente com base nela, precisa dizer *à* mente o que quer, muitas, muitas e muitas vezes.

"Dia após dia, em todos os sentidos, vou me tornando cada vez melhor" é a frase criada por Émile Coué, o famoso psicólogo francês. Ela resume sua fórmula para curar milhares de pessoas, muito mais do que não curou, na verdade. Eu me pergunto se você saberia por quê. Afinal, não há desejo ou sentimento nessa declaração (e fazer qualquer declaração sem sentimento é como jogá-la ao vento).

O importante em qualquer afirmação é se você acredita nela ou não. Se diz a você mesmo qualquer coisa com a frequência necessária, vai passar a acreditar nisso. Mesmo que seja uma mentira. É engraçado, mas verdadeiro, que algumas pessoas contam mentiras inocentes (e às vezes nem tão "inocentes") até acreditarem nelas. O subconsciente não sabe a diferença entre certo ou errado. Não conhece a diferença entre positivo e negativo. Não sabe a diferença entre um centavo ou US$ 1 milhão. Ele não sabe a diferença entre sucesso e fracasso. Aceita qualquer declaração que você continuar repetindo em pensamento ou palavras, ou por qualquer outro meio. Cabe a você (no começo) estabelecer seu objetivo definido, escrevê-lo para que possa ser compreendido, memorizado e repetido todos os dias, até o subconsciente se apoderar dele e passar a agir automaticamente com base nele.

Isso vai demorar um pouco. Você não pode esperar desafazer da noite para o dia o que tem feito com seu subconsciente ao longo dos anos permitindo a entrada nele de pensamentos negativos. Mas você vai descobrir que, se carregar de emoção qualquer plano que enviar à mente subconsciente, repeti-lo com entusiasmo e reforçá-lo com um espírito de fé, a mente subconsciente não só age mais depressa, ela também age de maneira mais definida e positiva.

PREMISSA 4: O PODER DA FÉ

A quarta premissa é que qualquer desejo, plano ou objetivo dominante que é amparado por aquele estado mental conhecido como fé é capturado pela parte subconsciente da mente e posto em prática imediatamente. A fé é o único estado mental que vai produzir ação imediata na mente subconsciente. Por fé, não me refiro ao querer, esperar ou acreditar moderadamente em nenhuma dessas coisas. Estou me referindo a um estado mental no qual o que quer que você faça pode ser visto já como um ato concluído, antes mesmo de começar. Isso é bem positivo, não é?

Posso dizer com sinceridade que nunca em minha vida me dispus a fazer alguma coisa que não tenha feito realmente, a menos que tenha sido descuidado em meu desejo de fazê-la, me afastado dessa coisa ou mudado de ideia ou atitude mental. Nunca deixei de fazer nada que tenha decidido fazer. Você pode se colocar em um estado mental para fazer qualquer coisa que decidir fazer, a menos que o enfraqueça ao longo do caminho (como tanta gente faz).

Não tenho certeza, mas desconfio de que há um número relativamente pequeno de pessoas no mundo, em qualquer período, que entenda o princípio da fé – que realmente o entenda e saiba como aplicá-lo. Mesmo que você o entenda, se não ampará-lo com ação e torná-lo parte dos hábitos de sua vida, é como se não entendesse. Fé sem atitude é morta, fé sem ação é morta, e fé sem crença absoluta, positiva, é morta. Você não vai alcançar nenhum resultado acreditando, a menos que ampare essa fé em alguma ação.

Se disser frequentemente à sua mente que tem fé em alguma coisa, vai chegar o momento em que a mente subconsciente vai aceitar, mesmo que diga regularmente à sua mente que tem fé em si mesmo. Já pensou que bom seria se você tivesse uma fé tão completa em si mesmo que não hesitasse em fazer qualquer coisa que quisesse fazer na vida? Já pensou que benéfico isso seria para você? Sabe quantas pessoas aceitam menos do que merecem durante a vida inteira, porque não têm a dose certa de confiança, muito menos de fé? Imagine a porcentagem. É alguma coisa entre 98% e 100%. A porcentagem dos que acreditam é tão pequena que eu nem consigo imaginar qual é. Mas considerando as diversas milhares de pessoas com quem entrei em contato (e não preciso dizer que minhas plateias e minhas turmas de alunos são sempre maiores que a média), eu diria que bem mais de 98% das pessoas nunca desenvolveram uma quantidade suficiente de confiança nelas mesmas para fazer as coisas que querem fazer na vida. Aceitam o que a vida dá a elas, seja o que for.

Não é estranho como a natureza funciona? Ela dá ao indivíduo um conjunto de ferramentas; tudo de que você precisa para obter qualquer coisa que pode usar ou querer ter nesse mundo. Ela dá os recursos para todas as suas necessidades e recompensa generosamente quem aceita e usa essas ferramentas. Isso é tudo que você tem que fazer, só aceitá-las e usá-las. Ela castiga de maneira incomparável quem não as aceita e usa. A natureza odeia vácuos e inatividade. Ela quer tudo em ação, e quer especialmente a mente humana em ação. A mente não é diferente de nenhuma outra parte do corpo. Se você não a utiliza e não conta com ela, ela atrofia, murcha, e finalmente chega a um estágio no qual qualquer um pode conduzir você. Qualquer pessoa. Às vezes, você não tem força de vontade nem para resistir ou protestar quando é conduzido por outras pessoas.

PREMISSA 5: O PODER DO PENSAMENTO

A quinta premissa é o poder do pensamento, a única coisa sobre a qual qualquer ser humano tem completo e inquestionável meio de controle. Isso é tão surpreendente que conota uma relação entre a mente do homem e Inteligência Infinita. Só existem cinco coisas conhecidas em todo o universo, e dessas cinco coisas sai tudo que existe, desde os menores elétrons e prótons de matéria até os maiores sóis que flutuam por aí nos céus, inclusive você e eu. Só cinco coisas. Tempo, espaço, energia e matéria, e essas quatro coisas não serviriam para nada sem a quinta coisa. Elas não seriam nada. Tudo seria o caos. Não haveria você e eu, nem poderíamos ter existido sem essa quinta coisa. O que acha que é? Inteligência universal.

Ela se reflete em cada folha de grama, em tudo que brota do chão, e em todos os elétrons e prótons de matéria. Ela se reflete no espaço e no tempo, em tudo que é. Há inteligência – inteligência em ação o tempo todo –, e a pessoa mais bem-sucedida é aquela que encontra os caminhos e os meios para se apropriar da maioria dessa inteligência por meio de seu cérebro e colocá-la em ação. Essa inteligência permeia o universo inteiro: espaço, tempo, matéria, energia e tudo mais. Cada indivíduo tem o privilégio de se apoderar de quanto quiser dessa inteligência para uso próprio. E só é possível se apropriar dela pelo uso. Apenas compreendê-la ou acreditar nela não é suficiente. Você tem que colocá-la em uso de alguma forma, e a responsabilidade desse curso é, principalmente, dar a você um padrão, uma planta pela qual possa se apropriar de sua mente e colocá-la em funcionamento. Você só precisa seguir a planta. Não escolha só aquela parte dela de que gosta mais e descarte as outras. Use-a inteira como é.

PREMISSA 6: SUBCONSCIENTE LIGADO À INTELIGÊNCIA INFINITA

A sexta premissa estabelece que a parte subconsciente da mente parece ser a única via de abordagem individual à Inteligência Infinita.

Quero que você estude essa linguagem com muito cuidado. Ela diz *parece* ser. Não sei se é, e duvido que alguém saiba com certeza. Muita gente tem várias ideias diferentes sobre isso. Mas a partir da melhor inteligência que tenho conseguido usar, a partir das melhores observações que tenho conseguido fazer por meio de milhares de experimentos, parece que isso é verdade. A seção subconsciente da mente é a única via de acesso individual à Inteligência Infinita e pode ser influenciada pelo indivíduo pelos meios descritos no assunto dessa aula. A abordagem básica é fé baseada em definição de objetivo. Essa frase fornece a chave para esta premissa: fé baseada em definição de objetivo.

Você tem alguma ideia de por que não tem tanta confiança em si mesmo quanto deveria ter? Já parou para pensar nisso? Alguma vez parou para pensar por que, quando identifica uma oportunidade ou o que pensa ser uma oportunidade, começa a questionar sua capacidade de agarrá-la e usá-la? Isso não aconteceu com você muitas vezes? Não acontece todos os dias?

Se você tivesse uma chance de ser próximo de pessoas muito bem-sucedidas, saberia que esse é um problema que elas não têm. Se querem fazer alguma coisa, nunca pensam que não podem. Suponho que, ao ler sobre a Napoleon Hill Associates, você tenha conhecido meu distinto sócio, Sr. W. Clemente Stone. Se já vi um homem que conhece o poder da própria mente e se dispõe a contar com ela, esse homem é o Sr. Stone. Não acredito que ele tenha preocupações. Acho que seria um insulto à sua inteligência reconhecer que alguma coisa o preocupa. Por quê? Porque ele confia em sua capacidade de usar a mente e fazê-la criar as circunstâncias que quer que sejam criadas. Essa é a condição e a operação da mente, de qualquer mente bem-sucedida, e essa vai ser a condição da sua mente quando estudar toda esta filosofia. Você vai ser capaz de projetar a mente em qualquer objetivo que escolher, e nunca haverá nenhuma dúvida em sua mente sobre se pode ou não fazer o que quer – nunca haverá uma questão no mundo.

PREMISSA 7: CÉREBRO COMO TRANSMISSOR DE PENSAMENTO

A sétima premissa é que todo cérebro é tanto um conjunto receptor quanto uma estação transmissora para as vibrações do pensamento. Isso explica a importância de seguir com definição de objetivo, em vez de vagar a esmo. Um cérebro totalmente carregado com a natureza do objetivo do indivíduo vai começar a atrair os equivalentes físicos ou materiais desse objetivo. Pense que o primeiro aparelho de transmissão de rádio é o que existe no cérebro do homem. Não só ele existe no cérebro do homem, como também existe em muitos animais. Tenho dois cachorros da Pomerânia, e eles sabem exatamente em que estou pensando, às vezes antes até de eu mesmo saber. São tão inteligentes que conseguem sintonizar nisso. Sabem quando estamos próximos de uma saída de carro, estejam eles incluídos ou não no passeio. Não preciso dizer nada, nem uma palavra, porque eles estão em constante sintonia conosco.

Sua mente envia vibrações constantemente. Se você é um vendedor e vai procurar um comprador em potencial, a venda deve ser feita antes de você encontrar o comprador. Se vai fazer alguma coisa que requer a cooperação de outras pessoas, condicione a mente de forma a saber que o outro vai cooperar. Por quê? Porque o plano que você vai oferecer é tão justo, honesto e benéfico para ele que é impossível recusar. Em outras palavras, você tem o direito à sua cooperação. Que mudança vai acontecer nas pessoas quando você começar a enviar pensamentos positivos, em vez de anunciar o medo nessa sua estação transmissora!

Aqui vai um bom exemplo de como funciona essa estação transmissora. Talvez você precise muito de mil dólares. Você vai ao banco, porque precisa levantar esse dinheiro até depois de amanhã, ou vai perder seu carro, a mobília, ou alguma outra coisa. Você simplesmente precisa desses mil dólares.

O banqueiro percebe sua necessidade assim que você entra no banco. O engraçado é que ele não quer que você levante essa quantia. Na verdade, não é engraçado, é trágico. É como carregar fósforos no bolso o tempo todo e ficar surpreso quando acaba incendiando a própria casa. Você transmite seus pensamentos. Eles o precedem. E quando chega lá, você descobre que, em vez de conseguir a cooperação que buscava, a outra pessoa devolve para você esse estado de dúvida, o estado mental que você mandou na frente.

Enquanto eu estava pesquisando esta filosofia, sobrevivia lecionando técnicas de vendas. Lecionei para mais de trinta mil vendedores, muitos deles hoje membros vitalícios da cobiçada távola redonda do milhão de dólares na área do seguro de vida. Se tem uma coisa nesse mundo que tem que ser vendida, essa coisa é seguro de vida. Ninguém nunca compra seguro de vida. Ele tem que ser vendido. A primeira coisa que ensino às pessoas sob minha direção é que elas devem fazer a venda para si mesmas, antes de tentarem vender para outra pessoa. Se não for assim, não vão vender. Alguém pode comprar alguma coisa dele ou dela, mas eles nunca vão fazer uma venda, a menos que vendam antes para si mesmos.

Cada cérebro é uma estação transmissora e um conjunto receptor, e você pode sintonizar o seu para atrair as vibrações mais positivas emitidas por outras pessoas. É nesse ponto que estou chegando, o que quero que você entenda. Existem variadas vibrações flutuando por aí constantemente. Você pode treinar a mente para captar e atrair só aquelas que têm relação com o que você mais quer na vida. Como se faz isso? Você mantém a mente naquilo que mais quer na vida – seu objetivo principal definido – de forma que, por repetição, por pensamento e por ação, o cérebro acabe identificando somente vibrações relacionadas ao seu objetivo definido. Que pensamento maravilhoso. Você pode educar o cérebro para que ele se recuse terminantemente a captar quaisquer vibrações que não sejam aquelas relacionadas ao que você quer. Quando tiver esse tipo de controle sobre o seu cérebro, você estará no caminho, realmente no caminho.

BENEFÍCIOS DA DEFINIÇÃO DE OBJETIVO

Quais são alguns dos benefícios da definição de objetivo? Primeiro, definição de objetivo desenvolve automaticamente autossuficiência, iniciativa pessoal, imaginação, entusiasmo, autodisciplina e concentração de esforço. Todos esses são importantes pré-requisitos para o sucesso, e você os desenvolve por meio da definição de objetivo. Isso requer que você saiba o que quer, tenha um plano para conseguir o que quer e mantenha a mente ocupada, principalmente, com a realização desse plano.

Ponha a inteligência infinita para funcionar

A menos que você seja uma pessoa incomum, tenho quase certeza de que adota alguns planos que acabam não funcionando muito bem. Quando perceber que esse plano não dá certo, descarte-o imediatamente e providencie outro. Continue assim até encontrar um que funcione. Enquanto isso, lembre-se de que a Inteligência Infinita, com toda a sua sabedoria, pode ter para você um plano melhor do que aquele que você mesmo criou. Mantenha a mente aberta, de forma que, se adotar um plano para realizar seu objetivo principal (ou um objetivo menor) e ele não funcionar bem, você possa desprezar esse plano e pedir a orientação da Inteligência Infinita. Você pode ter essa orientação, e o que pode fazer para garantir que ela chegue? Pode acreditar que a terá. Não vai doer nem se você disser em voz alta que acredita nela. Desconfio de que o Criador conhece seu pensamento, mas descobri que, se você se expressa com muito entusiasmo, isso estimula sua crença e desperta a mente subconsciente.

Quando escrevi *Pense e enriqueça*, o título original era *Os treze passos para a riqueza*. O editor e eu sabíamos que esse não era um título campeão de bilheteria. Precisávamos de um título de US$ 1 milhão. O livro foi para a impressão, e o editor continuou me pressionando todos os dias para que eu desse a ele o título que eu queria. Escrevi quinhentos ou seiscentos títulos, mas nenhum era bom. Nenhum. Um dia, meu editor telefonou e quase me matou de susto ao dizer: "Preciso do título até amanhã de manhã, e se não tiver nenhum, vou fazer uma escolha chocante". "Como assim?", perguntei. Ele disse: "Vamos chamar o livro de *Use Your Noodle and Get the Boodle* [Use sua massa e meta a mão na taça, em uma tradução livre]". Eu respondi: "Meu Deus, você vai me arruinar! Esse é um livro sério, esse título debochado vai acabar com ele e comigo também!". "Bem", ele insistiu, "o título é esse, a menos que me dê um melhor até amanhã de manhã." Quero que acompanhem esse incidente, porque ele é um importante material para reflexão. Naquela noite, sentei-me na cama e tive uma conversa com meu subconsciente. Eu disse: "Ei, nós dois estamos juntos há muito tempo. Você fez muitas coisas por mim, e algumas coisas contra mim (graças à minha ignorância). Mas preciso de um título milionário e tem que ser esta noite, entendeu?". Eu falava tão alto que o vizinho do apartamento de cima bateu no chão. Não o critico, porque ele deve ter pensado que eu estava discutindo com minha esposa. Não deixei meu subconsciente ter nenhuma dúvida sobre o que eu queria. Não disse à mente inconsciente que tipo de título teria que ser, só ressaltei que teria de ser um *título milionário*. Fui para a cama só depois de ter experimentado minha mente subconsciente e chegado àquele momento fisiológico em que sabia que ela produziria o que eu queria. Se não tivesse chegado àquele ponto, ainda estaria lá sentado na cama, falando com meu subconsciente. Tem um momento fisiológico em que você pode sentir que o poder da fé assume o comando sobre o que você está tentando fazer e diz: "Tudo bem, agora você pode relaxar. É isso".

Fui dormir, e por volta das duas da manhã acordei como se alguém tivesse me sacudido. Despertei com *Pense e enriqueça* na cabeça. Soltei um grito, corri para a máquina de escrever, escrevi o título, peguei o telefone e liguei para o editor. Ele atendeu. "Que foi, a cidade está pegando fogo?" Respondi: "Pode apostar que sim, e o fogo é um título milionário: *Pense e enriqueça*!". Ele falou imediatamente: "Rapaz, você conseguiu!", e eu disse que nós tínhamos conseguido. O livro já rendeu mais de US$ 23 milhões, e provavelmente vai ultrapassar US$ 100 milhões antes de eu morrer. Não tem fim. O título milionário já é um título multimilionário. Depois da surra que dei no meu subconsciente, não estou surpreso.

Por que não usei esse método logo de início? Afinal, conheço a lei. Por que não fui diretamente à fonte e pus fogo no meu subconsciente, em vez de ficar sentado na frente da máquina de escrever, escrevendo quinhentos ou seiscentos títulos? Vou dizer por quê. Pelo mesmo motivo que, muitas vezes, você sabe o que tem que fazer, mas não faz. Não existe explicação para a indiferença da humanidade com ela mesma. Mesmo depois de saber qual é a lei, você adia até o último minuto antes de fazer alguma coisa a respeito disso. É a mesma coisa com a oração. Quando um tempo de grande necessidade chega e você fica morrendo de medo, não obtém nenhum resultado com prece. Para ter resultados com a prece, você tem que condicionar a mente de forma que sua vida seja uma prece. Todos os dias, cada minuto da vida é uma prece constante. A prece se baseia na crença em sua dignidade, seu direito de estar em sintonia com a Inteligência Infinita para ter as coisas de que precisa nesse mundo.

Assim é com a mente humana. Você tem que condicionar a mente enquanto vive o dia a dia, de forma que, quando uma emergência surgir, esteja bem ali pronto para lidar com ela. Além disso, a definição de objetivo induz o indivíduo a alocar seu tempo e planejar dia após dia aquelas empreitadas que levam à realização de seu objetivo principal. Se você compara uma conta hora a hora de trabalho real em cada dia durante uma semana e a uma conta hora a hora do que desperdiça (mas poderia dedicar a qualquer coisa que quisesse, se quisesse muito, de verdade), teria um dos maiores choques da sua vida. Não somos eficientes. Você só tem três pacotes de horas: mais ou menos oito horas para dormir, cerca de outras oito para ganhar o sustento, e mais umas oito horas de tempo livre para fazer o que quiser.

A oportunidade aparece quando você a procura

A definição de objetivo nos torna mais alertas para reconhecer oportunidades relacionadas ao nosso objetivo principal. Ela inspira a coragem para agarrar e agir a partir dessas oportunidades. Permite que vejamos quase todos os dias de nossa vida oportunidades que poderiam nos beneficiar, se as agarrássemos e agíssemos a partir delas. Infelizmente, tem algo em nós que chamamos de prostração, que é uma falta de vontade, de atenção ou determinação para aproveitar oportunidades quando elas surgem. Se você condiciona a mente com esta filosofia, não só vai aproveitar oportunidades, como também vai fazer algo melhor. O que você pode fazer melhor que aproveitar uma oportunidade? Criar a oportunidade.

Um dia antes de um ataque, um dos generais de Napoleão disse a ele que as condições (as circunstâncias) não eram as ideais para o ataque planejado para a manhã seguinte. Napoleão respondeu: "As circunstâncias não são ideais? Maldição, eu *faço* as circunstâncias! Ataque!". Ainda não vi um homem bem-sucedido em nenhuma área que não tenha dito para atacar quando alguém disse que não era possível. Ataque onde você está. E quando chegar àquela curva na estrada além da qual não consiga enxergar até estar lá, você sempre vai descobrir que a estrada continua fazendo curvas. Ataque. Não procrastine e não fique quieto. Ataque.

Objetivo inspira confiança

Definição de objetivo inspira confiança na integridade e no caráter do indivíduo. Atrai a atenção favorável de outras pessoas. Já pensou nisso? Acho que o mundo todo ama ser uma pessoa andando com o peito inflado, com um ar de quem anuncia ao mundo que sabe o que está fazendo e se orgulha do que faz. As pessoas abrem caminho na calçada e deixam você passar, se estiver determinado a passar. Você não precisa nem assobiar para elas, ou gritar com elas, ou alguma coisa desse tipo. Você só precisa projetar seus pensamentos, com a certeza de estar seguindo em frente com orgulho, e acredite, eles saem da frente e deixam você passar. O mundo é assim.

O homem que sabe para onde está indo e está determinado a chegar lá sempre encontra ajudantes dispostos a cooperar com ele. O maior de todos os benefícios da definição de objetivo é que ela abre o caminho para o pleno exercício daquele estado mental conhecido como fé. Torna a mente positiva e a liberta das limitações de medo, dúvida, desânimo, indecisão e prostração. Quando você sabe o que quer e o que vai fazer, no mesmo instante, todos os pontos negativos que o incomodavam vão pegar as malas e partir. Eles não sobrevivem em uma mente positiva.

Você consegue imaginar uma moldura mental negativa e outra positiva ocupando o mesmo espaço ao mesmo tempo? Não, não consegue, porque não é possível. Sabia que o menor fragmento de atitude mental negativa é suficiente para destruir o poder da oração? Sabia que o menor fragmento de pensamento negativo é suficiente para destruir seu plano, seja ele qual for? Você tem que seguir com coragem, fé e determinação na realização da sua definição de objetivo.

A atenção ao sucesso

Definição de objetivo também torna o indivíduo atento ao sucesso. Sabe o que quero dizer com "atento ao sucesso"? Se eu falasse em atento com a saúde, você provavelmente saberia que estou dizendo que seus pensamentos predominantes são relacionados à saúde. Com atenção ao sucesso, seus pensamentos predominantes são sobre sucesso: a parte possível da vida, não a impossível. Noventa e oito por cento das pessoas (aquelas sobre as quais falávamos há pouco) nunca chegam a lugar nenhum, porque são pessoas que olham para o impossível. Seja qual for a circunstância diante delas, dirigem a atenção para a parte impossível, para a parte negativa.

Enquanto eu viver, nunca vou me esquecer de quando o Sr. Carnegie me surpreendeu e me deu a chance de organizar sua filosofia. Tentei de tudo para dar a ele todas as razões pelas quais não seria capaz disso. Acho que eu tinha seis razões para não ser capaz disso: não tinha estudo suficiente, não tinha dinheiro, não tinha influência, não sabia o que significava a palavra *filosofia*. As outras duas razões surgiram imediatamente em minha cabeça quando eu tentava abrir a boca para agradecer ao Sr. Carnegie pelo elogio. Na minha cabeça, eu duvidava de que o Sr. Carnegie fosse um bom juiz da natureza humana, como diziam que era, porque estava me escolhendo para aquele trabalho. Porém, alguma coisa me dizia: "Vá em frente. Diga a ele que é capaz. Fale". Eu disse: "Sim, Sr. Carnegie, aceito a tarefa e pode ter certeza de que a cumprirei, senhor". Ele segurou minha mão e disse: "Não só gosto do que disse, como gosto de como disse. Era isso que eu esperava". Ele falou que minha mente estava incendiada pela crença de que poderia fazer aquele trabalho, embora não tivesse nada que pudesse servir de ponto de partida, além da determinação de obter tudo que era necessário para criar esta filosofia. Se eu tivesse hesitado e dito "Sim, Sr. Carnegie, vou fazer o possível", tenho certeza (mesmo sem nunca ter perguntado a ele) de que a oportunidade me teria sido tirada imediatamente. Essa resposta teria indicado que eu não tinha a determinação necessária. "Sim, Sr. Carnegie, aceito a tarefa, e pode ter certeza de que a cumprirei!" Embora o Sr. Carnegie tenha partido há muito tempo, você é minha testemunha de que ele não escolheu a pessoa errada. Você sabe o que ele fez. Ele encontrou alguma coisa na mente humana, e na minha mente, que procurava havia anos. Encontrou. Eu não conhecia o valor disso, mas descobri, e quero que você também tenha consciência desse valor. Você tem a mesma coisa em sua mente, essa mesma capacidade de saber o que quer e ter a determinação de conseguir, embora não saiba por onde começar.

O que faz um grande homem? Você tem alguma ideia sobre o que é grandeza? Grandeza é a capacidade de reconhecer o poder da própria mente – se apoderar dele e usá-lo. Isso é o que faz a grandeza. No meu livro de regras, todo homem e toda mulher podem se tornar realmente grandes pelo processo simples de reconhecer a própria mente, se apoderar dela e usá-la.

PASSOS PARA CRIAR SUA DEFINIÇÃO DE OBJETIVO

Aqui vão instruções para a aplicação do princípio de um objetivo principal definido. Essas instruções devem ser seguidas *ao pé da letra*. Não ignore nenhuma parte delas.

1. Escreva uma declaração clara de seu objetivo principal.

Assine, grave na memória e repita-a em voz alta uma vez por dia, pelo menos, na forma de uma prece, ou de uma afirmação, se preferir. Você pode ver as vantagens disso, porque a declaração coloca a fé no seu Criador de volta em você. Descobri por experiência própria que esse é o ponto mais fraco nas atividades dos alunos. Quando leem essa instrução, eles dizem: "Ah, isso é fácil. Entendo a ideia, e qual é a utilidade de se dar ao trabalho de escrever?". Se sua atitude é essa, melhor nem ter essa aula. Você precisa escrever, você precisa ter a atitude física de traduzir um pensamento em palavras e registrá-las no papel. Precisa memorizar a declaração e começar a conversar com seu subconsciente sobre isso.

Dê ao subconsciente uma boa ideia do que você quer. Não custa nada lembrar a história que contei sobre o que fiz para encontrar o título milionário do meu livro. Não vai fazer mal algum ordenar ao seu subconsciente que entenda que, de agora em diante, você é o chefe e vai fazer alguma coisa em relação a isso. Não dá para esperar que o subconsciente, ou qualquer outra coisa, ajude, se você não sabe o que quer e não é definido em relação a isso. Em uma porção comum da humanidade, 98 de cada cem pessoas não sabem o que querem na vida e, consequentemente, nunca conseguem nada. Aceitam o que a vida dá a elas.

Além do seu objetivo principal definido, você pode ter objetivos menores. Pode ter quantos quiser, desde que sejam relacionados ao seu objetivo principal definido ou levem na direção dele. Toda a sua vida deve ser dedicada a realizar seu objetivo principal. Descubra o que você quer. Não tem problema em ser modesto como eu sou quando alguém pergunta o que você quer. Não seja modesto demais. Procure e solicite uma bonificação. Peça as coisas às quais tem certeza de ter direito, mas não ignore as próximas instruções que vou fornecer sobre o que vai dar em troca daquilo que espera.

2. Escreva um esboço claro e definido de plano (ou planos) pelo qual pretende alcançar o seu objetivo.

Estabeleça o prazo máximo no qual pretende alcançar esse objetivo. Descreva com detalhes precisos o que pretende dar em troca pela realização de seu objetivo. Faça um plano suficientemente flexível para permitir mudanças quando se sentir inspirado a fazê-las. Lembre-se de que a Inteligência Infinita pode apresentar um plano melhor que o seu, e muitas vezes apresentará, se você for definido em relação ao que quer.

Você já teve um pressentimento que não conseguia descrever ou explicar? Sabe o que é um pressentimento? É sua mente subconsciente tentando transmitir uma ideia, embora você muitas vezes seja indiferente a deixar o subconsciente falar por alguns momentos. Já ouvi pessoas dizerem: "Ah, hoje tive uma ideia muito idiota". Essa "ideia muito idiota" poderia ter sido uma ideia milionária se você a tivesse escutado e feito alguma coisa em relação a ela. Tenha muito respeito por esses pressentimentos, porque alguma coisa alheia a você está tentando se comunicar. Sem dúvida nenhuma. Tenho um grande respeito por esses pressentimentos, e eu os tenho constantemente. Sempre descubro que são relacionados a alguma coisa com que minha mente está lidando, alguma coisa que quero fazer, e alguma coisa com que estou envolvido.

Escreva um esboço claro e definido de plano ou planos e estabeleça o prazo máximo em que pretende cumpri-lo. Esse tempo é muito importante. Não escreva como seu objetivo principal definido algo como "quero ser o melhor vendedor do mundo", ou como "pretendo me tornar o melhor funcionário na minha empresa", ou ainda "pretendo ganhar muito dinheiro". Isso não é definido. Seja qual for seu principal objetivo na vida, escreva-o com clareza e estabeleça um tempo para a realização. "Pretendo realizar em tantos anos isso e aquilo." Descreva isso e aquilo. No parágrafo seguinte, escreva: "Pretendo dar isso e aquilo em troca por aquilo que quero". Descreva isso também.

Quanto à questão do tempo, a natureza tem um sistema de prazo para tudo. Se você é agricultor e quer plantar trigo, você prepara a terra. Na época certa do ano, você semeia o trigo, e, depois de um tempo, em um outro dia, volta com uma ceifadeira e começa a colheita.

Percebeu a questão do prazo nessa história? Antes de poder semear o trigo, você tem que esperar a natureza fazer a parte dela. A Inteligência Infinita (ou Deus, ou como quiser chamá-la) faz sua parte, se você fizer a sua primeiro. A Inteligência não vai direcioná-lo para o seu objetivo principal, nem o atrair para você, a menos que você saiba o que é ele e estabeleça o prazo para isso. Seria ridículo começar tendo apenas um talento medíocre e afirmar que vai ganhar US$ 1 milhão nos próximos trinta dias. Você precisa adequar seu objetivo principal ao razoável daquilo que sabe que é capaz de realizar e merece.

3. Mantenha seu objetivo principal estritamente para você.

Vou dar mais instruções sobre esse assunto na lição sobre MasterMind. Até lá, tem um motivo importante para você não revelar seu objetivo principal a outras pessoas. Tem muita gente ociosa e curiosa que gosta de ficar por perto para pôr o pé na sua frente quando você passar, principalmente se estiver de cabeça erguida e der a impressão de que vai realizar mais que eles na vida. Essas pessoas fazem isso só para ver você cair. Sabotam suas máquinas e jogam areia na sua caixa de câmbio. Querem prejudicar você porque têm inveja da humanidade. Portanto, o único jeito de falar sobre seu objetivo principal é com atitudes – depois do fato, não antes. Fale sobre isso depois que tiver conquistado. Deixe a conquista falar por si mesma. O único jeito de se vangloriar de si mesmo não é com palavras, mas com atos. Se os atos já foram realizados, você não precisa das palavras, porque os atos falam por si mesmos.

4. Faça seu plano flexível.

Não decida que o plano que criou tem que ser perfeito só porque você trabalhou nele. Isso é um erro. Mantenha o plano flexível, tente executá-lo, e se não funcionar como deve, mude-o.

5. Envolva a mente consciente.

Leve seu objetivo principal à sua mente consciente tantas vezes quanto for possível. Coma com ele, durma com ele, e leve-o aonde for, mantendo em mente o fato de que seu subconsciente pode, dessa maneira, ser influenciado para trabalhar por sua realização enquanto você dorme. Sua mente consciente é muito ciumenta. Ela fica de guarda e não quer que nada passe (para o subconsciente), exceto suas inseguranças e por aquelas de que é entusiasta.

6. Acrescente entusiasmo.

Falando de maneira geral, se você quer plantar uma ideia no subconsciente, tem que agir com uma tremenda quantidade de fé e entusiasmo. Você precisa inundar a mente consciente com tanta fé e tanto entusiasmo que ela se afaste e deixe você passar para o subconsciente.

7. Aplique repetição.

Repetição é uma coisa maravilhosa. Quando você fala uma coisa muitas, muitas e muitas vezes, a mente consciente se cansa de ouvir. Ela diz: "Tudo bem, se quer ficar repetindo isso, não posso ficar aqui ouvindo. Entre lá e leve isso para o sub. Veja o que ele pode fazer com isso". É assim que funciona. Essa mente consciente é uma coisa muito contrária. Sabe que ela aprende todas as coisas que não dão certo? Sabe que ela tem um estoque enorme de coisas que não vão funcionar e coisas que não dão certo? Tem um estoque imenso de lixo inútil acumulado, coisas de que você não precisa: pedaços velhos de barbante, ferraduras, pregos como os que os avarentos juntam. Ela tem um estoque completo de itens que ficam lá jogados, e é esse tipo de coisa que está alimentando seu subconsciente.

8. Ponha seu subconsciente para trabalhar.

Antes de ir dormir todas as noites, você precisa dar ao seu subconsciente algum tipo de ordem: o que quer que ele faça nessa noite. Talvez seja uma ordem para curar seu corpo, porque o corpo certamente precisa de reparos todos os dias. Quando puser sua carcaça para dormir, seu pedido vai pôr o subconsciente para trabalhar com a Infinita Inteligência para curar cada célula e cada órgão. De manhã, ele vai dar a você um corpo perfeitamente condicionado no qual a mente possa funcionar. Não vá para a cama sem dar ordens ao seu subconsciente. Adquira o hábito de dizer a ele o que quer. Se continuar pelo tempo necessário, ele vai acreditar em você e fazer o que pediu. Portanto, é melhor ter cuidado com aquilo que pede, porque, se continuar pedindo, vai conseguir.

Eu me pergunto se você ficaria surpreso se, nesse momento, soubesse o que tem pedido há anos. Você está pedindo. Tudo que tem e não quer, foi você quem pediu, talvez por negligência. Talvez não tenha dito ao subconsciente o que realmente queria e acabou estocando um monte de coisas que não queria. É assim que funciona.

9. Inclua seu objetivo de vida.

Aqui vão alguns fatores importantes em relação ao seu objetivo principal definido. Em primeiro lugar, ele deve representar seu maior objetivo na vida, aquele objetivo único que você deseja mais que todos os outros e cujos frutos você está disposto a deixar para trás como um monumento para si mesmo. Esse deve ser seu objetivo principal. Não me refiro ao seu objetivo principal geral – mas ao seu objetivo de vida. Acredite em mim, amigo, se você não tem um objetivo de vida, está perdendo a melhor parte da sua. O material da vida não vale o preço que você paga por ele, a menos que esteja realmente buscando alguma coisa, a menos que esteja caminhando para algum lugar na vida, a menos que esteja fazendo alguma coisa com essa oportunidade aqui neste plano. Imagino que tenha sido mandado para cá para fazer alguma coisa. Imagino que tenha sido mandado para cá com uma mente capaz de criar alguma coisa e realizar seu destino. Se você não faz nada disso, se não usa essa mente, imagino que, em grande medida, sua vida será desperdiçada... do ponto de vista daquele que o mandou para cá.

10. Envolva o poder da sua mente.

Tome posse de sua mente. Mire alto. Não acredite que, por não ter realizado muito no passado, você não pode realizar no futuro. Não meça o futuro pelo passado. Senão, você afunda. Um novo dia se aproxima. Você vai renascer. Está criando um novo padrão. Está em um mundo novo e é uma nova pessoa. Minha intenção é que cada um de vocês renasça mentalmente, fisicamente e, talvez, espiritualmente. Vocês nascerão para uma nova meta, um novo objetivo, uma nova percepção de seu poder individual, e uma nova percepção de sua dignidade como uma medida da humanidade.

Se você me perguntasse o que acredito ser o maior pecado da humanidade, aposto que se surpreenderia com minha resposta. Qual seria a sua? Qual você acredita ser o maior pecado da humanidade? Acredito que o maior pecado da humanidade é deixar de usar seu maior bem – porque se você usar esse maior bem, vai ter tudo que quiser e vai ter em abundância. Perceba que eu não disse que vai ter tudo dentro do razoável. Eu disse *vai ter tudo que quiser e vai ter em abundância.* Não acrescentei nenhum qualificativo aí. Só você pode acrescentar qualificativos ao que você quer. Você é o único que impõe limites para si mesmo. Ninguém pode fazer isso, a menos que você permita.

11. Deixe seu objetivo crescer.

Seu objetivo principal, ou alguma parte dele, deve estar o tempo todo alguns passos na sua frente. Deve ser alguma coisa para a qual você possa olhar com esperança ou antecipação. Agora, se algum dia você alcançar e realizar seu objetivo principal, o que vai fazer? Criar outro, é claro. Você terá aprendido com a realização do primeiro objetivo que é *capaz* de alcançar um objetivo principal. É bem possível que, ao escolher o próximo, você crie um objetivo maior do que foi o primeiro. Se seu objetivo é conquistar riquezas, não estabeleça um patamar muito alto para o primeiro ano. Crie um plano de doze meses dentro do que é razoável, veja como é fácil realizá-lo, e dobre a meta para o ano seguinte. E dobre-a novamente para o próximo ano. O objetivo principal de alguém deve estar alguns passos à frente do indivíduo. Por quê? Por que não estabelecer um objetivo principal que se possa realizar no dia seguinte? É óbvio que, se fizer isso, seu objetivo principal definido não vai ser muito extenso, vai?

Um objetivo maior vai ser divertido de perseguir. A busca também é importante. Depois de alcançar o sucesso, ou depois de ter realizado seu objetivo, nada tem graça, até você olhar em volta e começar a perseguir outra coisa. A vida é menos interessante quando não se tem um objetivo principal a alcançar, além de simplesmente viver. **A esperança da realização futura de um objetivo principal está entre os maiores prazeres do homem.** De fato, triste é o homem que fez tudo que queria e não tem mais nada a fazer. Conheci muitos, e são todos infelizes. É preciso se manter ativo, continuar fazendo alguma coisa, continuar trabalhando e manter um objetivo na sua frente.

O objetivo principal de alguém pode consistir (e geralmente consiste) naquilo que só pode ser alcançado por meio de uma série de passos dia após dia, mês a mês e ano a ano. É algo que deve ser projetado para consumir *uma vida inteira de feliz empreitada.* Deve estar em harmonia com a ocupação principal do indivíduo, seu negócio ou sua profissão, porque o trabalho diário deve permitir que a pessoa chegue todos os dias mais perto da realização de seu objetivo principal na vida. Lamento pelo indivíduo que só trabalha todos os dias para ter o que comer, o que vestir e onde dormir. Sinto pena de quem não tem meta além de conseguir o suficiente para existir. Não consigo imaginar ninguém nessa sala se satisfazendo só com a sobrevivência. Acho que vocês querem viver. Acho que querem abundância. Acho que querem tudo que é necessário para fazer aquilo que querem na vida, inclusive dinheiro.

O objetivo principal do indivíduo pode consistir de muitas combinações diferentes de metas menores, como a natureza de sua ocupação, que deve ser sua escolha quando você for escrever seu objetivo principal definido. Escreva-a como tábuas em uma plataforma: número um, isso e aquilo, número dois, isso e aquilo.

Relacionamentos harmoniosos

Não deixe de incluir no seu objetivo principal a perfeita harmonia entre você e seu parceiro. Conhece alguma coisa mais importante que isso? Sabe de alguma coisa, algum relacionamento humano mais importante que o de um homem e sua esposa? Vou responder essa por você: é claro que não.

Ninguém sabe. Já ouviu falar de um relacionamento entre um homem e sua esposa no qual não existe harmonia? Vou responder essa também: eu sei que sim. Não é agradável ficar perto de gente que não está em sintonia com outra pessoa. Você *pode* ser harmonioso, e é aí que deve aplicar primeiro seu relacionamento MasterMind. Esposa ou marido deve ser seu primeiro aliado MasterMind. Talvez você tenha que voltar atrás e conquistá-lo novamente, mas isso também é bom. Não sei se teve outra coisa em minha vida de que gostei tanto quanto paquerar. É uma experiência maravilhosa. Volte e paquere sua mulher (ou homem) de novo.

Se você não está em sintonia com seu trabalho, com um colega de trabalho, ou com as pessoas com quem trabalha todos os dias, volte e dedique-se novamente a repetir tudo isso sobre uma nova base. Você vai ficar surpreso com o que uma pequena confissão de sua parte pode fazer. Que coisa maravilhosa é a confissão. Muita gente afirma que é orgulhosa demais para confessar suas fraquezas. Eu digo que é bom desabafar e tirar um pouco dessa fraqueza de você mesmo por meio da confissão. Reconheça que talvez não seja perfeito, quase perfeito, mas não completamente perfeito. Talvez a outra pessoa diga "Pensando bem, eu também não sou", e vocês voltam aos trilhos. Dedique-se outra vez a um relacionamento melhor com as pessoas com quem entra em contato todos os dias, sejam elas quem forem. Que coisa maravilhosa é isso. Você consegue. Pode lidar com isso. Sei que pode. A maior parte das relações humanas que não são harmoniosas chega a esse ponto por causa da negligência das pessoas. Talvez você tenha deixado de construir suas relações humanas, mas pode mudar isso se quiser.

Parte do nosso objetivo principal definido deve ser organizar receitas e despesas, garantir um acúmulo de segurança definida, agora para a velhice, para a segurança das pessoas que amamos, e assim por diante. Inclua nesse hábito o orçamento do tempo de forma a assegurar a receita necessária para sustentar o plano para a realização de um objetivo principal.

Escreva sua plataforma de vida e inclua nesses objetivos menores as coisas que têm relação com seu objetivo principal. Inclua as coisas que precisa ter para manter um movimento passo a passo em direção ao objetivo principal. Faça um plano definido para desenvolver harmonia em todas as relações, especialmente na casa onde trabalha, se diverte ou relaxa. A tábua do relacionamento humano é a mais importante em relação ao seu objetivo principal, uma vez que o objetivo é acessível em grande parte por meio da cooperação de terceiros. Já pensou nisso? As coisas que você faz na vida, se valem a pena, têm de ser feitas em cooperação harmoniosa com outras pessoas. E como você vai conseguir essa cooperação harmoniosa se não cultiva as pessoas, as entende e prepara apoios para suas fraquezas? Você já teve um amigo que lhe agradeceu por você tentar mudá-lo, ou mudar sua opinião sobre alguma coisa? Gosta quando um amigo tenta mudar você? Não, ninguém gosta. Mas há certas coisas que você pode fazer por um amigo *pelo exemplo*, e essa é uma maneira muito eficiente de fazer alguma coisa.

Diga a um homem que ele está errado, e é bem possível que ele se lembre de um compromisso do outro lado da esquina, e quando vir você na rua, atravesse para o outro lado. Você pode desenvolver um relacionamento maravilhoso com qualquer pessoa, mas não vai ser criticando ou apontando seus defeitos, porque todos nós temos defeitos. O melhor a fazer é falar sobre as virtudes e qualidades da pessoa. Nunca vi ninguém tão ruim que não tenha *algumas* qualidades. Se você se concentra nessas qualidades, essa pessoa em que está se concentrando vai se esforçar ao máximo para evitar que você se decepcione.

Não se deve hesitar em escolher um objetivo principal que possa estar fora do seu alcance... por enquanto. Isso prepara o indivíduo para alcançar praticamente *todo* objetivo desejado na vida. Quando escolhi como meu objetivo principal definido *organizar e levar ao mundo a primeira filosofia prática de realização individual*, isso estava muito além do meu alcance.

O que me fez insistir durante vinte anos de pesquisa e esforço improdutivo? O que me manteve lutando e me esforçando, enquanto a maioria das pessoas que eu conhecia me criticava? Eu precisei ter muita fé, e tive que manter essa fé viva me movendo como se soubesse com antecedência que ia concluir a tarefa que o Sr. Carnegie designara a mim. Houve momentos em que parecia que o que meus amigos e parentes diziam sobre mim era a absoluta verdade. De certa forma, era; eu estava perdendo meu tempo. Do ponto de vista deles e a partir de seus padrões e régua, eu estava desperdiçando vinte anos do meu tempo. Mas do ponto de vista de milhões de pessoas que se beneficiaram e se beneficiarão do meu trabalho durante esses vinte anos, eu *não* estava perdendo tempo. Você não pode falhar, a menos que acredite que pode. Se pensa que pode falhar, você vai falhar. Se ficar comigo pelo tempo necessário, você vai saber que não vai falhar.

A NATUREZA AGE COM PROPÓSITO

Nossa maior demonstração da aplicação universal do princípio de definição de objetivo é oferecida pela natureza. Há uma grande coleção de aplicações em como a natureza se move com definição de objetivo. Se tem alguma coisa nesse universo que é definida, são as leis da natureza. Elas não variam, não temporizam e não cedem. Não se pode contorná-las, e não se pode evitá-las, mas você *pode* aprender sua natureza, ajustar-se a elas e beneficiar-se delas. Ninguém jamais ouviu falar de a lei da gravidade ser suspensa, nem por uma fração de segundo. Isso nunca foi e nunca será feito. Em todo o universo (talvez até nos sistemas de universos), a natureza é tão definida que tudo se move com precisão, como o mecanismo de um relógio. Se você quer um exemplo da necessidade de se mover com definição, só precisa de um conhecimento superficial das ciências para ver como a natureza faz as coisas. Este é seu exemplo: a ordem do universo, a inter-relação de todas as leis naturais e a fixação de estrelas e planetas no relacionamento imóvel entre eles. É uma coisa maravilhosa saber que os astrônomos podem sentar com um lápis e alguns pedaços de papel e predeterminar com centenas de anos de antecedência o exato relacionamento de determinados planetas e estrelas. Eles podem determinar com antecedência exatamente onde estarão nesse relacionamento uns com os outros. Não poderiam se não houvesse um propósito ou plano de acordo com o qual funcionamos. Queremos descobrir que propósito é esse na medida em que ele se relaciona conosco como indivíduos. É isso que estou ensinando a vocês. Vou fornecer esse fragmento que colhi da vida, de experiências dos homens e da minha própria experiência para que vocês aprendam como se ajustar às leis da natureza, a fim de que possam *usar* essas leis em vez de se deixarem abusar por sua *negligência* em usá-las.

Uma das coisas mais horríveis que eu poderia contemplar é a possível cessação das leis naturais. Imagine todo o caos: todas as estrelas e planetas correndo juntos. Faria a bomba H parecer uma biribinha, se a natureza permitisse a suspensão de suas leis. Mas ela não permite. A natureza tem leis definidas, e se você verificasse esses dezessete princípios, descobriria que eles se adequam perfeitamente a todas as leis da natureza. Quando chega ao princípio de fazer o esforço extra, você descobre que a natureza é *profunda* em sua aplicação do princípio de fazer o esforço extra. Quando ela produz flores nas árvores, não produz só o *suficiente* para encher a árvore. A natureza produz o bastante para lidar com todos os danos, ventos e tempestades.

Quando produz peixe no mar, ela não produz o *suficiente* para perpetuar os peixes, produz o bastante para alimentar os sapos, as cobras, os crocodilos e todos os outros seres, e *ainda* restar o suficiente para realizar seu propósito. Ela tem uma abundância de coisas, uma *superabundância*. E ela também obriga o homem a fazer o esforço extra, ou ele vai perecer. Pereceria em uma estação, se não fizesse o esforço extra. Se a natureza não compensasse o homem por sua inteligência devolvendo quinhentos grãos de trigo para um que ele planta, morreríamos de fome em uma estação.

Se você faz sua parte, a natureza faz a parte dela. E faz em abundância – em *superabundância*. Uma das coisas estranhas na natureza é que, se você mantém a mente focada no lado positivo da vida, ele se torna maior que o lado negativo. Sempre. Se você mantém a mente no lado positivo, ele se torna maior que todos os negativos que podem tentar penetrar sua mente e influenciar sua vida. Olhe em volta, e vai encontrar exemplos – exemplos vivos – de pessoas que quer imitar e pessoas que não quer imitar. Você vai ver pessoas que estão fracassando, e vai conseguir dizer por que estão fracassando. Ouso dizer que, desse momento em diante, você vai conseguir usar esta filosofia como régua: sempre que encontrar um sucesso ou fracasso, você vai conseguir identificar a causa dele!

PRINCÍPIO 2

MASTERMIND

O segundo princípio de O *seu direito de ser rico* é o MasterMind. Ele tem sido chamado de polo ou eixo de toda a filosofia. Esse princípio consiste em uma aliança de duas ou mais mentes trabalhando em perfeita harmonia para a realização de um objetivo definido. De acordo com o Dr. Hill, ninguém jamais alcançou sucesso digno de destaque em nenhuma área sem aplicar esse princípio. Isso porque nenhuma mente é completa sozinha. Toda mente precisa de associação e contato com outras mentes a fim de crescer e se expandir. As realizações que podem resultar de contato e associação são de causar espanto.

PREMISSA 1: RECORRER A TERCEIROS CRIA NOVAS POSSIBILIDADES

A primeira premissa é que o princípio MasterMind é o meio pelo qual se pode garantir todos os benefícios de experiência, treinamento, educação e conhecimento especializado e influência de outras pessoas tão completamente quanto se a mente de todas fosse, na verdade, uma região. Não é um estado maravilhoso a se contemplar? **Qualquer que seja sua carência em educação, conhecimento ou influência, você sempre pode supri-la por intermédio de alguém que tem o que lhe falta. Troca de favores e troca de conhecimento estão entre as maiores trocas do mundo.** É uma coisa muito boa a se colocar em prática nos negócios, onde a troca de dinheiro gera lucro, mas eu prefiro trocar *ideias* com alguém. Dê-me uma ideia que eu não tenha tido antes, e na qual eu receba um retorno maior do que tinha antes, e eu aceito a troca.

Thomas A. Edison foi, talvez, o maior inventor que o mundo jamais conheceu. Ele lidava o tempo todo com ciência, mas não sabia nada *sobre* ciência. Parecia impossível um homem ser bem-sucedido em qualquer empreitada a menos que tivesse estudado essa área. Fiquei perplexo quando conversei com Andrew Carnegie pela primeira vez, e ele me disse que não sabia nada sobre a produção ou o comércio de aço. Fiquei tão surpreso com essa declaração, que disse: "Bem, Sr. Carnegie, esse provavelmente não é seu papel aqui. Qual é o seu papel?". Ele respondeu: "Vou lhe dizer qual é o meu papel. Meu trabalho é manter os membros da minha aliança de MasterMind trabalhando em estado de perfeita harmonia". E eu insisti: "Isso é tudo que tem que fazer?". Ele disse: "Já tentou fazer duas pessoas quaisquer concordarem sobre alguma coisa por três minutos em um momento de sua vida? Experimente um dia, e veja que tipo de trabalho é esse, o de fazer as pessoas trabalharem juntas em espírito de harmonia. Essa é uma das maiores realizações humanas". Depois o Sr. Carnegie falou mais sobre seu grupo de MasterMind, descrevendo cada um individualmente e me contando qual papel cada um tinha. Um era seu especialista em metal, outro era químico-chefe, um era gerente de fábrica, outro era conselheiro jurídico, um era chefe da equipe financeira, e assim por diante. Eram mais de vinte homens trabalhando juntos, com instrução, experiência e conhecimento que, combinados, correspondiam a tudo de que se tinha conhecimento sobre a produção e o comércio de aço naquela época. O Sr. Carnegie disse que não precisava saber tudo sobre o assunto, porque se cercava de homens que entendiam a produção e o comércio de aço, e seu trabalho era mantê-los trabalhando em perfeita harmonia.

PREMISSA 2: UM OBJETIVO GERAL CRIA ENERGIA

A segunda premissa prova que uma aliança ativa de duas ou mais mentes em um espírito de perfeita harmonia para a obtenção de um objetivo comum realmente estimula cada mente individual a um grau mais elevado de coragem do que aquele que teria experimentado normalmente. Isso prepara o caminho para o estado mental conhecido como fé. Quem dirige um automóvel sabe, às vezes a bateria acaba. Talvez você tenha que ir a algum lugar, mas quando dá a partida, nada acontece. Conheço pessoas que saem da cama de manhã e fazem a mesma coisa. Nada acontece, nada além de elas se sentirem mal. Não querem calçar os sapatos, não querem se vestir, não querem nem tomar café. De que elas precisam? Elas precisam carregar as baterias, é claro, e, felizmente, têm a fonte para isso. É uma coisa muito boa se um homem acorda se sentindo desse jeito e pode ter uma conversa com a esposa e ela é uma boa comunicadora; a esposa o ajuda a recarregar as baterias. A mudança surge quando ele chega em casa naquela noite com todas as peles de coelho que saiu para pegar.

PREMISSA 3: LEALDADE CONSTRÓI CONFIANÇA

A terceira premissa estabelece que uma aliança de MasterMind devidamente conduzida estimula cada mente na aliança a se mover com entusiasmo, iniciativa pessoal, imaginação e coragem em um grau muito superior àquele proporcionado pelas experiências individuais, quando ela agia sem essa aliança.

Quando comecei, eu tinha uma aliança de MasterMind de três pessoas: Sr. Carnegie, minha madrasta e eu. Nós três nutrimos esta filosofia enquanto todo mundo ria e debochava de mim por aceitar servir ao homem mais rico do mundo por vinte anos sem receber nenhuma compensação. Havia muita lógica no que eles diziam, porque naquele tempo eu não tinha muita compensação por isso, não em dinheiro, pelo menos. Porém, chegou um tempo em que as risadas estavam do outro lado da cerca. Mas isso demorou muito. Garanto a vocês que houve bastante sangue e lágrimas antes de eu chegar ao ponto de poder rir das pessoas que riram de mim. De qualquer maneira, o relacionamento entre nós três, minha madrasta, o Sr. Carnegie e eu, me permitiu ignorar todo o deboche de parentes, amigos e todos que sabiam a que eu estava me dedicando.

Se você assumir qualquer coisa acima da mediocridade, vai encontrar essa oposição. Vai encontrar pessoas que acusam e debocham de você. A maioria está por perto, talvez sejam até seus parentes. Você precisa de alguma fonte à qual possa recorrer quando buscar mais que a mediocridade, para carregar as baterias e mantê-las carregadas, de forma que não desista quando as coisas ficarem difíceis e não tenha que prestar atenção quando alguém fizer críticas.

Críticas caem sobre mim como água sobre as costas de um pato, ricocheteiam como uma bala na carcaça de um rinoceronte. Sou absolutamente imune a todas as formas de crítica, sejam amistosas, sejam hostis. Para mim, não fazem a menor diferença. Sou imune a elas, só isso. E me tornei imune por causa do relacionamento com certas pessoas a quem construí imunidade sob minha aliança de MasterMind. Não fosse pelo relacionamento com minha madrasta e o Sr. Carnegie, eu não estaria aqui falando com vocês, vocês não estariam aqui como estudantes desta filosofia, e esta filosofia não estaria disseminada pelo mundo todo, ajudando milhões de pessoas. Tive pelo menos um milhão de oportunidades para desistir, e todas pareciam ser muito atraentes, e às vezes parecia estupidez *não* desistir.

Eu podia sempre voltar ao Sr. Carnegie. Podia correr para minha madrasta; nós sentávamos, conversávamos, e ela dizia: "Você vai se sair muito bem, eu sei que vai". Em um tempo em que eu não tinha duas moedas para bater uma na outra (era o que meus inimigos diziam sobre mim, pelo menos), minha madrasta falou: "Você vai ser o membro mais rico da família Hill. Sei disso, porque posso ver no seu futuro". Bem, se você pegar tudo que tenho e reunir, suspeito que tenha mais riqueza que todos os meus parentes juntos nas três últimas gerações, dos dois lados da família. Minha madrasta viu isso. Ela conseguiu ver o que aconteceria. Aquilo me tornaria rico, e não me refiro apenas à riqueza monetária. Falo daquelas riquezas maiores e mais amplas, que permitem que você preste serviço a muitas pessoas.

PREMISSA 4: AÇÃO HARMONIZA PODER

A quarta premissa de uma aliança de MasterMind eficiente é que ela deve ser ativa. Não basta formar uma aliança e dizer "É isso, conseguimos. Estou alinhado com essa pessoa, aquela pessoa, e a outra pessoa, e temos uma aliança de MasterMind". Isso não significa nada enquanto você não se tornar ativo. Cada membro da aliança tem que participar e começar a contribuir – mentalmente, espiritualmente, fisicamente, financeiramente, e em todos os aspectos necessários. Elas devem se dedicar à busca de um propósito definido e precisam se mover em perfeita harmonia.

Vocês sabem qual é a diferença entre perfeita harmonia e harmonia comum? Quantos de vocês já tiveram um relacionamento de perfeita harmonia com alguém? Desconfio que tive uma boa harmonia com tantas pessoas, talvez mais pessoas do que qualquer ser vivo hoje. Porém, *perfeita harmonia* em um relacionamento é uma coisa rara nesse mundo. Eu poderia contar nos dedos das duas mãos todas as pessoas que conheço com quem tenho um relacionamento de perfeita harmonia. Tenho conhecidos, e na verdade mantenho uma relação cordial e muito boa com muitos conhecidos, mas isso não é perfeita harmonia. Tenho uma aliança de trabalho com muita gente, mas isso não é perfeita harmonia.

Perfeita harmonia só existe quando seu relacionamento com a outra pessoa é tal que, se ela quisesse tudo que você tem, você entregaria de bom grado. É preciso muito altruísmo para alcançar essa disposição mental. O Sr.

Carnegie ressaltou muitas e muitas vezes a importância desse relacionamento de perfeita harmonia. Ele disse que, se você não tem perfeita harmonia na aliança de MasterMind, não é uma aliança de MasterMind, afinal. É só uma cooperação ou coordenação de esforços. Sem esse fator de harmonia, a aliança pode não ser nada mais que cooperação comum ou uma coordenação amistosa de esforços. *O MasterMind* dá ao indivíduo pleno acesso aos poderes espirituais dos outros membros da aliança. Peço que destaque essa parte em suas anotações.

O MasterMind dá ao indivíduo pleno acesso dos outros membros de sua aliança. Não estou falando só dos poderes mentais ou dos poderes financeiros, mas também dos *poderes espirituais*. Estou me referindo àquele sentimento que você tem quando começa a estabelecer permanência em seu relacionamento de MasterMind, de que essa vai ser uma das mais excepcionais e agradáveis experiências de toda a sua vida. Quando você está envolvido com a atividade de MasterMind, tem tanta fé que sabe que pode fazer qualquer coisa que começar a fazer. Você não tem dúvidas, não tem medos e não tem limitações. É um estado mental maravilhoso.

PREMISSA 5: A SOMA É MAIOR QUE SUAS PARTES

É uma questão de registro estabelecido: todo sucesso individual baseado em qualquer tipo de realização acima do que é medíocre é conquistado por meio do princípio MasterMind, não só pelo esforço individual. Imagine só como poderia realizar pouco se não tivesse a cooperação de outras pessoas. Suponha que você é um dentista, ou um advogado, ou um médico, ou algum outro profissional. Suponha que não tenha entendido como converter cada um de seus clientes ou pacientes em um vendedor do seu serviço. Imagine quanto tempo levaria para construir uma clientela. Profissionais de destaque entendem como transformar em um vendedor cada pessoa a quem servem. Isso é feito pelo esforço extra, pelo empenho em prestar um serviço incomum; é assim que transformam qualquer parceiro profissional em vendedores. A maioria dos sucessos é resultado de poder pessoal de proporções suficientes para capacitar o indivíduo a ir além da mediocridade. Isso não é possível sem a aplicação do princípio MasterMind.

Durante o primeiro mandato de Franklin D. Roosevelt, tive o privilégio de visitar a Casa Branca e trabalhar com ele como conselheiro particular.

Fui eu que criei o esqueleto do plano de propaganda que tirou as palavras "depressão comercial" das manchetes dos jornais e as substituiu por "recuperação comercial". Alguns de vocês devem lembrar o que aconteceu naquele Domingo Negro, quando tivemos uma reunião na Casa Branca, e os bancos fecharam na manhã da segunda-feira seguinte. Lembram a comoção que aconteceu neste país? Pessoas formaram filas na porta dos bancos de todo o país para sacar seus fundos. Todo mundo morrendo de medo. Elas haviam perdido a confiança em seu país, em seus bancos, nelas mesmas e em todo mundo. Suponho que ainda tivessem alguma confiança em Deus, mas não davam muitos sinais disso. Foi um tempo amedrontador.

Nós nos sentamos ali e criamos um esboço de plano (um procedimento) que criou uma das aplicações do MasterMind mais excepcionais que esta nação jamais viu. Duvido que qualquer nação da Terra jamais tenha tido algo igual. Foi só uma questão de semanas até tirarmos todo aquele medo das pessoas. Foi só uma questão de dias até vendedores que não tinham mais fundos, que não conseguiam ganhar dinheiro, rirem disso sem nenhum medo. Eu fechei minha conta. Tenho que contar a vocês uma coisa engraçada. Fiquei muito atento quando descobri o que estava se aproximando, corri ao banco e fiz um saque de mil dólares. Eu podia ter só dez centavos. Não valia nada. Não fiquei com medo, porque todo mundo estava no mesmo barco que eu.

Mas alguma coisa tinha que ser feita. Franklin D. Roosevelt era um grande líder. Tinha muita imaginação. E muita coragem. E vou contar o que ele fez. Primeiro, mantivemos as duas casas do Congresso trabalhando em harmonia com o presidente. Foi a primeira vez na história desta nação que as duas casas do Congresso, Democratas e Republicanos, apoiaram o presidente e esqueceram suas crenças políticas. Em outras palavras, não havia democratas e não havia republicanos. Havia só republicanos apoiando o presidente, garantindo tudo de que ele precisava para conter a explosão do medo. Nunca vi nada igual àquilo em toda a minha vida. Espero nunca mais ver. Gostaria de ver aquele espírito de cooperação, mas não torço para viver outra depressão para que ele apareça. Aquela foi uma grande emergência, e alguma coisa precisava ser feita.

Segundo, tudo que mandamos para os jornais americanos foi publicado e teve um espaço maravilhoso. Os operadores das estações de rádio nos deram uma ajuda maravilhosa, apesar de suas crenças políticas. Todas as igrejas exibiram uma das coisas mais bonitas que já vi nos EUA: católicos e protestantes, judeus e gentios, todos os outros, todo mundo trabalhando junto como americanos. Foi uma visão maravilhosa. Maravilhosa! Que coisa maravilhosa, todo mundo apoiando o presidente, todo mundo contribuindo de alguma forma para restabelecer a fé no povo deste país.

Durante aqueles dias caóticos, não sei se houve alguma dúvida na cabeça da maioria das pessoas. Não entrei em contato com ninguém que não pensasse que o Sr. Roosevelt era o único homem, o melhor homem para lidar com aquela situação caótica. Não me entenda mal. Politicamente, só estou falando sobre um grande homem que fez um grande trabalho quando ele precisava ser feito, e ele o fez porque tinha uma aliança de MasterMind imbatível.

Vamos ver os diferentes tipos de aliança de MasterMind que se pode ter. Em primeiro lugar, existem alianças por razões puramente sociais ou pessoais, formadas por parentes, amigos e conselheiros religiosos, nas quais não se busca nenhum ganho material. A mais importante desse tipo de aliança de MasterMind é a que existe entre um homem e sua esposa. Nunca é demais enfatizar a importância para quem é casado de trabalhar imediatamente na dedicação desse casamento a uma aliança de MasterMind baseada na aula deste capítulo. Isso vai levar à sua vida uma alegria com que você nunca sonhou. Vai levar à sua vida sucesso com que você nunca sonhou. Vai levar à sua vida saúde com que você nunca sonhou. É uma coisa maravilhosa quando existe uma verdadeira aliança de MasterMind entre um marido e sua esposa. Não conheço nada igual.

E existem alianças para os negócios ou progresso profissional, que consistem em vários indivíduos que têm um motivo pessoal de natureza material ou financeira relacionado a um objeto de suas alianças. Imagino que a maioria de vocês forme a primeira aliança de MasterMind por propósitos econômicos ou financeiros, e isso é perfeitamente legítimo. Esse é um dos motivos para estarem aprendendo esta filosofia. Se querem melhorar sua condição econômica e financeira, devem começar imediatamente a formar uma aliança de MasterMind para esse fim. Se podem começar com uma pessoa, tudo bem, comecem só com uma. Depois, procurem até vocês dois escolherem mais uma. Quando for escolher essa terceira pessoa, tenha certeza de que a primeira e a segunda pessoa de sua aliança estão de acordo com a seleção. Isso é muito importante. Quando for selecionar a quarta pessoa, vocês três devem aprovar a quarta e estudar o assunto com muito cuidado, antes de torná-la membro da aliança. Quando forem selecionar a quinta pessoa, vocês quatro vão escolher. Em uma aliança de MasterMind, não existe uma pessoa dominando, só uma pessoa que, falando de maneira geral, é o líder.

Essa pessoa é o coordenador e o líder, mas não tenta dominar seus associados. No momento em que você começa a dominar alguém, encontrará resistência e rebelião, e embora essa rebelião possa não ser franca, ainda é uma rebelião. **A aliança de MasterMind deve existir em contínuo espírito de harmonia, no qual vocês se movem e agem como se fossem uma só mente.**

O sistema americano da livre-iniciativa é outro exemplo de eficiência por meio do princípio MasterMind. Esse sistema é motivo de inveja do mundo, porque elevou o padrão de vida do povo americano ao patamar mais alto de todos os tempos. Apesar de haver perfeita harmonia, há motivo no sistema americano de livre-iniciativa para inspirar todos os indivíduos a fazerem o melhor possível. Tem um motivo aí.

Mais e mais gente da indústria e do comércio começa a entender que pode dar um passo à frente, e em vez de ter apenas cooperação ou coordenação de esforços entre administração e funcionários, é possível ter o princípio MasterMind pelo compartilhamento dos problemas da administração, dos lucros – de tudo. Os negócios que consegui influenciar para a adoção dessa política ganharam mais dinheiro do que jamais haviam lucrado antes. Os funcionários receberam salários melhores, e todo mundo ficou feliz.

Instruções para formação e manutenção de uma aliança mastermind

1. **Adote um objetivo definido.** Adote um objetivo definido como meta a ser alcançada pelas alianças.
2. **Escolha os membros.** Encontre membros cuja educação, experiência e influência os transformem no maior valor na busca pelo objetivo. Alunos muitas vezes me perguntam qual é o número de pessoas mais favorável para uma aliança de MasterMind, e como selecionar o tipo certo de pessoa para sua aliança. A resposta mais próxima que posso dar é que o procedimento é exatamente o mesmo de quando se começa um negócio ou selecionam funcionários. Que tipo de funcionário vocês escolheriam?

   Confiabilidade está no topo da lista. Se uma pessoa não é confiável, não quero sua participação em uma transação comercial, por mais que seja brilhante e por melhor que seja sua educação. Na verdade, quanto mais educada for, mais perigosa pode ser se não for confiável. Se essa pessoa não for **leal**, eu digo a mesma coisa. Se um indivíduo não é leal àqueles a quem deve lealdade, digo que ele não tem nenhum caráter, e não quero ter nenhuma relação com ele. A **capacidade** de fazer o trabalho é o terceiro passo. Não me interesso pela capacidade do homem antes de descobrir se ele é confiável e leal. O número quatro é uma **atitude mental positiva**. Afinal, de que serve um campo de negatividade à sua volta? Acho que, se vocês pagarem para essa pessoa ficar longe, já estarão lucrando. Número cinco, qual seria? **Fazer o esforço extra**, isso mesmo. E número seis, o que acham que é? **Fé aplicada.**

Quando encontrarem pessoas que apresentam essas seis características, vocês realmente terão encontrado alguém. Estão diante da realeza. Se você só administra uma ou duas barraquinhas de amendoim, pode precisar de uma pessoa só, mas se comanda uma cadeia de barracas de amendoim, pode precisar de cem pessoas.

As seis qualificações do seu grupo de MasterMind são confiabilidade, lealdade, capacidade, atitude mental positiva, disponibilidade para fazer o esforço extra e fé aplicada. Essas são as qualificações de seus aliados de MasterMind. Não se contente com menos. Se encontrar um homem que tem cinco dessas qualidades e não as seis, preste atenção nele antes de começar. Por elas serem todas essenciais para o relacionamento de MasterMind, verifique atentamente se estão todas presentes. Você não pode ter perfeita harmonia a menos que esteja trabalhando com alguém que corresponda 100% nas seis frentes. Você pode ter um arranjo funcional, como tanta gente tem, mas ele não abrangeria todos os valores potenciais do MasterMind.

3. **Determine motivo e compensação.** O que é apropriado que cada membro receba por sua cooperação nessa aliança? Lembre-se, ninguém nunca faz nada sem esperar alguma coisa. Nunca. Você diz que, quando dá amor a uma pessoa, não espera nada em troca. Mas recebe muito por isso. Amor é um grande privilégio, e mesmo quando ele não é correspondido, você ainda terá os benefícios do estado mental conhecido como amor. Desfruta do crescimento e do desenvolvimento que resultam dele. Não existe essa história de dar sem esperar nada em troca. Ninguém trabalha sem ter algum tipo de compensação.

Existem muitas formas diferentes de compensação. Não espere que seus aliados de MasterMind o ajudem a ganhar uma fortuna ou fazer qualquer coisa a menos que estejam participando do benefício decorrente dessa aliança de MasterMind. Este é o critério. Cada indivíduo deve se beneficiar mais ou menos como você, seja o benefício monetário, o benefício da felicidade, o benefício da paz de espírito, um benefício social, seja qualquer outro. Nunca peça a alguém para fazer alguma coisa (se quiser ter certeza de ser atendido) a menos que dê a essa pessoa um motivo adequado para fazer o que você pede.

Se eu fosse ao banco para pedir um empréstimo de US$ 10 mil, que motivo seria adequado para o banqueiro me emprestar o dinheiro? Dois desses motivos se enquadram na categoria do ganho financeiro desejável. O banco ficaria tão satisfeito quanto eu com esse empréstimo se eu pudesse dar a ele três coisas. Eles querem segurança. Querem garantias. E querem lucrar com o empréstimo. É para isso que trabalham.

Há outras transações que não têm por base o motivo monetário. Por exemplo, quando um homem pede sua escolhida em casamento, qual é o motivo? Às vezes é o amor, sim. Aposto que todas as pessoas aqui, cada uma delas, têm uma ideia ou definição diferente do motivo de um homem que pede em casamento a mulher que escolheu. E se ela aceitar, por que aceita?

Quando meu pai levou minha madrasta para casa, ele era só um agricultor. Nunca tinha tido uma camisa branca ou uma gravata. Nem teria. Ele tinha medo de camisas brancas e gravatas, usava camisas de algodão azul. Minha madrasta tinha curso superior. Havia estudado. Eles eram tão diferentes quanto o Polo Norte e o Polo Sul, e passei toda a vida me perguntando como ele havia conseguido conquistá-la. É claro, ela o limpou, o vestiu com uma camisa branca e o fez parecer alguém, mas demorou um pouco. Com o tempo, ela o ajudou a ter acesso ao dinheiro, e ele se tornou um homem de destaque. Eu me lembro de sua aparência e de como falava. Meu pai abusava do inglês da rainha. Ele dizia "eu o vejo se aproximando", "cumpri com meu dever", esse tipo de coisa. Então, perguntei a ela: "Como meu pai conseguiu conquistar você?". Ela respondeu: "Em primeiro lugar, reconheci que ele tinha sangue bom nas veias. Em segundo lugar, ele tinha possibilidades, e eu me sentia capaz de trazê-las à tona". E trouxe.

A Sra. Henry Ford e a Sra. Thomas A. Edison são dois exemplos relevantes que uso com frequência para mostrar o que uma mulher pode fazer pelo sucesso do marido. Se a Sra. Ford não compreendesse o princípio MasterMind (embora não o chamasse por esse nome), o Sr. Ford nunca teria se tornado conhecido, o automóvel Ford nunca teria sido produzido, e duvido que a indústria automobilística tivesse se desenvolvido como se desenvolveu. Foi a Sra. Ford, mais que o Sr. Ford, que o manteve em movimento, alerta, cheio de confiança em si mesmo quando as dificuldades surgiram. As pessoas o criticavam em relação à sua invenção, que diziam ter sido criada para assustar os cavalos. Lembrem-se de que eu também fui criticado por perder meu tempo com o homem mais rico do mundo e trabalhar em troca de nada. A Sra. Ford o apoiou naquelas horas de provação quando tudo era difícil. Todos vocês vão ter um período como esse na vida. Todo mundo enfrenta dificuldades em algum momento.

Muitas vezes, uma mulher se casa com um homem porque vê que ele tem possibilidades, que pode fazer alguma coisa por ele, transformá-lo em alguma coisa. Às vezes é consideração monetária, às vezes é amor, às vezes é uma coisa, às vezes é outra. De qualquer maneira, sempre que alguém se envolve em alguma transação, há um motivo por trás disso, pode ter certeza. Se quer que alguém faça alguma coisa, escolha o motivo certo, plante-o na cabeça dessa pessoa nas circunstâncias apropriadas, e você vai se tornar um vendedor máster.

Estabeleça um plano definido pelo qual cada membro da aliança dará sua contribuição trabalhando pela realização do propósito da aliança. Arranje um tempo definido e dedique esse tempo para a discussão do plano. Indefinição provoca derrota. Mantenha um meio regular de contato entre todos os membros da sua aliança. Você já teve uma grande amizade com alguém, essa amizade esfriou de repente e morreu? Com certeza, muitos aqui já tiveram essa experiência, e sabem qual é a causa disso? Negligência. Certamente, negligência. Se você tem amigos muito próximos e muito queridos, o único jeito de conservá-los é manter contato constantemente, mesmo que seja só por um cartão-postal de vez em quando.

Tenho uma aluna que participou da minha turma de 1928 na cidade de Nova York. Ela nunca deixou de me mandar cartões de aniversário. Uma vez, estava de férias e esqueceu a data até o meio da tarde, e então me mandou um telegrama de parabéns pelo aniversário. Em outras palavras, ela tem sido a aluna mais constante que já tive entre os muitos milhares por todo o país. Em razão dessa atenção que ela sempre me deu, houve ocasiões em que também consegui ajudá-la profissionalmente. Na última vez, consegui para ela uma promoção que resultou em um aumento de mais ou menos US$ 4 mil por ano, o que é uma pequena recompensa pelo esforço de manter contato. Para manter contato com seus aliados de MasterMind, você precisa de locais de reuniões regulares, e tem que mantê-los ativos. Caso contrário, eles esfriam e ficam indiferentes, e finalmente deixam de ter valor para você.

PRINCÍPIO 3

FÉ APLICADA

O terceiro princípio de *O seu direito de ser rico* é Fé Aplicada. Esse princípio, junto com definição de objetivo e o MasterMind, formam a grande árvore dos dezessete princípios.

O princípio não se baseia em nenhuma doutrina ou denominação religiosa em particular. Como é definida aqui, *fé* significa um estado mental ativo no qual há uma identificação da mente com a grande força eterna do universo. Fé é o ser humano sentindo os poderes que o cercam no mundo e tentando harmonizar sua vida com esses poderes como ele os sente. Em última análise, fé é a atividade da mente individual se descobrindo e estabelecendo uma associação funcional com o poder chamado de Mente Universal, a Mente Divina, ou Deus. O Dr. Hill refere-se a esse poder como Inteligência Infinita, a fonte de toda energia de vida, a força cósmica do universo que habitamos.

A palavra *aplicada* sugere ação. Esse é um princípio ativo, não passivo. A fé aqui mencionada é aplicada à realização de um objetivo principal definido na vida. Com fé aplicada, o resultado será a realização.

Se você tivesse um objetivo principal, soubesse exatamente o que quer fazer, tivesse uma aliança de MasterMind com pessoas que poderiam ajudá-lo, e depois tivesse a fé suficiente para mantê-lo em ação enquanto se dedicava a isso, seria praticamente tudo de que poderia precisar.

Por que acha que precisamos dos outros quatorze princípios? Precisamos de quatorze princípios adicionais para induzi-lo a usar os outros três. Você precisa de iniciativa pessoal. Precisa de imaginação. Precisa de entusiasmo. Em outras palavras, esta filosofia é como fazer um bolo. Quando você faz um bolo, não usa só um ingrediente. Põe uma pitada disso, uma pitada daquilo, uma dose de alguma outra coisa, e depois põe no forno e assa. Se você excluir um desses ingredientes, não vai ter o mesmo tipo de bolo. É a mesma coisa com esta filosofia. Não é possível excluir nenhum desses dezessete princípios. Seria como tirar um elo de uma corrente. Você não teria mais uma corrente, teria duas partes de uma corrente, mas não uma corrente inteira. Os outros quatorze princípios sustentam esses três.

Fé é um estado mental que já foi chamado de mola mestra da alma, ao qual as metas, os desejos, planos e objetivos do indivíduo devem ser traduzidos em seu equivalente físico ou financeiro. Há fundamentos da fé, mas quando me refiro a fé aplicada, estou falando de alguma coisa muito diferente de uma mera crença. A palavra *aplicada* significa o quê? Ação. É parte ativa da fé. Sem ação, fé é só um devaneio. Muitas pessoas acreditam em coisas, mas não fazem nada em relação a elas, dedicando-se só a sonhar acordadas. Fé aplicada é fé ativa.

FÉ E OS TRÊS PRIMEIROS PRINCÍPIOS DO SUCESSO

1. **Definição de Objetivo.** O objetivo é sustentado por uma iniciativa pessoal e ação, ação, ação – quanto mais ação, melhor. Isso significa ação contínua, não só de sua parte, mas também por parte daqueles que podem estar cooperando com você e seus aliados de MasterMind.
2. **Atitude mental positiva.** Uma atitude mental positiva, livre de todas as coisas negativas como medo, inveja, ódio, ciúme e ganância, é essencial. A atitude mental determina a eficiência da fé. É um fato. O estado mental em que você está quando reza vai determinar o que acontece como resultado dessa oração. Não existem dois caminhos para isso. Você pode testar por si mesmo e descobrir.

   Não tenho dúvidas de que vocês tiveram a mesma experiência que eu, fizeram orações que não produziram nada além de um resultado negativo. Acham que existe alguém que *não* teve essa experiência uma vez ou outra? Quando você reza, a menos que tenha uma fé tão absoluta de que vai conseguir aquilo que quer, seja o que for, e que consiga se ver antecipadamente de posse desse desejo realizado antes mesmo de começar a pedir por ele, as chances são de que o resultado de sua prece seja negativo.

3. **Aliança de MasterMind.** Uma aliança de MasterMind reúne uma ou mais pessoas que radiam coragem baseada em fé e são mentalmente e espiritualmente adequadas às necessidades do indivíduo para a realização de um objetivo dado.

Elementos de fé aplicada

1. **Toda adversidade traz com ela a semente de um benefício equivalente; a derrota temporária não é fracasso até que seja aceita como tal.** Sabem onde a maioria das pessoas falha em relação à aplicação da fé? É quando são derrotadas e aceitam essa derrota como uma coisa sobre a qual não podem fazer nada. Em vez de começar imediatamente a procurar essa semente de um benefício equivalente que existe em *toda* derrota, elas se tornam deprimidas e tristes, desanimadas, e constroem complexos de inferioridade. Em vez disso, poderiam reverter a ordem e *usar* a derrota apenas como um ponto temporário a partir do qual farão outro esforço.

   Dizer que cada adversidade carrega com ela a semente de um benefício equivalente, que cada derrota e cada fracasso carregam a semente de um benefício equivalente, não teria nenhum significado para vocês a menos que eu fizesse uma aplicação dessa afirmação e desse exemplos e mais exemplos. Se examinarem exemplos suficientes em sua própria existência, veriam que é sempre assim que funciona. Por isso quero que analisem atentamente as adversidades que encontrarem.

   Vocês sabem que as adversidades são, com frequência, suas maiores bênçãos? Sabem qual foi a maior bênção que já tive na vida? É claro, foi a perda de minha mãe. Normalmente, a grande catástrofe que poderia se abater sobre uma criança seria a perda da mãe aos nove anos de idade. Por que digo que foi a maior bênção? Porque a perda me trouxe uma nova mãe para tomar o lugar dela, alguém que é responsável por tudo que realizei e tudo que ainda vou realizar. Sem sua influência, eu ainda estaria lutando contra cascavéis, tomando bebida barata e brigando. Meus parentes continuam fazendo essas mesmas coisas, por isso, não tenho motivo para pensar que teria sido diferente comigo. Tive muitas outras adversidades, e quero dizer a vocês que, sem umas vinte grandes adversidades que enfrentei, eu nunca teria sido capaz de buscar a solidez desta filosofia – a de que existe uma semente de benefício equivalente em cada adversidade.

Vocês conseguem imaginar alguma adversidade pior para um homem do que ser informado de que seu filho nasceu sem orelhas e seria surdo e mudo para sempre? Conseguem imaginar alguma coisa pior que isso? Serei sempre grato porque, graças ao meu contato com a Inteligência Infinita, meu filho foi provido com uma espécie de sistema auditivo que deu a ele 65% de sua audição normal e, depois de um tempo, 100% com um aparelho auditivo moderno. Ele aprendeu a viver uma vida normal, e eu tive a maior demonstração de toda a minha vida do poder da fé. Não teria conseguido nada disso de outro jeito. Não poderia ter sido indiretamente, tinha que ter sido em primeira mão.

Nunca aceitei o sofrimento daquela criança, nem antes de vê-lo, nem mesmo depois de vê-lo. Nunca o aceitei. Os parentes dele aceitaram. Queriam colocá-lo na escola para portadores de necessidades especiais, onde ele aprenderia linguagem de sinais e leitura labial. Eu não queria que ele soubesse nem que essas coisas *existiam*. Quando ele atingiu a idade de ir para a escola, eu brigava com as autoridades escolares todo ano, com a regularidade de um relógio, porque queriam mandá-lo para um colégio de crianças portadoras de necessidades especiais, para interagir com os outros alunos e ver suas aflições. Eu não queria que ele soubesse que essas coisas existiam. Desde o início, ensinei a ele que não ter orelhas era uma bênção, e ele acreditou. A compaixão levava as pessoas a fazerem por ele coisas que não teriam feito em outras circunstâncias. Ele arrumou um emprego de vendedor do *Saturday Evening Post* e superou todos os outros pelos Estados Unidos. Era comum sair com US$ 5 em mercadoria e voltar com US$ 10 em dinheiro. Fez isso muitas vezes. As pessoas olhavam para ele e diziam: "Por que esse pobrezinho sem orelhas está vendendo jornais? Os pais devem ser pobres". Davam a ele uma nota de um dólar, e quando ele tentava devolver o troco, diziam: "Ah, filho, pode ficar para você". Assim, era comum ele vender por um dólar cada exemplar do *Saturday Evening Post.* Hoje, sem tomar conhecimento de nenhuma aflição, ele leva uma vida perfeitamente normal, porque ensinei a ele que aflição, *qualquer tipo de aflição*, pode ser transformada em benefício.

2. **Fé aplicada requer o hábito de afirmar o objetivo principal definido na forma de oração uma vez por dia, pelo menos.** A mente subconsciente só sabe o que você diz a ela, ou o que permite que outras pessoas digam a ela, ou o que permite que as circunstâncias da vida digam a ela. Não reconhece a diferença entre mentira e verdade. Não sabe a diferença entre um centavo e US$ 1 milhão. Ela aceita as coisas que você manda, e se você mandar pensamentos predominantes de pobreza, doença e fracasso, isso é exatamente o que vai ter. Por mais que possa ter fé mais tarde, você vai descobrir que o subconsciente responde à atitude mental que você mantém durante o dia. É necessário que afirme muitas e muitas vezes os objetivos que vai alcançar na vida, até educar seu subconsciente a atrair automaticamente as coisas que se identificam com o que você pretende alcançar na vida. Você vai descobrir que sua mente é como um ímã, e que quando a carrega com uma imagem clara do que quer, ela atrai para você as coisas de que precisa para realizar esse objetivo.
3. **Reconhecimento da existência de uma Inteligência Infinita que ordena todo o vasto universo.** Você é uma expressão diminuta dessa inteligência, e, como tal, sua mente não tem limitações, exceto aquelas aceitas ou impostas por você mesmo. Vou repetir a afirmação. Sua mente não tem limitações, exceto aquelas que você permite que sejam estabelecidas ou que você aceita ou impõe a ela deliberadamente. Essa é uma afirmação muito ampla. No entanto, as realizações de homens como Sr. Edison, Sr. Ford, Sr. Carnegie e Napoleon Hill (por favor) sustentam, sem dúvida nenhuma, a ideia de que não há limites, exceto aqueles que você impõe à sua mente.

Se eu tivesse hesitado por um segundo em minha crença sobre o que ia fazer, desde que comecei a trabalhar com o Sr. Carnegie até o momento em que dei esta filosofia ao mundo, jamais teria conseguido. Como fiz isso? Vocês têm alguma ideia de qual foi a parte mais importante nessa minha realização? Não foi meu brilhantismo, nem minha inteligência excepcional. Não sou mais brilhante que a média das pessoas, nem mais inteligente que a média das pessoas. Mas acreditei que podia fazer aquilo e nunca parei de acreditar. Quanto mais as coisas ficavam difíceis, mais eu acreditava que conseguiria. Se você consegue ter essa atitude em relação a si mesmo, permanece ao seu lado quando é atingido pela adversidade, ou quando as pessoas estão contra você, em vez de ficar *contra* você mesmo, está usando fé aplicada. É isso que tem que fazer.

Você sabe que as pessoas têm tempos de provação? Ninguém pode alcançar uma posição elevada na vida e ficar lá sem ser testado. Ninguém pode ter um negócio bem-administrado ou um cargo elevado e ficar lá sem ser testado em posições inferiores até que, passo a passo, conquiste o direito de estar no topo. Não sei como o Criador comanda seu negócio, mas consigo ter uma boa ideia de como ele faz isso observando essa parte que consigo entender. É claro, tem muito mais que *não consigo* entender, mas posso ver que Ele não permite que ninguém alcance um patamar superior na vida sem antes testar a pessoa com severidade.

Uma das coisas mais excepcionais que descobri em minha pesquisa foi que homens de grandes realizações em todas as áreas, e em todos os tempos, foram grandes apenas na medida em que foram derrotados e enfrentaram oposição. Que coisa fantástica. Não podia ser coincidência que todos esses homens que se destacaram foram grandes exatamente na medida em que tinham sido pequenos, desafiados e obrigados a se esforçar.

Eu costumava contar minhas primeiras lutas e falar das minhas derrotas. Meu gerente comercial disse que não era uma boa ideia. Eu acho que é uma boa ideia, porque, se vocês soubessem a quantidade de grandes derrotas que sofri, entendendo como ainda mantive a cabeça fora d'água e sobrevivi para trazer esta filosofia ao mundo, vocês diriam: "Se Hill é capaz disso, eu também sou". Esse é o único motivo para eu falar sobre isso.

Não importa que nomes usem: Deus, Jeová, Buda ou Maomé. Podem chamar como quiserem. Não importa o nome, estamos todos falando sobre uma primeira causa. Não existem duas primeiras causas, só uma. Não pode haver duas. Há uma primeira causa que é responsável por esse grande Universo onde vivemos – para você, para mim e para tudo que existe no Universo. Eu chamo de Inteligência Infinita porque tenho alunos de todas as crenças e religiões no mundo todo, e Inteligência Infinita é uma expressão neutra à qual ninguém pode se opor.

Porém, a menos que você não apenas acredite nisso, mas também possa provar para si mesmo e registrar no papel a evidência de que existe uma primeira causa à qual pode recorrer, não vai conseguir fazer o mais pleno uso desse plano definido.

Um aluno me perguntou sobre o conceito de Inteligência Infinita e se significava a mesma coisa que Deus. Eu respondi: "Para mim, sim".

"Bem", ele continuou, "pode provar a existência de seu conceito de Deus?" Respondi: "Tudo no Universo é a melhor evidência de Sua existência, por causa da ordem do universo". Tudo está em ordem, dos elétrons e prótons na menor parte da matéria aos maiores sóis que flutuam pelo céu. Tudo está em ordem: sem caos, sem choque entre os planetas. Isso é mais evidência de uma primeira causa do que existe de qualquer outra coisa que conheço. E se você não acredita nisso, se não aceita, se não vê, não sente e não conhece isso, então não vai saber que é uma parte minúscula da Inteligência Infinita sendo expressa por meio de seu cérebro. Se reconhece isso, então você reconhece a verdade do que eu disse – que suas únicas limitações são aquelas que você impõe à sua mente, ou permite que alguém imponha, ou que deixa as circunstâncias estabelecerem por você.

Um inventário cuidadoso de suas derrotas passadas (e das adversidades decorrentes) mostra que todas essas experiências carregam a semente de um benefício equivalente.

PRINCÍPIO 4

FAZER O ESFORÇO EXTRA

O quarto princípio de *O seu direito de ser rico* é Fazer o Esforço Extra. Isso significa prestar mais e melhor serviço do que é pago para prestar, e com uma atitude mental agradável. É um princípio que muitas pessoas questionaram no passado e parecem questionar ainda mais profundamente hoje. "Por que eu deveria dar à empresa, ao meu chefe, um minuto a mais de trabalho do que aquele pelo qual sou pago? O que eu ganho com isso?" Aqui está o que você ganha: se você faz o esforço extra, mais cedo ou mais tarde vai receber a compensação maior do que o serviço que presta. Vai exibir maior força de caráter, manter uma atitude positiva e experimentar a euforia da coragem e autossuficiência. Você vai adquirir essas coisas e mais. Deixe o Dr. Napoleon Hill provar que é assim e explicar como você pode fazer isso.

Fazer o esforço extra significa prestar mais e melhor serviço do que aquele pelo qual você é pago, fazer isso o tempo todo e com uma atitude mental agradável, muito agradável.

Um dos motivos pelos quais há tantos fracassos no mundo é que a maioria das pessoas não faz nem o necessário, muito menos o extra. Se fazem o necessário, normalmente é de má vontade, o que as transforma em um grande incômodo para as pessoas que as cercam. Imagino que você conheça o tipo. Mas isso não se aplica a nenhum de vocês, porque, se eram assim antes de conhecerem esta filosofia, vão superar esse estágio bem depressa.

Não conheço nenhuma qualidade ou característica que possa dar uma oportunidade a alguém mais depressa do que se esforçar para fazer um favor a alguém, ou fazer alguma coisa útil. É uma coisa que se pode fazer na vida sem ter que pedir a ninguém o privilégio de poder fazer. A menos que desenvolva o hábito de fazer o esforço extra e se tornar tão indispensável quanto pode ser, a única alternativa para algum dia se tornar livre, independente e autodeterminante, e financeiramente independente na velhice, é um belo golpe de sorte, a morte de um tio rico, ou alguma coisa desse tipo. Não conheço nenhum jeito de alguém se tornar indispensável *exceto* fazer o esforço extra, prestando algum tipo de serviço que ninguém espera e fazendo esse serviço com a atitude mental correta.

Atitude mental é importante. Se você reclama por fazer o esforço extra, as chances são de que isso não traga muitos benefícios. De onde acham que tiro minha autoridade para enfatizar o princípio de fazer o esforço extra? Experiência.

Observei como a natureza faz as coisas, porque você não vai errar se seguir o jeito ou os hábitos da natureza. De maneira contrária, se deixar de reconhecer e seguir o jeito como a natureza faz as coisas, mais cedo ou mais tarde você vai ter problemas – é só uma questão de tempo. Existe um plano geral de acordo com o qual o universo funciona, seja qual for o nome que se dá à primeira causa desse plano, ou ao seu operador, ou ao seu criador. Só existe um conjunto de leis naturais, e cabe a cada indivíduo descobri-las e ajustar-se de maneira favorável a elas. Acima de tudo, a natureza requer e exige que toda coisa viva faça o esforço extra para comer, viver e sobreviver. O homem não sobreviveria a uma estação, não fosse por essa lei de fazer o esforço extra.

Não preste hoje o equivalente a US$ 1 milhão em serviço contando com um cheque amanhã. Se começar a prestar o equivalente a US$ 1 milhão em serviço, você pode ter que prestar um pouco por vez. Vai ter que se fazer reconhecido por isso e vai ter que fazer o esforço extra por algum tempo, antes que alguém perceba. No entanto, tome cuidado para não fazer o esforço extra por *muito* tempo sem ser notado. Se a pessoa certa não perceber, olhe em volta até encontrar a pessoa certa que vai notar. Em outras palavras, se seu atual empregador não reconhecer seu esforço, livre-se dele o quanto antes e faça a concorrência saber que tipo de serviço está prestando. Garanto que isso não vai diminuir suas chances em nada. Promova alguma competição enquanto se esforça.

Ninguém nunca aceita uma regra ou faz alguma coisa sem um motivo, e tenho uma grande variedade de razões para você fazer o esforço extra.

A lei do retorno aumentado

A lei do retorno aumentado significa que você vai receber mais do que dá, seja isso bom, seja ruim. Seja positivo, seja negativo. É assim que a lei da natureza funciona. **O que você dá, o que faz para ou por outra pessoa, ou o que dá de si, retorna multiplicado.** Não tem exceção. Nem sempre o retorno é muito rápido, às vezes leva mais tempo do que você espera. Mas pode ter certeza de que, se mandar uma influência negativa, mais cedo ou mais tarde ela volta. Você pode não reconhecer o que a causou, mas ela vai voltar. Não vai se esquecer de você.

A lei do retorno aumentado é eterna, automática, e funciona o tempo todo. É tão inevitável quanto a lei da gravidade. Ninguém no mundo consegue evitá-la, contorná-la ou suspendê-la nem por um momento. Ela está em ação o tempo todo. A lei dos retornos aumentados significa que, quando você se esforça para prestar mais e melhor serviço do que aquele pelo qual é pago, é impossível *não* receber mais do que realmente fez, porque a lei do retorno aumentado cuida disso. Se você trabalha por um salário, a lei cuida disso em aumentos, maiores responsabilidades, promoções ou oportunidades para abrir um negócio próprio. De mil e uma maneiras diferentes, isso vai voltar.

A lei da compensação

Nem sempre isso volta da fonte à qual você prestou o serviço. Não tenha medo de prestar serviço a um comprador ganancioso, ou a um empregador avarento. Não faz diferença para quem você presta serviço. Se prestar esse serviço de boa-fé e em boa disposição, e continuar como uma questão de hábito, é igualmente impossível que você *não* seja compensado e que *seja* compensado. Portanto, você não precisa ser muito cuidadoso em relação à pessoa a quem vai prestar o serviço. Na verdade, use esse princípio com *todo mundo*, seja quem for – desconhecidos, conhecidos, associados comerciais e parentes. Escolha prestar serviço útil a todo mundo, independentemente da forma ou maneira como toca essas pessoas.

O único jeito de você conseguir aumentar o espaço que ocupa no mundo – e me refiro não ao espaço físico, mas ao espaço mental e espiritual – será determinado pela qualidade e quantidade do serviço que presta. Além da qualidade e da quantidade, também tem a atitude mental com que você presta o serviço. São esses os fatores determinantes relacionados a até onde você vai progredir na vida, quanto vai extrair dela, quanto vai desfrutar da vida e quanta paz de espírito vai ter.

Autopromoção

Autopromoção atrai a atenção favorável de outras pessoas. Se você for atento e prestar atenção, vai encontrar em qualquer organização as pessoas que estão fazendo o esforço extra. Vai encontrá-las bem depressa. E se olhar o histórico e os registros das pessoas que estão fazendo o esforço extra, vai ver que, quando surgem oportunidades de promoção, são elas as promovidas. Não precisam pedir; não é necessário. Os empregadores *procuram* as pessoas que fazem o esforço extra. Esse esforço permite que o indivíduo se torne indispensável em muitas relações humanas diferentes. Permite que o indivíduo atraia mais que a compensação mediana.

Alimente a alma

Quero que você saiba que isso também faz algo por sua alma; faz você se sentir melhor. E se não houvesse outro motivo no mundo para fazer o esforço extra, eu diria que esse é adequado. Há muitas coisas na vida que nos fazem ter sentimentos negativos, ou provocam experiências e sentimentos desagradáveis. Porém, essa é uma coisa que você pode fazer por si mesmo e que *sempre* vai provocar sentimentos agradáveis. E se você pensar nas próprias experiências, tenho certeza de que vai lembrar que nunca fez uma coisa boa por alguém sem sentir grande alegria por isso. Talvez a outra pessoa não tenha agradecido, mas isso não tem importância.

É como o amor. Ter amado é um grande privilégio. Não faz a menor diferença se esse amor foi correspondido pela outra pessoa. Você teve o benefício da emoção do amor. É assim com o princípio de fazer o esforço extra. Isso faz alguma coisa *para você*. Confere mais coragem. Capacita o indivíduo a superar inibições e complexos de inferioridade que estão guardados há anos. Há muitos benefícios em ser útil a alguém.

Se você fizer uma cortesia ou algo útil a alguém que não espera por isso, não se surpreenda quando a pessoa reagir intrigada, como se dissesse: "Bom, só quero saber por que está fazendo isso". Algumas pessoas vão ficar um pouco surpresas quando você se esforçar para ser útil a elas.

Benefícios físicos e mentais

Fazer o esforço extra em todas as formas de serviço leva ao crescimento mental e perfeição física em todas as áreas, bem como à maior capacidade e habilidade na vocação escolhida. Se você está dando uma palestra ou anotando em seu caderno, ou fazendo seu trabalho, se é algo que você vai fazer muitas e muitas vezes na vida, decida que em todas elas você vai superar todos os esforços anteriores que já fez. Em outras palavras, torne-se um desafio constante para você mesmo. Veja como vai crescer rapidamente se agir dessa maneira.

Nunca dei uma palestra em toda a vida sem ter a intenção de ser melhor que na anterior. Não faço isso sempre, mas essa é minha intenção. Não faz diferença o tipo de plateia que tenho, se é uma turma maior ou menor. Não é comum ter turmas pequenas, mas, quando tenho, me dedico tanto quanto a uma turma grande, não só porque quero ser útil aos meus alunos, mas também porque quero crescer e me desenvolver. O crescimento resulta do esforço, do emprenho e do uso de suas faculdades. O esforço permite que você lucre pela lei do contraste. Você não vai ter que divulgar isso tudo, o próprio esforço se divulga, porque a maioria das pessoas à sua volta *não* vai fazer o esforço extra, e melhor para você.

Se todo mundo fizesse o esforço extra, esse seria um mundo ótimo para se viver, mas você não seria capaz de lucrar com esse princípio como agora, porque teria muita concorrência. Não se preocupe. Garanto que não a terá. Você vai estar sozinho em uma turma. Vai acontecer de pessoas para quem você trabalha ou com quem trabalha se destacarem por *não* fazerem nem o necessário, muito menos o esforço extra, e não vão gostar disso. Você vai chorar por isso, desistir e retomar seus velhos hábitos só porque a outra pessoa não gosta do que você está fazendo? É claro que não.

É sua responsabilidade individual alcançar o sucesso. Essa responsabilidade é só sua. Não pode permitir que ideias, idiossincrasias ou noções de outras pessoas atrapalhem seu sucesso. Não pode se dar esse luxo. Você deve ser justo com outras pessoas, mas, além disso, não tem nenhuma obrigação de deixar que opiniões ou ideias de outras pessoas o impeçam de alcançar o sucesso. Gostaria de ver a pessoa que poderia me impedir de ser bem-sucedido. Adoraria ver como é essa pessoa, e quero que sintam a mesma coisa. Quero que decidam que vão pôr essas leis em prática e que não vão deixar ninguém impedir que façam isso. Essa decisão leva ao desenvolvimento de uma atitude mental agradável, positiva, que está entre as características mais importantes de uma personalidade agradável – na verdade, não *entre* as mais importantes, mas *é a* mais importante. Uma atitude mental positiva é a primeira característica de uma personalidade agradável.

É maravilhoso saber o que você pode fazer para mudar a química do seu cérebro de forma a ser uma pessoa positiva, não negativa. Tem ideia de como isso é fácil? É tão fácil quanto entrar naquele estado mental em que você quer fazer algo útil pelo outro, sem prestar serviço com uma das mãos e pegar a carteira dele com a outra. Você faz isso apenas pelo bem que recebe por agir assim. Sabe que, se prestar mais e melhor serviço do que aquele pelo qual é pago, mais cedo ou mais tarde vai ser recompensado por mais do que faz e vai ser pago de boa vontade. É assim que a lei funciona. Essa é a lei da compensação. É uma lei eterna, ela nunca esquece, e tem um sistema de contabilidade maravilhoso. Pode ter certeza de que, quando presta o tipo certo de serviço com o tipo certo de atitude mental, você está acumulando créditos que voltarão multiplicados, mais cedo ou mais tarde.

Benefícios ilimitados

Fazer o esforço extra tende a desenvolver uma imaginação aguçada, alerta, porque esse é um hábito que mantém o indivíduo buscando constantemente novas e mais eficientes maneiras de prestar serviço útil. O motivo pelo qual isso é importante é que, quando você começa a olhar em volta para ver quantos lugares, maneiras e meios existem para ajudar o próximo a encontrar *ele mesmo*, você *se* encontra.

Uma das coisas mais fabulosas que descobri em minha pesquisa foi que, quando você tem um problema ou uma situação desagradável que não sabe como resolver, quando fez tudo que sabe, e quando tentou todas as fontes que conhece, e ainda está em um impasse, sempre existe uma coisa que você pode fazer. Quero dizer que, se você fizer essa coisa, é possível que não só resolva seu problema, mas também aprenda uma grande lição. Essa coisa é encontrar alguém que tenha um problema igual ou maior e começar onde você está, exatamente aí, a ajudar a *outra* pessoa. Isso vai destravar alguma coisa em você. Destrava células do seu cérebro, células que permitem que a Inteligência Infinita entre em sua mente e forneça a resposta que é a solução do seu problema.

Não sei por que isso funciona, mas sabe como sei que *funciona*? Sabe por que posso fazer essa afirmação tão positiva sem qualificá-la? Cheguei a essa conclusão por experiência, tentando centenas e centenas de vezes e vendo meus alunos tentarem centenas e centenas de vezes, alunos a quem tinha recomendado a mesma coisa. Que coisa simples é essa! Não sei *o que ela faz* e não sei *por que funciona*. Tem muitas coisas na vida que não sei e muitas coisas que vocês não sabem. Também há coisas que vocês sabem e sobre as quais não fazem muita coisa. Essa é uma dessas coisas sobre as quais não sei nada, mas em relação à qual eu faço alguma coisa.

Sigo a lei porque sei que, se precisar abrir a cabeça para receber oportunidades, o melhor jeito de abri-la é começar olhando em volta para ver quanta gente posso ajudar.

Iniciativa pessoal

Iniciativa pessoal cria o hábito de olhar em volta em busca de alguma coisa útil para fazer e agir sem alguém mandar. O hábito da procrastinação é uma velha ave azeda e causa muitos problemas no mundo. As pessoas adiam até depois de amanhã coisas que deveriam ter feito antes de ontem. Todos nós fazemos isso. Sei que não estou livre disso e sei que você também não está. Mas posso dizer que estou mais livre do que era alguns anos atrás. Agora consigo encontrar muitas coisas para fazer, e as encontro porque sinto alegria ao fazê-las. Sempre que fizer o esforço extra, você vai sentir alegria com o que estiver fazendo; caso contrário, não vai fazer o esforço extra. Isso o ajuda a desenvolver a qualidade da iniciativa pessoal e superar a característica da procrastinação.

Fazer o esforço extra também serve para conquistar a confiança de outras pessoas na integridade e capacidade geral do indivíduo, e o ajuda a dominar o hábito destrutivo da procrastinação. Isso desenvolve definição de objetivo, sem a qual não se pode esperar sucesso. Só isso seria justificativa suficiente. Serve para dar a você um objetivo, de forma que não ande por aí em círculos como um peixe em um aquário, sempre voltando ao ponto de partida com alguma coisa que não tinha ao começar. Definição de objetivo surge dessa coisa de fazer o esforço extra. Isso também o capacita a fazer do seu trabalho uma alegria, em vez de um fardo, a transformá-lo em algo que você ama. Se você não se dedica a um trabalho que ama, está perdendo muito tempo.

Uma das maiores alegrias da vida é poder realizar aquilo que você mais gostaria de fazer entre todas as coisas. Quando faz o esforço extra, você está fazendo exatamente isso. Você não precisa fazer isso, ninguém espera que faça, e ninguém pede para você fazer isso. Certamente pediria aos empregados para fazer o esforço extra. Ele pode pedir uma ajuda extra de vez em quando, mas não faria disso uma coisa regular. É algo que você faz por iniciativa própria, e que confere dignidade ao seu trabalho. Mesmo que esteja cavando um buraco, você está *ajudando* alguém, e há certa dignidade nisso que retira a fadiga e o caráter desagradável do trabalho.

Fazer o esforço extra sempre confere maior porção de alegria. Você pode achar que faz o esforço extra sendo casado, mas e antes de se casar? Acredite, passei muito tempo trabalhando até muito tarde, e não considerei que isso era trabalho duro. A ideia e a iniciativa foram minhas, mas também tive muita alegria com isso e fiz o esforço compensar. Quando você está paquerando a garota que escolheu (ou sendo paquerada pelo homem que escolheu), é maravilhoso quantas horas de sono pode perder sem ser prejudicado por isso. Não seria maravilhoso se pudesse ter em suas relações profissionais ou comerciais a mesma atitude que mantém na paquera? Vamos voltar a brilhar. Isso vai começar em casa, com nossos parceiros. Não consigo nem contar quantos casais orientei para um renascimento da chama. Eles têm tido muita alegria com isso. Evita muito atrito e muita discussão. Reduz despesas. Vá em frente, ria, mas vai lhe fazer muito bem.

Não quero ser debochado. Falo sério quando digo que este é um dos melhores lugares do mundo para começar a fazer o esforço extra. Quando você começar a fazer o esforço extra com alguém com quem nunca fez, sente-se e tenha uma conversinha de vendedor com essa pessoa. Diga que mudou sua atitude e quer fazer um acordo para as duas partes mudarem de atitude de forma que, daqui em diante, as duas façam o esforço extra. Vamos nos relacionar sobre uma base diferente, na qual todos tenhamos alegria, mais paz de espírito e mais felicidade com a vida. Não seria uma coisa maravilhosa se você fosse para casa hoje à noite e tivesse esse tipo de conversa com seu parceiro? Não vai atrapalhar; e pode ajudar. Seu parceiro pode não ficar impressionado com isso, mas você vai ficar. Nada vai atrapalhar o proveito que você vai tirar disso.

E aquela pessoa no trabalho com quem você não tem se dado muito bem? Que tal chegar amanhã de manhã com um sorriso, se aproximar dele ou dela, apertar sua mão e dizer: "Olhe aqui e escute, parceiro. De agora em diante, eu e você vamos gostar de trabalhar juntos". O que ele diria? Não ia dar certo, é? Ah, sim, ia. Experimente para ver. Tem uma coisa que chamamos de orgulho, e se tem algo que causa mais estrago neste mundo que qualquer outra, essa coisa se chama orgulho. Não tenha medo. Não tenha medo de se humilhar se isso vai construir melhores relações humanas com as pessoas com quem você tem que se relacionar o tempo todo.

> *"Esses últimos comentários não estão em minhas anotações, mas vou dizer a vocês onde estão: eles estão no meu coração. [Aplausos.] Obrigado. E um dos motivos pelos quais você e eu nos damos tão bem é que muito frequentemente eu me desvio das anotações e mergulho em meu coração para pescar coisas que quero que você tenha – pequenas porções de alimento para a alma que quero que você tenha, porque sei que são boas. Sei que são boas, porque sei de onde as tirei e o que fizeram por mim ao longo dos anos."*[1]

Estabelecer obrigação

Fazer o esforço extra é a única coisa que dá ao indivíduo o direito de pedir promoções ou aumento de salário. Você já parou para pensar nisso? Você não tem a menor chance se aborda o comprador de seus serviços e pede mais dinheiro ou promoção para um trabalho menor, a menos que, por algum tempo anteriormente, você tenha feito o esforço extra e feito mais do que aquilo por que é pago. É óbvio que, se você não está fazendo mais do que aquilo por que é pago, está sendo pago de acordo com o que merece, não é? Certamente que sim. Então, você tem que começar primeiro fazendo o esforço extra, colocando a outra pessoa em dívida com você antes de pedir favores a ela. E se coloca muitas pessoas em dívida com você fazendo o esforço extra, quando precisa de algum favor, sempre pode olhar para um ou outro lado e conseguir o que quer. É bom saber que você tem esse tipo de crédito por aí, não é? Quero que você tenha esse tipo de crédito com outras pessoas e que possa ensinar a técnica para isso.

---

1 As palavras reais de Napoleon Hill durante essa palestra são tão autênticas e emocionadas que foram transcritas aqui quase exatamente como ele as disse para seus alunos.

A natureza faz o esforço extra

Temos certeza da solidez do princípio de fazer o esforço extra observando a natureza, e há muitos exemplos disso. Você verá que a natureza faz o esforço extra produzindo não só o suficiente de tudo para suas necessidades, mas também um excedente para emergências e perdas. Ela demonstra tudo isso pelas flores nas árvores e peixes nos mares. Não produz apenas o peixe suficiente para perpetuar as espécies; ela produz o suficiente para alimentar as cobras e os crocodilos, e todo o resto. Produz aqueles que morrem de causas naturais, e até mais, de forma que há o suficiente para perpetuar as espécies. A natureza é mais generosa nisso de fazer o esforço extra, e em troca, ela é muito exigente quanto a ver toda criatura viva fazer o esforço extra. Abelhas têm mel como compensação por seus serviços de fertilização das flores em que o mel é estocado de maneira atraente. Mas elas precisam prestar o serviço para ter o mel, e ele deve ser prestado antecipadamente.

Você já ouviu dizer que as aves do ar e os animais da selva não tecem nem fiam, mas sempre vivem em algum lugar e comem. Se observar a vida natural, você vai ver que eles não comem sem prestar algum tipo de serviço, sem trabalhar ou fazer alguma coisa antes de poderem comer. Vejamos um bando de corvos comuns, desses de milharal, por exemplo. Eles precisam ser organizados para viajar em bandos. E têm sentinelas para protegê-los e códigos pelos quais dão avisos uns aos outros. Em outras palavras, eles precisam treinar muito antes de poderem comer em segurança.

A natureza requer que o homem faça o esforço extra para ter alimento. Toda comida vem da terra, e para ter o alimento, ele precisa plantar a semente. Não pode viver só do que a natureza planta (não na vida civilizada, pelo menos). Em ilhas onde os povos não são civilizados, imagino que as pessoas vivam de coco e o que tiver, mas na vida civilizada, nós plantamos a comida na terra. Temos que limpar o solo antes de semeá-lo, ará-lo, cercar o terreno, proteger a área de animais predadores e assim por diante. Tudo isso custa trabalho, tempo e dinheiro. Tudo isso tem que ser feito com antecedência, ou você não vai comer. Eu não teria problema nenhum para vender a um agricultor essa ideia de que a natureza obriga todo mundo a fazer o esforço extra, porque ele já sabe disso sem sombra de dúvida. Sabe em todos os minutos de sua vida que, se não fizer o esforço extra, ele não vai comer e não vai ter nada para vender. Um novo empregado não pode começar a fazer o esforço extra e imediatamente pedir o teto salarial ou o melhor cargo da empresa. Não é assim que funciona. Você precisa estabelecer um histórico, uma reputação. Precisa ser reconhecido e recebido antes de começar a pressionar por compensação. Se você faz o esforço extra com o tipo certo de atitude mental, a probabilidade é de mil para um de nunca ter que pedir compensação pelo serviço que presta, porque ela lhe será dada automaticamente na forma de promoções ou aumentos de salário.

Lei da compensação

Em todo o universo, tudo foi tão arranjado pela lei da compensação (muito adequadamente descrita por Emerson) que o orçamento da natureza é equilibrado. Tudo tem seu oposto equivalente em alguma outra coisa. Positivo e negativo em cada unidade de energia, dia e noite, quente e frio, sucesso e fracasso, doce e azedo, felicidade e infelicidade, homem e mulher. Em todo lugar e em tudo, é possível ver em funcionamento a lei da ação e reação. Tudo que você faz, tudo que pensa, e cada pensamento que libera provoca uma reação em outra pessoa ou em você como a pessoa que expressa o pensamento. Porque quando você expressa um pensamento, não para por aí. Cada pensamento que expressa, mesmo que silenciosamente, torna-se uma parte definitiva do padrão de seu subconsciente.

Se você acumula no subconsciente pensamentos negativos em quantidade suficiente, torna-se predominantemente negativo. E se mantém o hábito de expressar apenas pensamentos positivos, seu padrão subconsciente se torna predominantemente positivo, e vai atrair para você todas as coisas que quiser. Se você for negativo, vai repelir as coisas que quer e atrair só o que não quer. Essa também é uma lei da natureza. Fazer o esforço extra é um dos melhores jeitos que conheço de educar a mente subconsciente para atrair as coisas que você quer e repelir as que não quer.

É fato estabelecido que, se você deixar de desenvolver e aplicar esse princípio de fazer o esforço extra, nunca vai se tornar bem-sucedido, e nunca vai se tornar financeiramente independente. Sei que é verdade porque tive um grande privilégio que vocês ainda não tiveram, mas terão, com o tempo. Tive o privilégio de observar muitas milhares de pessoas, algumas que aplicaram o princípio de fazer o esforço extra, outras que não o aplicaram. Tive o privilégio de saber o que aconteceu com aquelas que aplicaram o princípio e com as que não o aplicaram. **E sei, sem nenhuma dúvida, que ninguém jamais vai além das posições ordinárias da vida ou da mediocridade sem**

o hábito de fazer o esforço extra. Simplesmente não acontece. Se eu tivesse encontrado um caso, só um caso em que alguém tivesse chegado ao topo sem fazer o esforço extra, eu diria que há exceções, mas posso dizer que não há exceções, porque nunca encontrei nenhum desses casos. Posso afirmar com certeza, a partir de minhas experiências, que nunca tive nenhum tipo de benefício importante no mundo que não tenha sido resultado de fazer o esforço extra.

Quero que se tornem autodeterminados, para que possam fazer as coisas sem a ajuda de ninguém. A recompensa virá quando puderem fazer qualquer coisa que quiserem neste mundo. E independentemente de alguém querer que você faça, ou querer ajudar, ou não querer, você pode fazer isso sozinho. Esse é um dos maiores e mais gloriosos sentimentos que conheço, o de poder fazer tudo que se quiser fazer. Não tenho que pedir a ninguém, mesmo minha esposa. Mas se tivesse que pedir a ela, pediria, porque tenho uma boa relação com ela.

Paz de espírito

Aqui temos um item para o qual não se deve torcer o nariz: paz de espírito que extraí de todos aqueles vinte anos fazendo o esforço extra. Vocês têm ideia de quantas pessoas há no mundo em qualquer momento dispostas a fazer alguma coisa por vinte anos seguidos sem receber nada em troca? Têm alguma ideia de quantas pessoas existem no mundo dispostas a fazer alguma coisa por apenas três dias seguidos, sem ter certeza de que vão receber alguma coisa em troca? Vocês ficariam surpresos se soubessem quanto esse número é baixo.

Estamos estudando uma das maiores oportunidades que um ser humano pode ter, especialmente aqui, no país onde podemos realmente criar nosso destino e onde podemos nos expressar do jeito que quisermos. O discurso é livre, as atividades são livres, e a educação é livre. Há maravilhosas oportunidades para fazer o esforço extra em qualquer caminho que quiserem seguir na vida. E, no entanto, muita gente não faz isso. Vivi um tempo quando não havia muita gente interessada em filosofia, porque essa gente era próspera. Estavam vivendo bem e não tinham problemas dignos de nota. Hoje quase todo mundo tem problemas, ou pensa ter.

Vocês sabem o que faço, em vez de descobrir o que está errado com o resto do mundo? Sabem como ocupo meu tempo? Tento descobrir como posso corrigir este homem aqui. Tenho que comer com ele, dormir com ele, fazer sua barba todas as manhãs, lavar seu rosto e dar banho nele de vez em quando. Vocês não fazem ideia de quantas coisas tenho que fazer para ele! Tenho que viver com este homem 24 horas por dia.

Ocupo meu tempo tentando me melhorar, por meio de mim mesmo. Tento melhorar meus amigos e meus alunos escrevendo livros, fazendo palestras e ensinando de outras maneiras. É muito mais compensador do que seria se eu me sentasse com velhos jornais para ler histórias de assassinatos, divórcios escandalosos e tudo que é publicado hoje em dia. Ainda estou falando sobre esse sujeito chamado Napoleon Hill, que não teve juízo suficiente para recusar a proposta de Andrew Carnegie de trabalhar vinte anos por nada. Seus anos avançados serão anos de felicidade por causa das sementes de bondade e ajuda que ele plantou no coração de outras pessoas.

Se eu pudesse viver minha vida de novo, seria exatamente como a vivi. Cometeria todos os erros que cometi. E os cometeria no tempo de minha vida em que os cometi, bem cedo, para ter tempo de corrigir alguns deles. E esse período durante o qual conquistasse paz de espírito e compreensão seria o entardecer da vida, não no meio dela, porque eu não poderia suportar. Quando você é jovem, suporta tudo. Quando se entra no entardecer da vida, a energia não é mais tão grande quanto era antes. A energia física não é tão grande; às vezes, a capacidade mental também não. Não se pode mais enfrentar tanta coisa quanto nos dias da juventude. E você não tem mais tantos anos para corrigir os erros que cometeu.

Ter a tranquilidade e a paz de espírito que tenho hoje, no entardecer da vida, é uma das grandes alegrias que resultaram desta filosofia. Se você me perguntar qual foi minha maior compensação, eu diria que foi essa. Tem muita gente da minha idade, e até mais nova que eu, que não encontrou paz de espírito, nem encontrará. Não encontrará porque a está procurando no lugar errado. Essas pessoas não estão fazendo nada em relação a isso; estão esperando que outra pessoa faça alguma coisa a respeito disso por elas. Paz de espírito é algo que você tem que obter por si mesmo. Em primeiro lugar, você tem que fazer por merecer. Quanto a como alguém pode ter paz de espírito, alguns de vocês ficariam surpresos com por onde tive que começar a procurá-la. Não é onde as pessoas comuns procuram. Não está nas alegrias do que o dinheiro compra, ou nas alegrias de reconhecimento, fama e fortuna. Você vai encontrar paz de espírito na humildade do próprio coração.

A "parede interior" do Dr. Hill, que aparece a seguir, é parte de seu sistema de paredes descrito na no princípio 8. Para ajudar o leitor a entender suas palavras aqui, ele se refere a seu santuário espiritual interior. A "parede" impede todo o resto de entrar nesse santuário, que é reservado apenas para ele e Deus.

Tenho paz de espírito principalmente por meio de uma terceira "parede interior", um lugar aonde vou dentro de mim, onde a parede é alta como a eternidade. Medito muitas vezes por dia, e é lá que tenho minha verdadeira paz de espírito. Sempre posso me recolher a essa área interna, interromper toda influência terrena e comungar com as forças superiores do Universo. Qualquer pessoa pode fazer isso. Você pode fazer isso. Quando progredir nesta filosofia, você vai ser capaz de qualquer coisa que quiser fazer, tão bem ou melhor do que qualquer coisa que eu consigo fazer. Espero que todo aluno de quem me despeço acabe me superando em todos os aspectos possíveis. Escrevendo livros, talvez vocês continuem de onde parei e escrevam livros melhores que os que eu escrevi. Por que não? Não disse a última palavra nos livros, nem em minhas palestras, nem em nenhum outro lugar. Na verdade, sou só um estudante, acho que um estudante bem inteligente, mas só um estudante em evolução. O único estado de perfeição que atingi (e que não pode ser superado por ninguém) é o de ter alcançado a paz de espírito, e como a encontrei.

Dedique-se a pelo menos uma atividade fazendo o esforço extra todos os dias. Você pode escolher a circunstância, mesmo que não seja mais que telefonar para um conhecido e desejar a ele boa sorte. Vai se surpreender com o que acontece quando você começa a telefonar para os amigos que tem negligenciado há algum tempo e diz "Lembrei de você. Estava pensando em você, e me deu vontade de ligar e perguntar como está, e espero que esteja tão bem quanto eu". Vocês ficariam surpresos com o que isso faria a você e seu amigo. Não precisa ser um amigo próximo. Só precisa ser alguém que você conhece. Ou ainda, reveze com um amigo por meia hora em suas obrigações, ou fique com os filhos de um vizinho para ele ir ao cinema, ou cuide dos filhos de um dos vizinhos. Se vai ficar em casa de qualquer jeito, com seus filhos, talvez conheça uma vizinha que gostaria de sair para ir ao cinema, mas não pode deixar os filhos. As crianças podem ser barulhentas, provavelmente vão brigar com seus filhos, mas, se você for um diplomata, vai mantê-los afastados. A vizinha vai ter uma dívida de gratidão com você, e você vai sentir que foi realmente uma grande bondade ajudar alguém que, de outra forma, não teria tido essa pequena liberdade. Para vocês que não têm filhos, seria uma coisa boa dizer "Quer que eu fique na sua casa com as crianças enquanto você sai? Você e seu marido podem namorar um pouco. Eu fico com as crianças enquanto vocês vão ao cinema, ou a um show". Você precisa conhecer muito bem seus vizinhos para tomar essa atitude. Certamente, muitos aqui têm algum vizinho de quem podem se aproximar com essa finalidade, sem ele pensar que vocês são malucos.

O importante não é tanto o que você faz para a outra pessoa. É o que faz a si mesmo encontrando maneiras e meios de fazer o esforço extra em pequenos gestos. Você sabia que tanto os sucessos quanto os fracassos são feitos de pequenas coisas? Tão pequenas que costumam ser ignoradas, porque as coisas que fazem o sucesso são muito pequenas e aparentemente insignificantes.

Conheço pessoas tão populares que não poderiam ter um inimigo. Uma delas é meu distinto sócio, o Sr. Stone. Ele sempre faz o esforço extra, e vejam como é próspero. Vejam quantas pessoas estão fazendo o esforço extra por ele. Tem muita gente que, se não ganhou um bom dinheiro trabalhando para o Sr. Stone, pagaria um salário só para trabalhar para ele. Cheguei a ouvir alguém dizer que ficou muito rico trabalhando para o Sr. Stone. Essa pessoa disse: "Se eu não tivesse ganhado dinheiro trabalhando para ele, pagaria por isso, só pela associação com ele". O Sr. Stone não é diferente de vocês, de mim ou de qualquer pessoa, exceto em sua atitude mental em relação às pessoas e a ele mesmo. Ele toma para si a responsabilidade de fazer o esforço extra. Às vezes, as pessoas tiram proveito disso. Não agem com ele de maneira justa. Já vi isso acontecer, mas não é algo que o preocupa muito. Na verdade, ele não se preocupa com nada, ponto final. Aprendeu a se ajustar à vida de tal forma que sente grande alegria por viver, por estar com as pessoas. Escreva uma carta para um conhecido, ofereça incentivo. No seu emprego, faça um pouco mais do que aquilo por que é pago, fique até um pouco mais tarde no trabalho, ou faça outra pessoa um pouco mais feliz.

PRINCÍPIO 5

PERSONALIDADE AGRADÁVEL

Quem é você? Como os outros o veem? As pessoas que conhece parecem gostar de você, não gostar de você, ou talvez pior, elas parecem não gostar nem desgostar? O quinto princípio de *O seu direito de ser rico* é uma Personalidade Agradável. Lembre-se de que, seja você quem for e o que quer que faça, toda vez que conhece alguém, explica uma ideia, fala pelo telefone ou dá uma opinião, está vendendo seu bem mais valioso: você. Quando se torna sua melhor versão, você ganha o máximo. Desenvolver uma personalidade agradável vai permitir que você se apresente de um jeito positivo, dinâmico e atraente. Utilizar plenamente esse princípio vai fazer a diferença entre ser um vendedor e alguém que anota pedidos, ser um líder bem-sucedido ou um trabalhador comum, entre ser uma pessoa benquista e alguém que é detestado.

Como o Dr. Hill enfatiza, a expressão "plenamente utilizado" é importante. As características que compõem uma personalidade agradável terão pouco valor, a menos que sejam utilizadas o tempo todo.

Os seminários do Dr. Hill eram conduzidos como um teste. Ele pedia aos estudantes para se avaliarem com notas em cada uma das 25 características. Podemos sugerir que você use essa palestra como um ponto de partida, uma forma de compreender os elementos-chave de uma personalidade agradável? Classifique-se de 0% a 100% em cada característica. Você deve compor sua pontuação da seguinte maneira: se acha que é perfeito ou quase perfeito em uma característica (uma coisa rara), dê a si mesmo um A+. Se está acima da média, um A. Se é bom ou mediano, classifique-se com um B. Se é ruim ou abaixo da média, um C. E se acha que é insatisfatório em alguma característica, atribua um D. Seja brutalmente honesto. Dar a si mesmo notas mais altas do que as que merece é mentir para si, e isso o impedirá de alcançar objetivos. Avalie-se novamente daqui a um mês, e continue se avaliando, para acompanhar sua evolução.

Quero apresentar vocês à pessoa mais maravilhosa do mundo, a pessoa que está sentada em sua cadeira neste momento. Quando fragmentar essa pessoa nos 25 fatores que compõem uma personalidade agradável, você vai descobrir exatamente onde é maravilhoso, e por quê. Vou pedir que dê a si mesmo as notas que acha que merece, e pode ser qualquer uma, de 0% a 100%. Quando terminar, some todas as notas e divida o resultado pelas 25 características, e assim terá uma média de nota para personalidade agradável. Se tiver 50%, você está indo bem, mas espero que alguns aqui obtenham mais que isso.

CARACTERÍSTICA 1: ATITUDE MENTAL POSITIVA

A primeira característica de uma personalidade agradável é sempre uma atitude mental positiva, porque ninguém quer ficar perto de alguém negativo. Independentemente de que outras características você tenha, se não tiver uma atitude mental positiva (pelo menos na presença de outras pessoas), não vai ser considerado alguém que tem uma personalidade agradável. Classifique-se com uma nota entre 0% e 100%, e se conseguir atribuir a si mesmo 100%, você estará na mesma categoria de Franklin D. Roosevelt. Isso é bem alto.

CARACTERÍSTICA 2: FLEXIBILIDADE

A próxima característica é flexibilidade, que é a capacidade de se dobrar e ajustar às circunstâncias variáveis da vida sem sucumbir a elas. Muitas pessoas são tão rígidas em seus hábitos e atitude mental que não conseguem se ajustar a nada que seja desagradável, ou com que não concordem. Sabe por que Franklin D. Roosevelt foi um dos presidentes mais populares, se não *o* mais popular, que tivemos em nossa geração? Ele podia ser todas as coisas para todas as pessoas. Estive em seu gabinete quando senadores e congressistas chegavam prontos para atacá-lo, e saíam fazendo elogios, tudo por causa de sua atitude mental. Ele não ficava zangado no mesmo tempo de outras pessoas. Isso é um jeito muito bom de se ajustar: seja flexível o bastante para não ficar zangado quando outras pessoas ficam. Se quer ficar bravo, fique sozinho, quando o outro estiver de bom humor, e vai ter uma boa chance de não se dar mal.

Vi presidentes dos Estados Unidos chegarem e partirem, associei-me a vários deles, e sei o que esse fator da flexibilidade pode significar no posto mais alto do mundo. Herbert Hoover foi, provavelmente, um dos melhores executivos que tivemos na Casa Branca, mas não conseguiu convencer o povo a reelegê-lo. Porque era inflexível, não conseguia se curvar, era muito estático e muito rígido. Calvin Coolidge também. Woodrow Wilson também, em alguma medida. Era muito austero, muito estático, muito rígido, e muito correto. Em outras palavras, não permitia que ninguém batesse em seu ombro, o chamasse de "Woody" ou tomasse liberdades pessoais. É claro, há muitas coisas nessa vida com as quais é preciso se ajustar. Para ter paz de espírito e boa saúde, é melhor aprender isso agora. E se você não é flexível, pode se tornar flexível.

CARACTERÍSTICA 3: TOM DE VOZ AGRADÁVEL

Um tom de voz agradável é uma coisa importante com a qual você pode fazer experiências: muita gente tem um tom ríspido, ou nasalado, ou tem alguma coisa em seu tom de voz que irrita as pessoas. Um orador monótono, por exemplo, que não tem magnetismo pessoal e não sabe afinar a própria voz, nunca vai conquistar sua plateia. Se você vai lecionar, dar palestras ou falar em público (ou mesmo manter uma boa conversa), precisa aprender a ter um tom de voz agradável. Isso é possível com um pouco de prática. Simplesmente baixando a voz, não falando muito alto, é possível criar um tom agradável de ouvir. Não acredito que alguém pode ensinar a outra pessoa como tornar seu tom de voz agradável. Creio que você tem que ir experimentando.

Primeiro, precisa *se sentir* agradável. Como pode soar um tom de voz agradável se está bravo, ou quando não gosta da pessoa com quem está falando? Você pode, mas não funciona, a menos que realmente *se sinta* da maneira como quer se expressar.

Todas essas são técnicas cuidadosamente estudadas que precisa adquirir se quer se tornar agradável, mas não conheço nada que funcione melhor do que ser agradável aos olhos de outras pessoas. É uma dessas coisas sem as quais você não pode se dar bem.

CARACTERÍSTICA 4: TOLERÂNCIA

Muita gente não entende o completo significado de tolerância, mas significa ter a mente aberta para todos os assuntos e todas as pessoas o tempo todo. Ter a mente aberta significa que sua mente não se fecha para ninguém e nada; você está sempre disposto a ouvir a última palavra ou ouvir uma palavra adicional sobre qualquer coisa. Ficaria surpreso com como pouca gente anda pelo mundo com a mente aberta. Algumas são tão fechadas que não seria possível abri-las nem com um pé de cabra. Você não seria capaz de enfiar uma ideia nova ali. Já viu alguém de mente fechada ser agradável? Não viu e não vai ver nunca. Para ter uma atitude mental agradável, é preciso ter a mente aberta. No minuto em que as pessoas descobrem que você tem preconceitos em relação a elas, sua religião, sua visão política, econômica, ou em relação a qualquer coisa que as afete, elas se afastam de você.

Eu me dou bem com as pessoas de todas as religiões que frequentam minhas aulas: católicos, protestantes, judeus e gentios. Na verdade, eu me dou bem com todas as raças e credos porque, para mim, são todos iguais. E me dou bem com eles porque são meus semelhantes, meus irmãos. Nunca penso em ninguém em termos de crença política, religiosa ou econômica. Penso nas pessoas em relação ao que elas estão tentando fazer para melhorar e ser melhor com os outros. É nesses termos que penso nas pessoas, e por isso me dou tão bem com elas.

Mente aberta é algo maravilhoso para se ter. Se você não a mantém aberta, não vai aprender muito. Se tem a mente fechada, vai perder muita informação e fatos de que precisa, coisas que não terá sem uma mente aberta.

A mente fechada em relação a alguém ou alguma coisa produz um efeito dentro de você. No momento em que você se fecha para algum assunto e diz "Essa é a última palavra, não quero mais saber disso", você para de crescer.

CARACTERÍSTICA 5: SENSO DE HUMOR

Um bom senso de humor significa que você tem uma boa disposição – se não tem, precisa cultivá-la – para poder se ajustar a todas as coisas desagradáveis que surgem ao longo da vida, sem levá-las muito a sério.

Acho que já falei com vocês sobre o lema que vi uma vez no escritório do Dr. Frank Crane. Fiquei muito impressionado, especialmente porque aquele era o escritório de um pregador. O lema era: "Não se leve a sério demais, maldição". E ele explicou que a palavra *maldição* significava exatamente o que sugeria. Se você se leva a sério demais, está se *condenando*. Não era uma palavra profana. Acho que é um bom lema para todo mundo: não se levar muito a sério.

Um dos melhores tônicos que se pode ter é dar uma boa e sincera gargalhada várias vezes por dia. Se você não tem do que rir, crie alguma coisa.

Olhe seu reflexo no vidro, por exemplo, porque sempre se pode rir disso. Vai se surpreender com quanto isso modifica a química mental. Se você tem problemas, eles se desmancham e não parecem tão grandes quando está rindo, não como quando está chorando. Um bom senso de humor é uma coisa maravilhosa. Não sei se meu senso de humor pode ser chamado de bom, mas é alerta. Consigo me divertir com quase qualquer circunstância da vida. Antes eu era muito castigado por circunstâncias com as quais hoje me divirto. Meu senso de humor é um pouco mais alerta do que costumava ser.

CARACTERÍSTICA 6: FRANQUEZA

Atitude e discurso francos garantem controle discriminado da língua sempre e criam o hábito de pensar antes de falar. Muita gente não faz isso. Fala primeiro e pensa depois, ou se arrepende depois. É maravilhoso se, imediatamente antes de falar qualquer coisa para alguém, você para e pensa se isso vai *beneficiar* ou *prejudicar* a pessoa que vai ouvir. Pense também se vai ser benéfico ou prejudicial a você. Seguir essas duas regras simples o impedirá de dizer metade das coisas que você diz e preferiria não ter dito. Considere e pense um pouco antes de abrir a boca e começar a falar. Muitas pessoas deixam a boca assumir o comando e esquecem o que disseram, porque não estavam pensando. Essas pessoas quase sempre têm problemas com alguém.

Franqueza de atitude e discurso não significa que você tem que falar a todas as pessoas exatamente o que pensa delas. Se fizer isso, não vai ter amigos. Mas franqueza significa não ser evasivo e não se envolver em ambiguidades. Ninguém gosta de gente ambígua. Ninguém gosta de uma pessoa que é sempre evasiva ou nunca expressa sua opinião sobre nada.

CARACTERÍSTICA 7: EXPRESSÃO FACIAL AGRADÁVEL

Se você estudar sua expressão facial no espelho, é maravilhoso ver quanto pode torná-la agradável, quando tenta. Tente sorrir um pouco. Aprenda a sorrir quando fala com as pessoas. Você se surpreenderia com quanto o que diz é mais efetivo quando está sorrindo, em vez de franzir a testa ou permanecer sério. Isso faz uma tremenda diferença em quem está ouvindo. Odeio falar com uma pessoa que mantém uma expressão séria, como se carregasse o mundo inteiro nas costas. Fico incomodado. Quero que a pessoa fale logo o que tem a dizer e pronto. Quero que a pessoa se espreguice, pelo menos, como Franklin D. Roosevelt. Quando ela dá aquele sorriso maravilhoso, até a coisa mais trivial soa como música, e soa como sabedoria por causa do efeito psicológico desse sorriso em você. O sorriso é algo maravilhoso. Não sorria para as pessoas quando não é essa sua intenção, porque macacos podem mostrar os dentes. Aprenda a sorrir com sinceridade. Mas onde o sorriso acontece primeiro? Nos lábios, no rosto, onde? Começa em seu coração, onde você o sente. É lá que ele acontece.

Você não precisa ser bonito, mas um sorriso enfeita e melhora a aparência, seja você quem for. Torna sua expressão facial muito mais bonita.

CARACTERÍSTICA 8: BOM SENSO DE JUSTIÇA

O que você pensa sobre ser justo com outra pessoa, mesmo quando isso é desvantajoso para você? É algo maravilhoso que conquista outras pessoas, porque elas sabem muito bem que ser justo com elas custa alguma coisa para você. Não há nenhuma virtude particular em ser justo com outra pessoa quando você se beneficia disso. Tem alguma ideia de quanta gente por aí é justa e honesta só quando sabe que isso vai se reverter em algum tipo de benefício pessoal? Com que rapidez essas pessoas seriam desonestas se pudessem lucrar com isso? Não posso fornecer uma porcentagem. Odiaria dizer quanto eu acho que é, mas tenho certeza de que é bem alta. Muitas pessoas são assim.

CARACTERÍSTICA 9: SINCERIDADE DE PROPÓSITO

Ninguém gosta de uma pessoa que é obviamente insincera no que diz ou faz, que está tentando ser o que não é, ou que está dizendo alguma coisa que não representa o que realmente pensa. Não é tão ruim quanto uma mentira descarada, mas chega perto disso, é falta de sinceridade de propósito.

CARACTERÍSTICA 10: VERSATILIDADE

Versatilidade deriva de uma ampla gama de conhecimento de pessoas e eventos alheios aos interesses pessoais imediatos da pessoa. Alguém que não sabe nada, exceto sobre uma coisa, é uma pessoa que vai se tornar tediosa no momento em que sair desse campo de conhecimento. Não é preciso ter muita imaginação para pensar em alguém que você conhece e tem o nariz tão enterrado em um assunto que não sabe o que está acontecendo além disso. É uma pessoa que não é interessante para conversar, nem para qualquer outra coisa, se não tem uma variedade suficientemente grande de coisas sobre as quais falar a ponto de envolver coisas do seu interesse. Sabe qual é o jeito mais fácil de se tornar benquisto? Converse com as pessoas sobre coisas que interessam a elas. Se você fala com outra pessoa sobre coisas que interessam a *ela*, quando começar a falar sobre as coisas de seu interesse, essa pessoa será uma boa ouvinte.

CARACTERÍSTICA 11: TATO

Seu discurso não tem que refletir *tudo* em sua atitude mental. Você não precisa falar tudo que passa por sua cabeça. Se falar, vai ser um livro aberto para quem quiser ler. Às vezes, vai ser lido quando preferiria não ser. Tenha tato em seu discurso e nas atitudes com outras pessoas. Sempre se pode ter tato.

Sabe aqueles motoristas na rua, aqueles que arranham seu para-choque? Você sabe que eles têm tato quando param e descem do automóvel para ver a extensão do prejuízo. Talvez tenha sido um risco de dez centavos na pintura, mas eles xingam o equivalente a US$ 100 de prejuízo. Um dia desses, vou assistir a uma colisão entre dois carros na rua, e os dois motoristas vão descer e pedir desculpas, e cada um deles vai assumir a responsabilidade e se oferecer para arcar com o prejuízo. E quando isso acontecer, não sei o que vai acontecer comigo, mas ainda vou ver uma cena dessas, um dia desses.

Você se surpreenderia com quanto poderia fazer com as pessoas simplesmente tendo tato ao tratar com elas. Em vez de dar ordens, ou pedir, ou solicitar, ou exigir que as pessoas façam coisas, poderia ser muito mais útil e diplomático perguntar se elas *se importariam* por fazer essas coisas. Mesmo que você seja uma autoridade dando instruções, ainda é melhor perguntar se a pessoa se importa de fazer certas coisas. Um dos empregadores mais excepcionais que já conheci nunca dava ordens diretas aos empregados. Era Andrew Carnegie. Ele sempre pedia aos associados e empregados, mesmo aos que ocupavam as posições mais humildes, se seria conveniente, ou se seria adequado. Ele nunca mandava ninguém fazer nada, sempre perguntava. Não é à toa que tenha se dado tão bem com as pessoas. Não é surpresa que tenha sido tão bem-sucedido.

CARACTERÍSTICA 12: PRONTIDÃO DE DECISÃO

Ninguém pode ser realmente benquisto e ter uma personalidade realmente agradável se adia uma decisão tendo diante de si todos os fatos para decidir de imediato. Não quero insinuar que devam ser precipitados ou fazer julgamentos prematuros. Mas quando você tem todos os fatos e chega a hora de tomar uma decisão, adquira o hábito de tomar essas decisões.

Se a decisão for errada, sempre é possível revertê-la. Não seja grande ou pequeno demais para voltar atrás quando descobrir que é isso que deve fazer. Há uma grande vantagem em ser suficientemente justo com você mesmo e a outra pessoa para voltar atrás, caso tenha tomado uma decisão errada.

CARACTERÍSTICA 13: FÉ NA INTELIGÊNCIA INFINITA

Não preciso fazer esse comentário sobre fé na Inteligência Infinita. Você sabe se tem fé, e deve atribuir a si mesmo uma nota muito alta se seguir sua religião fielmente, seja ela qual for.

É surpreendente quantas pessoas respondem a essa questão sobre fé na Inteligência Infinita da boca para fora, e não fazem muita coisa além disso. Essa resposta não é alta o suficiente para ser ouvida ao longe. Essas pessoas não se dedicam a atitudes muito excepcionais para respaldar a proclamada fé na Inteligência Infinita. Não sei como o Criador se sente em relação a isso, mas acredito que um grama de boas atitudes equivale a um milhão de toneladas de boas intenções ou crença. Só um ato.

CARACTERÍSTICA 14: USO APROPRIADO DAS PALAVRAS

Usar as palavras de maneira apropriada significa livrá-las de gírias, piadinhas e profanidades. Nunca vi outro tempo em que as pessoas usassem tanta gíria, piadinha, duplo sentido e tudo isso. Pode parecer inteligente para quem usa, mas não é para quem ouve. Ele pode rir disso, mas não vai ficar impressionado com alguém que usa gracinhas e piadinhas prontas.

Nosso idioma não é o mais fácil do mundo para se dominar, mas é um belo idioma e tem uma grande variedade de palavras e significados. É maravilhoso ser capaz de controlar a língua de forma a poder transmitir a outra pessoa com precisão o que você tem em mente, o que quer que ela pense que você tem em mente, ou o que quer que ela saiba.

CARACTERÍSTICA 15: ENTUSIASMO CONTROLADO

Por que controlar o entusiasmo? Por que não o deixar à vontade? Deixar seu entusiasmo sem controle pode causar problemas. Seu entusiasmo precisa ser controlado como você controla sua eletricidade. A eletricidade é, de fato, algo maravilhoso. Serve para lavar pratos, lavar roupas, ligar a torradeira e talvez até preparar sua comida no forno. Serve para muitas coisas, mas você lida com ela com cuidado. Liga quando quer, e desliga quando não quer usá-la. Seu entusiasmo deve ser tratado com o mesmo cuidado. Você o liga quando quer ligar, e o desliga com a mesma rapidez. Se não consegue desligá-lo com a mesma rapidez com que o liga, alguém pode se aproximar e inflamar seu interesse por alguma coisa pela qual nem deveria se interessar. Que bobo você seria nesse momento, disposto a fazer tudo que essa pessoa quisesse.

Você também pode ser entusiasmado demais com a outra pessoa e cansá-la, o que a faria fechar as cortinas mentais e resistir à sua abordagem. Conheci vendedores tão entusiasmados que não os deixaria entrar na minha casa pela segunda vez, porque não gostaria de ter o trabalho de me defender deles. Também já ouvi oradores e pregadores assim. Não gostaria de segui-los, porque teria muito trabalho para resistir a eles. Estou falando sobre o tipo de pessoa que deixa o entusiasmo solto, é exagerada, e tudo o que você pode fazer é fugir dela. Um homem que age assim não será popular. Mas o homem capaz de ligar seu entusiasmo na hora certa, e na quantidade certa, e desligá-lo na hora certa, é um homem que será considerado dono de uma personalidade agradável.

Se você não consegue transmitir entusiasmo quando quer, não será considerado alguém de personalidade agradável, porque há momentos em que, definitivamente, você precisa dele. Lecionar, palestrar, falar em público, conversar normalmente ou vender, quase tudo que envolve o relacionamento humano requer certa dose de entusiasmo. Entusiasmo é uma dessas coisas que se pode cultivar. É como todas essas outras qualidades. Só há uma qualidade aqui que você não pode cultivar. Veja se consegue encontrá-la. Andrew Carnegie disse que poderia dar ao indivíduo todas as características, menos uma: magnetismo pessoal. Você tem uma dose disso, e ele é sujeito a controle e transmutação, mas é algo que uma pessoa não pode dar a outra.

Tenha espírito esportivo em relação a tudo. Você não vai ganhar sempre na vida. Ninguém pode. Vai haver momentos em que você perde, e quando isso acontecer, aceite com elegância e graça. Aceite e diga: "Perdi, mas talvez tenha sido melhor assim, porque vou começar imediatamente a procurar aquela semente de benefício equivalente e, da próxima vez, vou deixar outra pessoa perder. Vou me preparar melhor".

CARACTERÍSTICA 16: NÃO SE LEVE A SÉRIO DEMAIS

Não se leve a sério demais, não importa em quê. Durante a Depressão, quatro amigos meus cometeram suicídio. Dois pularam de edifícios altos, um atirou contra ele mesmo, e o outro bebeu veneno. Eles se mataram porque perderam todo o dinheiro que tinham. Perdi o dobro do valor que eles perderam, mas não pulei de nenhum prédio, não atirei em mim mesmo e não me envenenei. O que eu fiz? Eu disse: "Isso é uma coisa abençoada, porque, depois de perder essa quantia em dinheiro, vou ter que começar de novo e ganhar mais, e enquanto ganhar mais, vou aprender mais". Minha atitude mental em relação a isso foi começar imediatamente a procurar a semente da melhoria. Não fiquei nem um pouco perturbado. Disse a mim mesmo: "Se eu perder cada centavo que tenho, o último terno que tenho e até minhas cuecas, posso pegar um barril emprestado com alguém e começar de novo. Onde eu conseguir reunir um grupo de pessoas para me ouvir, vou poder começar a ganhar dinheiro". Como é possível derrubar alguém que tem esse tipo de atitude? Não importa quantas vezes ele seja derrotado, vai se levantar. É como uma rolha: você pode afundá-la na água, mas ela vai voltar à superfície assim que tirar a mão dela. E se não tirar a mão dela, ela continuará forçando sua mão para cima.

CARACTERÍSTICA 17: CORTESIA COMUM

Cortesia comum é o tipo ordinário de cortesia que se tem com todo mundo. Trate as pessoas com cortesia, especialmente as que estão em posições inferiores (sociais, econômicas ou financeiras) à sua. É maravilhoso ser cortês com a pessoa com quem você tem obrigação de ser cortês. Faz alguma coisa pela pessoa e faz alguma coisa por você.

Odeio ver alguém subjugando outra pessoa. Nada me aborrece mais depressa do que entrar em um restaurante e ver um novo rico tratando mal os garçons. Talvez mereçam, mas nunca consegui aprender a gostar disso. Acho que qualquer pessoa que maltrate outra em público, com ou sem motivo, tem alguma coisa errada na configuração. Pode ter certeza de que falta alguma coisa a ela na vida.

Lembro quando estava hospedado no Hotel Bellevue-Stratford, na Filadélfia, naquela famosa viagem que fiz para conhecer meu editor. Um dos garçons respingou sopa quente na minha nuca e me queimou. O chefe dos garçons se aproximou depressa, e atrás dele veio o gerente do hotel, que queria chamar um médico. Eu disse: "Bem, não é nada grave. O garçom respingou um pouco de sopa". "Ah", ele respondeu, "vamos mandar seu terno para a lavanderia, e vamos fazer isso e aquilo e..." Eu o interrompi: "Não estou incomodado com isso". Mais tarde, quando o garçom terminou seu expediente, ele foi ao meu quarto e disse: "Quero agradecer pelo que fez. Podia ter provocado minha demissão, porque era isso que ia acontecer. Se não tivesse reagido como reagiu, eu agora estaria desempregado, e não posso ficar sem emprego". Não sei quanto isso ajudou o garçom, mas me fez muito bem saber que havia um homem que eu poderia ter humilhado. Até onde sei, nunca em toda a vida humilhei alguém intencionalmente por qualquer motivo. Posso ter feito isso sem querer, e é bom poder dizer isso.

Eu me sinto bem por ter essa atitude em relação às pessoas, e isso volta para mim, porque as pessoas agem da mesma maneira comigo. Não querem me humilhar, porque você recebe das pessoas o que dá a elas. Você é um ímã humano, e está atraindo a soma e a essência do que ocupa seu coração e sua alma.

CARACTERÍSTICA 18: APRESENTAÇÃO PESSOAL ADEQUADA

Apresentação pessoal adequada é importante para qualquer um que tenha uma vida pública. Nunca fui muito exagerado. Nunca usei roupas formais, exceto em algumas poucas ocasiões em que era perfeitamente adequado. Normalmente, uso o bom gosto. A pessoa mais bem-vestida é que aquela que se veste de um jeito que, caso alguém peça para você descrever mais tarde como ela estava vestida, você não consiga. As pessoas vão dizer "Só sei que estava bom", ou "Ela estava bonita".

CARACTERÍSTICA 19: TALENTO ARTÍSTICO

Você precisa ser um artista se quiser se vender bem em qualquer área da vida. Tem que ser um bom artista e saber quando dramatizar as palavras, quando dramatizar as circunstâncias. Se quisesse descrever a história do homem mais excepcional do mundo, por exemplo, usando os fatos simples e sem dramatizá-los durante o relato, você não teria a menor graça. Você precisa dramatizar essas coisas sobre as quais está falando e essas pessoas com quem faz negócios. Precisa aprender a desenvolver seu talento artístico, e isso é algo que se pode aprender.

CARACTERÍSTICA 20: FAZER O ESFORÇO EXTRA

Não preciso dizer que você tem que desenvolver o hábito de fazer o esforço extra. Há uma palestra inteira sobre isso, e você pode se classificar nesse quesito.

CARACTERÍSTICA 21: TEMPERANÇA

Você também deve aplicar a temperança ao comer, beber, trabalhar, se divertir e pensar. Temperança significa nem muito, nem pouco de qualquer coisa. Você pode fazer tanto mal a si mesmo comendo como quando consome bebida alcoólica. A regra que sigo em tudo é: não deixo me controlar. Quando eu fumava e cheguei ao ponto em que os cigarros me fumavam, parei. Posso tomar uma dose ou duas, até três (não me lembro de ter bebido mais que isso em uma noite, mas poderia, se quisesse). Porém, se algum dia descobrir que a bebida está me bebendo, ou se perceber que não consigo resistir a ela, paro rapidamente. Seguiria a mesma regra se ainda fumasse. Quando cheguei ao ponto em que os cigarros me fumavam, cortei completamente. Quero estar no comando do Napoleon Hill o tempo todo. Temperança significa nem muito, nem pouco. Não tem nada que seja tão ruim na vida se você não exagerar.

CARACTERÍSTICA 22: PACIÊNCIA

Em todas as circunstâncias, paciência é algo que você precisa ter neste mundo em que vivemos. É um mundo de competição. Você está sempre sendo chamado a usar a paciência e, usando-a, aprende a temporizar essas coisas, de forma a poder induzir outras pessoas a agir quando o momento for mais oportuno. Se você não tem paciência e tenta forçar a mão com outras pessoas, vai ouvir um não, ou vai ser rejeitado quando não quer nada disso. É preciso ter paciência para conseguir temporizar o relacionamento com outras pessoas. É preciso ter muita paciência. Você tem que ser capaz de se controlar o tempo todo. Muita gente não tem muita paciência, sabemos. A pessoa comum, provavelmente a maioria delas, se irrita em dois segundos. Você só precisa dizer a coisa errada, ou fazer a coisa errada. Ora, não preciso me zangar porque alguém fala ou diz a coisa errada. Poderia, se quisesse, mas a escolha é minha, e eu escolho não me zangar.

CARACTERÍSTICA 23: GRAÇA NA POSTURA E NA ATITUDE

Outra característica importante de uma personalidade agradável é a graça nas atitudes e na postura do corpo. Se chego com o corpo relaxado, pode ser mais confortável e mais fácil. Mas é melhor que eu me mantenha ereto sem me apoiar em nada. Andar encurvado e não ter cuidado com a postura dá a impressão de que você não é muito atento à aparência pessoal (e a outras coisas). É uma boa ideia ter elegância, graça e postura corporal.

CARACTERÍSTICA 24: HUMILDADE E MODÉSTIA

Não conheço nada tão maravilhoso quanto ter a verdadeira humildade de coração. Há momentos em que tenho que criticar pessoas, inclusive algumas pessoas com quem estou trabalhando. Se for necessário expressar desaprovação por alguma coisa que alguém faz, digo a mim mesmo silenciosamente para que a pessoa não ouça: "Deus tenha piedade de todos nós". Sei que só pela graça de Deus não sou o homem que quero criticar. Talvez tenha feito coisas dez vezes piores que aquela pela qual estaria criticando a pessoa. Em outras palavras, tento manter a humildade. Independentemente do que acontece comigo de desagradável, e independentemente de quanto me torno bem-sucedido, observo esse sentimento de humildade do coração. Afinal, o sucesso que tenho, seja ele qual for, é devido inteiramente ao amor maravilhoso e amistoso, ao afeto, à cooperação de outras pessoas. Jamais poderia ter me espalhado pelo mundo como me disseminei, jamais poderia ter me beneficiado das pessoas que tive, e nunca poderia ter crescido como cresci, não fosse pelo amor, afeto e cooperação de outras pessoas. Não teria tido essa cooperação se não tivesse me adaptado a outras pessoas em um estado de amizade.

CARACTERÍSTICA 25: MAGNETISMO PESSOAL

Magnetismo pessoal faz referência à emoção do sexo, uma característica inata e o único traço de personalidade que não pode ser cultivado. Pode ser controlado e dirigido para o uso benéfico. Na verdade, os mais excepcionais líderes, vendedores, oradores, religiosos, advogados, palestrantes, professores e os que mais se destacam em qualquer área de atuação são os que aprenderam a transmutar a emoção do sexo.

Transmutar a emoção do sexo é converter essa grande energia criativa em fazer aquela coisa que você quer na maior parte do tempo. A palavra *transmutar* é algo que você deve procurar no dicionário para ter certeza de seu significado.

DESCOBRIR PONTOS FORTES E FRACOS

Você tem muito que pensar sobre isso e, enquanto pensa, está fazendo descobertas sobre si mesmo. Quando realmente se dedicar a responder a essas perguntas e dar uma nota a você mesmo, vai descobrir que tem alguns pontos fracos que não sabia que tinha, e também tem certos pontos fortes e qualidades que talvez subestimasse. Vamos descobrir essas coisas sobre nós mesmos para descobrir onde estamos e descobrir o que nos impede de progredir. Por que as pessoas gostam de nós, e por que as pessoas não gostam de nós?

Posso me sentar com qualquer um de vocês e, com no máximo vinte perguntas, apontar exatamente o que o impede de ser popular (se você não for). Quero que você faça a mesma coisa. Quero que aprenda a analisar pessoas, começando por você mesmo. Descubra o que faz as pessoas populares, o que as faz vibrar, e, quando desenvolver essa capacidade, você terá um dos bens mais valiosos que pode imaginar.

PRINCÍPIO 6

INICIATIVA PESSOAL

O sexto princípio de O *seu direito de ser rico* é Iniciativa Pessoal. Em um sentido mais simples, esse é o aspecto da filosofia que produz ação. Vamos pensar em um carro: os pneus estão calibrados, o óleo foi trocado, o tanque está cheio de combustível e a bateria está carregada. Você até o lavou, está brilhando. Só tem um problema: o motor de arranque não funciona. O que significa que você não vai a lugar nenhum.

Iniciativa pessoal é como um dínamo que não só inicia a ação física, mas também ativa a faculdade da imaginação e a põe em ação. Ela é parte do processo de traduzir seu objetivo principal definido em termos físicos ou financeiros. Iniciativa pessoal também põe em ação o elemento crítico de concluir qualquer ação que você tenha começado.

O Dr. Hill aponta que há dois tipos de pessoas que nunca chegam a nada. Um é o tipo de pessoa que nunca faz nada, exceto o que lhe mandam fazer, e o outro é o tipo que nunca faz mais do que lhe mandam fazer. Portanto, iniciativa pessoal é a irmã gêmea do princípio de fazer o esforço extra.

O princípio, como aquele da personalidade agradável, é apresentado na forma de um teste de autoavaliação. Prepare-se para atribuir a você mesmo com franqueza e honestidade notas sobre quanto tem das qualidades que compõem esse princípio vital do sucesso.

Esta é uma grande lição, porque é a porção da filosofia que produz ação. Não faria muita diferença entender ou não todos os outros princípios se você não fizesse alguma coisa com isso, certo? Em outras palavras, o valor que você vai extrair desta filosofia não está em nada do que ensino nessas palestras. **O**

importante é o que você vai fazer com isso, e a atitude que vai tomar para começar a usar esta filosofia por iniciativa própria.

Há certos atributos de iniciativa e liderança que quero que comece a classificar em você mesmo. São muitos atributos, e vou comentar aqui os que considero mais importantes. Classificar-se em relação a essas qualidades será o primeiro passo para se apoderar delas.

ATRIBUTO 1: OBJETIVO PRINCIPAL DEFINIDO

Não precisamos comentar mais sobre ter um objetivo principal definido. É óbvio que, se você não tem um objetivo na vida – um objetivo principal geral –, você não tem muita iniciativa. Um dos passos mais importantes a ser dado é descobrir o que você quer fazer. Se você não tem certeza sobre o que quer fazer na vida, vamos descobrir o que vai fazer com o resto deste ano. Não vamos estabelecer um objetivo muito alto ou muito distante.

Se tem um negócio, uma profissão ou um emprego, seu objetivo principal definido pode capacitá-lo a aumentar seus rendimentos a partir dos serviços que presta, sejam eles quais forem. No fim do ano, você pode rever seu histórico, reestabelecer seu objetivo principal definido e transformá-lo em algo maior. Crie um plano de um ano, ou talvez de cinco anos. Esse é o ponto de partida da iniciativa pessoal. Descubra para onde você vai, por que vai para lá, o que vai fazer quando chegar lá e quanto vai ganhar com isso em termos financeiros. A maioria das pessoas poderia ser bem-sucedida se simplesmente decidisse quanto sucesso quer ter e em que termos quer avaliar o sucesso. Tem muitas pessoas no mundo que querem uma boa posição e muito dinheiro, mas não sabem bem que tipo de posição querem, quanto dinheiro querem, nem quando querem chegar nisso. Vamos pensar um pouco sobre esse assunto e nos classificar em relação ao número um.

ATRIBUTO 2: MOTIVO ADEQUADO

Motivo adequado inspira ação contínua na busca do objetivo principal definido do indivíduo. Estude-se atentamente e veja se tem um motivo ou motivos adequados. Será muito melhor se tiver mais de um motivo para querer alcançar seu objetivo principal, seja qual for o motivo ou o objetivo imediato. Ninguém faz nada sem um motivo. Vou repetir isso. Ninguém em sã consciência faz nada sem um motivo. Uma pessoa desequilibrada pode fazer muitas coisas sem ter motivo nenhum para isso. Mas pessoas normais só agem com base em motivo, e quanto mais forte ele for, mais ativa a pessoa se torna e mais apta a agir a partir da iniciativa pessoal.

Você não precisa ter uma inteligência descomunal. Não precisa ser muito brilhante. Não precisa ter uma formação maravilhosa. Você pode ser um sucesso excepcional se pegar o que tem, seja pouco ou muito, e começar a usar, colocar isso em ação, fazer alguma coisa com isso. E, é claro, isso requer iniciativa.

ATRIBUTO 3: ALIANÇA DE MASTERMIND

Uma aliança de MasterMind é a cooperação amigável pela qual você adquire o poder necessário para uma realização digna de nota. Tome a iniciativa agora e descubra quantos amigos tem com quem pode contar ou a quem pode recorrer, se precisar de algum tipo de cooperação. Faça uma lista de pessoas a quem realmente pode recorrer, se precisar de algum favor, referência ou indicação, ou talvez até dinheiro emprestado. Aliás, a menos que você tenha todo o dinheiro de que precisa, vai chegar o momento em que talvez tenha que fazer um empréstimo. Não seria bom conhecer alguém a quem pode recorrer, em caso de necessidade, e conseguir o dinheiro necessário? Sempre se pode procurar um banco. Você só precisa dar garantias de quatro para um (papéis do governo), e vai ter todo o dinheiro de que precisa. Mas há momentos em que quer valores medianos, talvez, ou algo além de dinheiro. Nesse momento, você precisa conhecer alguém com quem já tenha preparado o terreno, de forma que, quando precisar recorrer a essa pessoa em busca de favores, seja atendido. Acima de tudo, se busca alguma coisa além da mediocridade, precisa ter uma aliança de MasterMind de uma ou mais pessoas, além de você, que não só cooperem com você, mas que façam de tudo para ajudar, e que tenham a capacidade de fazer alguma coisa benéfica a você.

Cabe a você tomar a iniciativa para construir essas alianças de MasterMind. Os aliados não aparecem e se juntam a você só por ser uma boa pessoa. Você precisa traçar um plano, ter um objetivo e encontrar pessoas adequadas para criar sua aliança de MasterMind. Você tem que dar a elas um motivo adequado para se tornarem suas aliadas.

Sei que a maioria das pessoas não tem uma aliança de MasterMind. Não tenha medo de se classificar com nota zero nesse quesito se não tiver uma aliança, mas, na próxima vez que fizer a avaliação, procure ter uma nota maior que essa. E o único jeito de ter uma nota melhor na próxima vez, se a de agora for zero, é começar a procurar pelo menos um aliado de MasterMind a quem possa se ligar imediatamente quando está começando.

ATRIBUTO 4: AUTOSSUFICIÊNCIA

Você vai descobrir exatamente quanto tem de autossuficiência em relação à natureza de seu objetivo principal.

Quando se avaliar nesse atributo, você pode precisar da ajuda de outras pessoas. Pode precisar de ajuda da esposa, do marido, do amigo mais próximo ou de alguém que conhece você muito bem. Pode *pensar* que tem autossuficiência, mas você sabe como medir quanto você tem de autossuficiência? Você pode medir sua autossuficiência com precisão avaliando primeiro seu objetivo principal definido para ver de que tamanho ele é (se *tiver* um objetivo principal definido). Se não tiver um, ou se ele não for muito espetacular, ou se não for nada maior do que você já conquistou até o presente, então você não tem muita autossuficiência, e deve atribuir a si mesmo uma nota muito baixa nesse atributo.

Se tem a quantidade apropriada de autossuficiência, você vai aumentar seu objetivo principal definido além de qualquer coisa que já tenha conseguido até agora, e vai se tornar determinado a alcançá-lo.

ATRIBUTO 5: AUTODISCIPLINA

O sucesso requer autodisciplina suficiente para assegurar o controle da cabeça e do coração, e para sustentar os motivos do indivíduo até que se realizem. Onde e quando você mais precisa de autodisciplina? Quando está progredindo, quando tudo é cor-de-rosa e vai bem, e você está conquistando o sucesso? Não. Você precisa de autodisciplina quando as coisas são difíceis, quando tudo fica complicado, e quando as probabilidades não são favoráveis. E o tipo de autodisciplina de que precisa nesse ponto é sobre sua mente. Você tem que saber para onde está indo, que tem o direito de estar lá e que é determinado para chegar, apesar de todas as dificuldades que pode encontrar e da oposição que pode enfrentar. Você vai precisar de autodisciplina suficiente para, pelo menos, se sustentar quando o momento for difícil, em vez de desistir ou reclamar.

ATRIBUTO 6: PERSISTÊNCIA

Persistência tem por base a vontade de vencer. Você sabe quantas vezes a pessoa comum falha antes de desistir ou decidir que quer fazer outra coisa? Uma? Uma seria generoso! O sujeito que falha antes de começar acredita que é inútil começar, porque ele sabe que não consegue fazer nada. Ele não começou nenhuma vez. Talvez vocês queiram saber que a maioria das pessoas vai fracassar antes de começar. Nunca começam de verdade. Pensam nas coisas que *poderiam* fazer, mas nunca fazem nada a respeito disso. Você também sabe que a maioria das pessoas que começa alguma coisa acaba desistindo ou se deixando desviar para outro caminho diante da primeira oposição?

Pessoas próximas a mim (quando relaxo e falo com franqueza) sabem que meu bem mais valioso, além da persistência e da vontade de vencer, é a autodisciplina. Eu insisto nas coisas, e insisto ainda mais quando tudo é difícil. Essa é minha qualidade que se destaca, sempre foi e sempre será. Quero dizer a vocês que, sem essas características, eu nunca teria concluído esta filosofia. Nunca teria sido capaz de apresentá-la de maneira tão abrangente como fiz, e não estaria aqui falando nesta noite.

Vocês acham que característica é algo com que se nasce, ou algo que se pode adquirir? Pode ser adquirida, e não é muito difícil.

Um desejo ardente é o que torna a pessoa mais persistente. Nunca penso em persistência e desejo ardente sem pensar no meu namoro. Pus mais persistência e mais desejo ardente em meu namoro do que em qualquer outra coisa na vida. Acho que não se vai muito longe no relacionamento sem isso. E se você pudesse transmutar para o seu sucesso nos negócios, sua profissão ou seu emprego a mesma porção de sentimento e emoção com que se vende para a pessoa que quer ter ao seu lado? Se ainda não tentou, comece agora. Na próxima vez que se sentir desanimado ou deprimido, transforme essas emoções em sentimentos de coragem e fé. Uma coisa maravilhosa vai acontecer. Isso vai mudar toda a química do seu cérebro e do seu corpo, e você vai ser muito mais efetivo.

ATRIBUTO 7: IMAGINAÇÃO DIRIGIDA

Uma faculdade bem-desenvolvida da imaginação é aquela que é controlada e dirigida. Essas distinções são importantes, porque uma imaginação que *não* é controlada e dirigida pode ser muito perigosa. Uma vez fiz uma pesquisa para o Departamento de Justiça na qual analisava todos os homens nas penitenciárias federais dos Estados Unidos. Descobri que a maioria dos detentos estava lá porque tinha muita imaginação. Mas a imaginação daqueles homens não era controlada e dirigida em um sentido construtivo. Imaginação é algo maravilhoso, mas, se você não a tem sob controle, e se não a dirige para fins definidos e construtivos, ela pode ser perigosa para você.

ATRIBUTO 8: PODER DE DECISÃO

Você toma decisões definidas e prontas quando tem à mão todos os fatos necessários para decidir? Se não tem o hábito de tomar decisões claras prontamente e definitivamente, está enrolando no trabalho, procrastinando e destruindo essa coisa tão vital chamada iniciativa pessoal. Uma das melhores coisas para começar a praticar iniciativa pessoal é aprender a tomar decisões rápidas, firmes e definidas assim que tiver à mão todos os fatos disponíveis. Não estou falando sobre opiniões e julgamentos precipitados com base em evidências incompletas. Estou falando de todos os fatos relativos a determinado assunto, todos nas suas mãos e disponíveis. Quando você os tem, deve fazer alguma coisa com esses fatos. Deve decidir exatamente o que vai fazer e não ficar dando voltas, como fazem tantas pessoas. Caso contrário, você vai adquirir o hábito de adiar tudo. Em outras palavras, não vai ser uma pessoa que age a partir da própria iniciativa pessoal.

ATRIBUTO 9: OPINIÕES BASEADAS EM FATOS

Adquira o hábito de basear suas opiniões em fatos, em vez de contar com adivinhação. Sabe quantas vezes você se baseia em deduções, não em fatos, para formar opiniões? É importante conhecer os fatos antes de tomar uma decisão sobre qualquer coisa. Sabe por que você não deveria formar uma opinião sobre alguma coisa – em qualquer momento e em qualquer lugar – a menos que seja baseada em fatos ou no que acredita serem fatos? Porque agir assim pode causar problemas ou provocar seu fracasso. Você pode ter opiniões. Todos nós temos. Você pode dá-las a outras pessoas em situações em que sejam solicitadas, e todo mundo também faz isso. Mas antes de poder expressar sua opinião de verdade (ou ter uma), deve fazer uma boa pesquisa para poder basear essa opinião em fatos, ou no que acredita serem fatos.

ATRIBUTO 10: ENTUSIASMO CONTROLADO

O atributo dez é a capacidade de gerar entusiasmo voluntariamente e controlá-lo. Antes de começar a fazer qualquer coisa com entusiasmo, você tem que senti-lo, não é? Tem que sentir a emoção. Você precisa ser acelerado, e sua mente tem que ser alertada com algum objetivo definido, propósito ou motivo a fim de fazer alguma coisa em relação a esse motivo. Você expressa entusiasmo com suas palavras, com a expressão do rosto ou com alguma outra forma de ação.

A palavra *ação* é inseparável da palavra *entusiasmo*. Não se pode separar as duas. Há dois tipos de entusiasmo: o tipo passivo e ativo, e o entusiasmo controlado.

Entusiasmo passivo é aquele que você sente, mas não expressa de maneira nenhuma. Há momentos em que você precisa ser passivo com seu entusiasmo, ou vai revelar a outras pessoas o que passa por sua cabeça em ocasiões em que prefere não revelar nada.

Um grande líder ou grande executivo pode ter uma quantidade tremenda de entusiasmo, mas ele só o revelará a quem quiser e nas circunstâncias que desejar. Não vai simplesmente exibi-lo o tempo todo, como eu e você poderíamos fazer. A maioria das pessoas alimenta seu entusiasmo e fala sobre ele, mas isso não serve para nada. Entusiasmo controlado é entusiasmo acionado no momento certo e desligado na hora certa. Isso é importante, e sua iniciativa é a única coisa capaz de exercer esse controle.

Se você pegar esse aspecto, essa questão de como ligar e desligar o entusiasmo e transformá-lo em uma arte refinada, pode se tornar um esplêndido vendedor de qualquer coisa que queira vender. Você já ouviu falar de alguém vendendo qualquer coisa sem estar entusiasmado com o que tenta vender? Já vendeu alguma coisa sem esse sentimento de entusiasmo por aquilo que estava tentando fazer pela outra pessoa? Pode ter pensado que sim, mas não. Se você não tinha esse sentimento de entusiasmo por iniciativa própria, então você não fez uma venda. Alguém pode ter comprado alguma coisa de você porque precisava daquilo que você tinha, mas você mesmo teve pouco a ver com isso, a menos que tenha transmitido esse sentimento.

Para transmitir o sentimento de entusiasmo a outra pessoa, especialmente quando estiver vendendo alguma coisa, é preciso antes transmiti-lo a você mesmo. Em outras palavras, seu entusiasmo começa no interior da sua configuração emocional. Você precisa sentir entusiasmo, e se abrir a boca para falar, deve falar com entusiasmo. Deve colocar entusiasmo na expressão do seu rosto. Exiba um sorriso largo, porque ninguém que fala com entusiasmo tem uma ruga na testa. As duas coisas não combinam.

Há muitas coisas que você precisa aprender sobre esse negócio de expressar entusiasmo se quer tirar o máximo proveito disso, e todas elas envolvem iniciativa pessoal. Você tem que fazer. Ninguém pode fazer isso por você. Eu não posso lhe dizer como ser entusiasta. Só posso dizer quais são as partes que compõem o entusiasmo e como expressá-lo, mas o trabalho de realmente expressá-lo é seu.

ATRIBUTO 11: TOLERÂNCIA

Vamos abordar a questão da mente aberta. A maioria dos meus amigos pensa ser mente aberta, e odeio dizer a eles quanto estão enganados, porque quero que continuem sendo meus amigos. Mas quem pode dizer que tem a mente aberta sobre tudo? Eu não. Não tenho a mente aberta sobre todos os assuntos. Tenho a mente aberta em relação a muitos assuntos, os que eu quero tratar com a mente aberta.

Não deveríamos ter nenhuma atitude em relação a ninguém em nenhuma circunstância, a menos que exista uma base para justificar essa atitude, ou que acreditamos servir de justificativa, pelo menos.

Vocês têm ideia de quanto se privam fechando a mente contra alguém de quem não gostam, quando essa pessoa poderia ser a mais benéfica para você no mundo todo se você mantivesse a mente aberta para ela? Uma das coisas mais custosas em uma organização de indústria ou comércio é a mente fechada das pessoas que nela trabalham. É importante vocês saberem disso. Algumas pessoas têm a mente fechada para outras, para oportunidades, para as pessoas a quem servem e para elas mesmas.

Quando se fala em intolerância, a primeira ideia é a de alguém que não gosta de outra pessoa por causa de religião ou política. Isso é só a superfície do real significado desse assunto da intolerância. Intolerância se estende a quase todo relacionamento humano. **A menos que você crie o hábito de manter a mente aberta para todos os assuntos – para todas as pessoas em todos os tempos –, nunca será um grande pensador, nunca terá uma personalidade grande, magnética, e certamente nunca será muito benquisto.** Você pode ser muito franco com pessoas de quem não gosta e que não gostam de você, desde que elas saibam que você é sincero e está falando com a mente aberta. A única coisa que as pessoas não toleram é perceber que estão falando com alguém que já está com a mente fechada. Nessa altura, o que elas dizem não tem nenhum efeito, independentemente do valor ou da verdade de suas palavras.

Tem muita gente cuja mente é tão definitivamente fechada sobre tantas coisas que você não conseguiria abri-las nem com uma marreta, e não conseguiria enfiar um grama de verdade nelas nem se vivesse cem anos. Elas estão hermeticamente fechadas e lacradas.

ATRIBUTO 12: FAZER MAIS QUE O ESPERADO

Quando perguntamos às pessoas se elas têm o hábito de fazer mais do que aquilo por que são pagas, algumas dizem que sim, outras dizem que não. Poucas respondem que *sempre* fazem. Pelo menos em uma parte do tempo, talvez, você tenha o hábito de prestar mais e melhor serviço do que aquele pelo qual é pago. Isso é algo que requer sua iniciativa pessoal. Ninguém vai lhe dizer para fazer isso e ninguém vai esperar que faça. É sua prerrogativa. Mas é uma das fontes mais importantes, provavelmente, e uma das mais lucrativas, de exercício da sua iniciativa pessoal.

Se eu tivesse que escolher o tempo, o lugar e a circunstância para vocês fazerem uso da iniciativa pessoal da maneira mais benéfica, seria, sem dúvida, em relação a prestar mais e melhor serviço do que aquele pelo qual é pago, porque vocês não têm que pedir a ninguém o privilégio de fazer isso. Além do mais, se isso se tornar um hábito regular (não só de vez em quando, porque isso não é eficiente), mais cedo ou mais tarde a lei do retorno aumentado vai trazer os dividendos, e quando os dividendos chegarem, virão grandemente multiplicados. Quando começa a viver de acordo com esse princípio de fazer o esforço extra, pode esperar coisas incomuns, todas agradáveis, cada uma delas.

ATRIBUTO 13: DIPLOMACIA

Ser diplomático e ter tato abrange uma área bem grande. Inclui ser diplomático mesmo nas conversas comuns com outras pessoas. Mas vale a pena, porque, se tiver tato, você vai ter a cooperação de outras pessoas mais facilmente. Se você me disser que *tenho* de fazer alguma coisa, posso responder "Ei, espere um minuto", porque, mesmo que seja uma coisa que tenho de fazer, quando a situação me é proposta desse jeito, vou resistir imediatamente. Mas você *poderia* dizer "Eu ficaria muito grato se você fizesse...". A diferença é que você sabia desde o princípio que tinha o direito de exigir algo de mim, mas não colocou a situação nesses termos.

Uma das coisas mais impressionantes que aprendi com Andrew Carnegie logo no início de nossa associação foi que ele nunca mandava ninguém fazer nada. Nunca. Não importava a quem ele pedia para fazer alguma coisa, nunca era uma ordem. Ele sempre *perguntava* se a pessoa poderia fazer determinada coisa. Ele perguntava "Você poderia, por favor, fazer tal coisa?", ou "Pode fazer aquela outra coisa?". É surpreendente quanta lealdade o Sr. Carnegie tinha de seus homens. Eles faziam qualquer coisa por ele a qualquer hora do dia ou da noite, por causa do tato com que lidava com eles. Se fosse necessário disciplinar alguém, normalmente ele convidava o funcionário para ir à sua casa e oferecia um jantar de cinco ou seis pratos com filé. Depois do jantar, o sermão acontecia na biblioteca, e ele começava fazendo perguntas.

Um de seus secretários seria convidado a se tornar membro de seu grupo MasterMind. Esse rapaz descobriu que era cotado para uma promoção, e isso lhe subiu à cabeça. Ele começou a andar com um grupo de *playboys* em Pittsburgh, pessoas que ofereciam festas, essas coisas. Logo começou a beber demais e ficar na rua até tarde. Quando chegava para trabalhar de manhã, estava sempre sonolento. O Sr. Carnegie deixou essa situação perdurar por uns três meses, antes de convidar o rapaz para jantar certa noite. Quando o jantar terminou, eles foram à biblioteca, e o Sr. Carnegie disse: "Digamos que eu esteja sentado aí na sua cadeira, e você aqui, na minha. Quero saber o que faria se estivesse no meu lugar, com um funcionário indicado para uma importante promoção, e de repente isso começasse a subir à cabeça dele. Ele começa a andar com más companhias, passa a noite na rua, está bebendo demais e dando muita atenção a tudo, menos ao seu emprego. O que você faria nesse caso? Estou ansioso para saber". O rapaz respondeu: "Sr. Carnegie, sei que vai me demitir, então, é melhor começar e acabar logo com isso". O Sr. Carnegie o corrigiu: "Não, se quisesse demiti-lo, não o teria convidado para um belo jantar e para minha casa. Teria feito isso no escritório. Não, não vou demitir você. Só vou pedir que faça essa pergunta a si mesmo e veja se está ou não em condições de se demitir. Talvez esteja. Talvez esteja mais perto disso do que percebe". Aquele homem mudou, tornou-se um dos membros do grupo de MasterMind do Sr. Carnegie, e mais tarde tornou-se milionário. Isso simplesmente o salvou dele mesmo. A diplomacia do Sr. Carnegie era algo que não pertencia a este mundo. Ele sabia como lidar com os homens;

sabia como induzi-los à autocrítica. Poderia ser muito bom se vocês fizessem uma autoanálise em relação a seus defeitos e virtudes.

A autoanálise é uma das formas mais importantes de iniciativa pessoal que se pode desenvolver. Não há um dia em que eu não me analise para ver onde deixei de ser eficiente, onde sou fraco e onde posso melhorar. Todos os dias examino o que posso fazer para prestar mais e melhor serviço. Tenho feito isso por muitos anos, mas mesmo hoje sou capaz de encontrar áreas em que posso melhorar, em que posso fazer alguma coisa melhor, ou como posso render mais. Essa é uma forma muito saudável de iniciativa pessoal, e muito interessante também, porque faz o indivíduo ser honesto com ele mesmo.

A pior forma de desonestidade é criar *desculpas* na própria cabeça para apoiar seus atos, suas ações e seus pensamentos. Em vez disso, analise-se, descubra onde é fraco, depois repare essas fraquezas, ou peça a alguém do seu grupo de MasterMind para repará-las para você. Esse é o tipo de iniciativa pessoal a que muita gente não se dedica, porque envolve autoanálise e autocrítica. Você prefere que outra pessoa critique e aponte suas falhas, ou acha melhor se criticar e encontrá-las você mesmo?

Não precisa divulgar as fraquezas que encontra, e pode corrigi-las antes de mais alguém as descobrir. Se for assim, faça um bom trabalho. Mas se esperar outra pessoa chamar sua atenção para elas, elas se tornam propriedade pública. Espere outras pessoas apontarem suas falhas, e elas podem causar constrangimento, ferir seu orgulho, ou até induzir você a construir um complexo de inferioridade. Iniciativa pessoal é descobrir quais são seus pontos fracos, o que faz outras pessoas não gostarem de você, ou por que não está progredindo como outras pessoas.

Descubra que tem tanta inteligência ou até mais que elas. Um ótimo uso da iniciativa é comparar-se com outras pessoas que têm mais sucesso que você. Faça comparações e análises; veja o que elas têm e você não. Você vai se surpreender ao descobrir quanto pode aprender com os outros – talvez até com aquela pessoa de quem você não gosta muito. Sempre é possível aprender com o homem que está se saindo melhor que você. Às vezes, você pode aprender alguma coisa com o homem que *não* está indo tão bem quanto você. Pode descobrir por que ele não está se saindo tão bem. Funciona nos dois sentidos.

ATRIBUTO 14: OUVIR MAIS, FALAR MENOS

Desenvolva o hábito de ouvir muito e falar só quando for necessário. Nunca ouvi falar de ninguém que tenha aprendido alguma coisa enquanto estava falando (exceto a não falar tanto). A maioria das pessoas fala muito mais do que escuta. Parecem decididas a falar mais que o interlocutor, em vez de ouvir o que ele tem a dizer e que pode ser lucrativo. Ouvir muito e falar quando for necessário. Pensar primeiro e falar depois.

ATRIBUTO 15: OBSERVAÇÃO DE DETALHES

Você observa os detalhes? Digamos que está andando pela rua State, ou por qualquer rua na frente de Marshall Fields. No fim do quarteirão, você poderia dar uma descrição precisa de tudo que viu na janela?

Uma vez assisti a uma aula na Filadélfia na qual o professor enfatizou a importância de observar os pequenos detalhes. Ele disse que eram os *pequenos* detalhes que faziam os sucessos e os fracassos da vida – não os grandes, mas os pequenos, que consideramos pouco importantes, ou nem notamos. Como parte do nosso treinamento, ele nos levou ao corredor, depois para a rua. Descemos um quarteirão, atravessamos a rua, subimos outro quarteirão e voltamos ao prédio. Passamos por dez lojas, pelo menos, entre elas um armazém geral, e na vitrine desse armazém havia uns quinhentos artigos, tranquilamente. Ele pediu para cada um de nós pegar papel e lápis (deu uma muleta para nossa memória, podem acreditar) e anotar as coisas que víssemos e considerássemos importantes. Adivinhem qual foi o maior número de coisas que anotamos depois dessa volta no quarteirão. Podemos ter passado por umas vinte lojas, e o maior número de coisas que alguém anotou foi 56. O professor não tinha papel ou caneta, mas conseguiu relacionar 746 coisas. Descreveu cada uma, disse em que vitrine estava e em que parte da vitrine. Não aceitei essa relação até depois da aula, quando refiz o percurso e verifiquei que ele estava absolutamente correto. Esse professor havia treinado para observar detalhes. Não só alguns deles, mas todos eles.

Um bom executivo, um bom líder, ou um bom qualquer coisa é uma pessoa que observa todas as coisas que estão acontecendo à sua volta, as boas e as ruins, as positivas e as negativas. Ele não percebe apenas as coisas que interessam a ele, mas nota *tudo* que pode interessar ou interferir em seus interesses. Preste atenção aos detalhes.

ATRIBUTO 16: ACEITAR CRÍTICAS

Você incentiva críticas (isto é, críticas amistosas) de outras pessoas? Se não, está deixando de lado uma das melhores coisas que poderiam acontecer – ter uma fonte regular de crítica amistosa sobre o que você está fazendo na vida, pelo menos em termos do seu objetivo principal. Estimule a crítica para ver as coisas que faz diariamente e que podem ofender outras pessoas. É claro, você acha que essas coisas não representam problemas, ou não as estaria fazendo, e vai continuar fazendo até alguém chamar sua atenção para elas.

Você precisa de uma fonte de crítica amistosa. Não estou falando de pessoas que não gostam de você e criticam suas ações só por não gostar de você. Eu não deixaria uma pessoa nessa situação ter nenhum efeito sobre mim. Por outro lado, não prestaria muita atenção à pessoa que me critica de maneira amigável só porque me ama. O prejuízo pode ser o mesmo. Ouvi dizer em Hollywood que, quando as estrelas começam a acreditar em seus assessores de imprensa (e às vezes acreditam), estão praticamente acabadas.

Você precisa ter o privilégio de olhar para si mesmo pelos olhos de outras pessoas. Garanto, todos precisamos disso, porque, quando você anda pela rua, não parece aos outros como você mesmo se vê. E quando abre a boca e fala, em uma conversa ou em outra situação, o que fica registrado na mente de outras pessoas nem sempre é o que você *pensa* que está transmitindo. Você precisa de crítica e precisa de análise. Precisa de pessoas que apontem as mudanças que deve fazer, porque todos nós temos que fazer mudanças à medida que avançamos. A maioria das pessoas se ressente de qualquer tipo de sugestão ou crítica que difira do que fazem. Ressentem-se de qualquer coisa que mudaria seu jeito de fazer as coisas. Consequentemente, causam a si mesmas grande prejuízo com isso.

Convide a crítica amistosa. Alguém disse que não existe o que chamamos de crítica construtiva, mas eu não concordo com isso. Não só acho que existe crítica construtiva, como também acho que ela é absolutamente maravilhosa. Lembre-se de que, faça o que fizer, seja você quem for, ou seja qual for a extensão da sua competência, você nunca vai ter 100% de aprovação. Não espere isso e não se incomode muito por não conseguir.

ATRIBUTO 17: LEALDADE

O 17º atributo da iniciativa pessoal é lealdade a todos a quem a lealdade é devida. Lealdade ocupa o topo da lista do meu livro de regras de qualificações das pessoas com quem quero me associar. Se você não é leal às pessoas que têm direito à sua lealdade, você não tem nada. Não importa quanto é brilhante, inteligente ou astuto, ou quanto é instruído. Na verdade, quanto mais inteligente, mais perigoso você pode ser se não for leal às pessoas que têm direito à sua lealdade.

Você é leal às pessoas a quem deve ser? Pare e pense: "Bom, eu tenho lealdade? Tenho?". Se não tem, pense na pessoa a quem não é leal e decida se quer fazer alguma coisa sobre isso. Sou leal a pessoas de quem nem gosto, porque tenho em relação a elas um sentimento de obrigação. Ou nos relacionamentos comerciais, profissionais, ou na da família (e existem algumas pessoas nesse círculo de quem não gosto muito). Sou leal a elas porque tenho essa obrigação. Se elas querem ser leais a mim, tudo bem. Se não, o problema é delas, não meu. Eu tenho o privilégio de ser leal, e vou viver de acordo com esse privilégio por causa dos valores que extraio dele.

Sabe, eu tenho que viver com esse sujeito, o Sr. Hill. Tenho que dormir com ele e tenho que olhar no espelho todas as manhãs e fazer sua barba. Tenho que dar banho nele de vez em quando. Tenho que me dar bem com ele, porque não se pode viver com alguém tão intimamente e não ter uma boa relação com essa pessoa. "Sê a ti próprio fiel, e segue-se disso, como o dia à noite, que a ninguém poderás jamais ser falso." Shakespeare nunca escreveu nada mais bonito e mais filosófico que isso. Seja fiel a você mesmo. Seja leal a você mesmo, porque vai ter que viver com você. E se for leal a você mesmo, é provável que será leal a seus amigos e associados comerciais.

ATRIBUTO 18: PERSONALIDADE ATRAENTE

A personalidade atraente é necessária para induzir cooperação. É algo com que você nasce, ou é algo que tem que fazer por iniciativa própria? Você pode adquirir. Dos 25 fatores que compõem uma personalidade atraente, só tem uma característica com a qual você nasce, ou não vai ter. Só uma. Magnetismo pessoal. Você pode até fazer alguma coisa a respeito disso.

Pode fazer alguma coisa a respeito de cada um dos outros 25 fatores, porque todo mundo está sujeito ao cultivo, pela iniciativa pessoal. Você tem que fazer por si mesmo. Em primeiro lugar, precisa saber qual é sua situação em cada um desses 25 pontos. Não aceite só sua palavra sobre isso. Peça à esposa ou ao marido ou a outra pessoa para opinar.

Às vezes, um inimigo vai lhe dizer onde você deixa a desejar. Inimigos são coisas boas para se ter de vez em quando, porque não douram a pílula. Se examinar o que seus inimigos ou as pessoas que não gostam de você dizem a seu respeito, é bem possível que aprenda alguma coisa valiosa. Uma coisa que você vai aprender é como ter certeza de que cada coisa desfavorável que dizem sobre você não é verdade. Em outras palavras, *garanta* que tudo o que disserem não seja verdade, sendo tão correto que tudo de desabonador que eles disserem sobre você *não seja* verdade. Essa é uma vantagem, não é? Não tenha medo de inimigos ou pessoas que não gostam de você, porque essas pessoas podem dizer coisas que o direcionam na descoberta de alguma coisa que precisa saber por si mesmo.

Há alguns anos, um vendedor que foi me procurar me disse que trabalhava para a mesma empresa havia dez anos. Durante esse tempo ele teve um histórico maravilhoso, com várias promoções, e estava ganhando muito dinheiro. Porém, seis meses antes de ir me visitar, suas vendas começaram a cair de repente. Clientes antigos passaram a olhar para ele com reprovação. Notei que ele usava um desses enormes chapéus texanos e perguntei: "Há quanto tempo tem esse chapéu?". Ele respondeu: "Ah, comprei há uns seis meses no Texas". Eu insisti: "Escuta, meu amigo, você vende no Texas?". Ele me disse: "Não, nem vou muito ao Texas". Eu disse: "Bem, escute, só use esse chapéu quando for ao Texas, porque seus outros clientes não gostam dele e ele não fica bem em você". Ele estranhou: "Isso faz alguma diferença?". E eu disse: "Você ficaria surpreso com a diferença que isso faz na sua aparência. Algumas pessoas simplesmente não negociam com alguém de cuja aparência não gostam".

Você *pode* fazer alguma coisa por sua personalidade. Pode descobrir que características suas irritam outras pessoas e pode corrigi-las. Você tem que descobrir por si mesmo, ou tem que pedir a alguém suficientemente franco para fazer isso por você.

ATRIBUTO 19: CONCENTRAÇÃO

Desenvolva a capacidade de concentrar toda a atenção em um assunto de cada vez. Quando começar a defender uma ideia, explore-a até sua análise final, faça um clímax, depois passe para a ideia seguinte. Não tente cobrir muitos pontos de uma vez só; senão, não vai cobrir ponto nenhum. É fácil cometer esse erro em suas relações com outras pessoas, nas vendas, ao falar em público, ou em qualquer coisa que esteja fazendo. Esse era um dos meus pontos mais fracos. Eu fazia exatamente isso. Felizmente, um homem chamou minha atenção para isso, e acho que nenhum treinamento que eu tenha feito em oratória foi mais valioso que aquilo. E foi gratuito. Ele não me cobrou nada por isso. Ele disse: "Você tem um maravilhoso domínio do inglês, uma esplêndida capacidade de entusiasmo e um tremendo estoque de exemplos interessantes. Mas tem o mau hábito de perseguir temas que não têm relação com o assunto que está expondo, e depois voltar ao mesmo ponto da palestra, que, nesse tempo, já esfriou". Classifique-se em relação à capacidade de concentrar toda a atenção em um assunto de cada vez. O que estiver falando, pensando, escrevendo, ensinando, ou o que estiver fazendo, concentre-se em uma coisa de cada vez.

ATRIBUTO 20: APRENDA COM OS ERROS

Desenvolva o hábito de aprender com seus erros, porque, se não aprender com eles, é melhor não os cometer! Se isso não é uma verdade, me diga o que é. Nunca vi um homem repetir um erro muitas vezes sem pensar naquele velho ditado chinês: "Se um homem me engana uma vez, vergonha para o homem. Mas se me engana duas vezes, vergonha para mim". Tem muita gente que deveria dizer "vergonha para mim", porque simplesmente parece que não aprende com os erros.

ATRIBUTO 21: ACEITAR RESPONSABILIDADE PELOS SUBORDINADOS

É importante estar disposto a aceitar plena responsabilidade pelos erros dos subordinados. Se você tem subordinados e eles cometem erros, foi você quem falhou, não eles. Ou os treine para fazerem a coisa certa, ou os coloque em outra posição onde não tenha que supervisioná-los. Deixe outra pessoa cuidar disso. Mas a responsabilidade é sua, se a pessoa é subordinada a você.

ATRIBUTO 22: DÊ OS CRÉDITOS A OUTRAS PESSOAS

Pessoas bem-sucedidas têm o hábito de reconhecer adequadamente os méritos e habilidades dos outros. Não tente roubar o brilho alheio. Se a pessoa fez um bom trabalho, dê a ela todo o reconhecimento. Dê o dobro do reconhecimento. Dê a ela mais do que merece, em vez de menos. Um tapinha nas costas nunca fez mal a ninguém quando se sabe que a pessoa fez um bom trabalho.

As pessoas mais bem-sucedidas gostam de reconhecimento, e algumas vezes as pessoas trabalham mais por reconhecimento do que por qualquer outra coisa. Algumas pessoas são incorruptíveis, e por mais que você faça, não consegue elogiá-las demais. Elas conhecem a própria capacidade e, se você for além disso, começam a desconfiar de você. A maioria, porém, creio ser corruptível em relação a essa coisa de bajulação. Você pode exagerar nos elogios, e elas começam a acreditar. Infelizmente, isso é ruim para elas e para você também. Havia um livro amplamente distribuído neste país, e o tema do livro era: se você quer se dar bem no mundo, elogie as pessoas. Bajulação não é só uma das armas mais antigas do mundo, também é uma das mais letais e mais perigosas. Bom, eu gosto de aprovação. Gostava das pessoas que me conheciam e me elogiavam. Gostava disso. Mas se uma delas dissesse "Bem, Sr. Hill, agradeço tudo que fez por mim, e tudo isso. Aliás, se importaria se eu fosse à sua casa hoje à noite? Gostaria de conversar sobre uma proposta de negócios", eu teria suspeitado imediatamente de que ela me elogiou para conseguir um pouco do meu tempo e algum benefício. Elogio ou bajulação demais nunca é muito bom.

ATRIBUTO 23: A REGRA DE OURO

Aplique o princípio da Regra de Ouro em todos os relacionamentos humanos. Uma das melhores coisas que você pode fazer por si mesmo é se colocar no lugar do outro. Quando toma alguma decisão, ou se envolve em alguma transação de que outra pessoa participa, coloque-se no lugar do outro antes de tomar uma decisão final. Assim, é possível que sempre faça o que é justo com o outro homem.

ATRIBUTO 24: ATITUDE POSITIVA

Muita coisa já foi dita sobre ter uma atitude mental positiva em todos os momentos. (Ver Princípio 7 para aprender mais sobre atitude mental positiva.)

ATRIBUTO 25: ASSUMIR A RESPONSABILIDADE

Aceite total responsabilidade por qualquer tarefa que tenha assumido. Não ofereça desculpas. A única coisa que a maioria das pessoas é adepta a fazer é dar desculpas, criar um motivo pelo qual não tiveram sucesso, ou não concluíram um trabalho, ou não fizeram aquilo que disseram que fariam. Se a pessoa que cria desculpas dedicasse metade desse tempo que usa para explicar por que *não fez* a *fazer* a coisa certa, ou *tentar* fazer a coisa certa, iria muito mais longe na vida e estaria muito melhor. Falando de maneira geral, o homem que é mais inteligente em criar desculpas é o menos eficiente para concluir trabalhos. Esse tipo de pessoa transforma em profissão inventar desculpas, ou criá-las com antecedência, de forma que, se for interpelado ou pego em flagrante, tem sempre uma resposta.

Só uma coisa importa, e é o sucesso. São os resultados que contam. Uma vez escrevi um comentário sobre esse assunto, e achei muito efetivo. **O sucesso não pede explicações; o fracasso não permite desculpas.** Em outras palavras, se é sucesso, você não precisa explicar, e se é fracasso, nem todas as desculpas e explicações do mundo vão servir para alguma coisa. Ainda é fracasso, não é?

ATRIBUTO 26: FOCO NO QUE VOCÊ QUER

Mantenha a mente ocupada com aquilo que você quer, e não com o que não quer. A maioria de exemplos em que uma pessoa põe em prática a iniciativa pessoal está relacionada às coisas que ela *não* quer. Nesse caso, ninguém precisa aprender a tomar a iniciativa pessoal. As pessoas realmente se esforçam para isso, pensam em todas as coisas que não querem, e é exatamente isso que recebem da vida – as coisas em que pensam, as coisas com as quais sintonizam seus pensamentos.

É aqui que aquela palavra *transmutar* pode entrar em cena. Em vez de pensar nas coisas que não quer, nas coisas que teme, nas coisas de que desconfia, nas coisas de que não gosta, pense em todas as coisas de que gosta, todas as coisas que quer e todas as coisas que vai se dispor a conseguir.

PRINCÍPIO 7

ATITUDE MENTAL POSITIVA

Um dos mais importantes de todos os princípios do sucesso é o Princípio 7, uma Atitude Mental Positiva. Essa é a fórmula com a qual toda a filosofia pode ser mais bem assimilada e posta em prática. Você não consegue tirar o máximo dos outros dezesseis princípios sem entender e aplicar este aqui. Guarde esta palestra com carinho e faça deste princípio parte de você.

Nesta palestra, o Dr. Hill fornece várias listas de elementos que fazem parte do desenvolvimento e uso de uma atitude mental positiva. Anote todos eles para poder usá-los como referência. De especial interesse é a apresentação que o Dr. Hill faz dos sete medos básicos: o da pobreza, o da crítica, o da doença, o da perda do amor, o da velhice, o da perda da liberdade e o da morte.

O Dr. Hill também enfatiza duas coisas que a natureza desestimula e penaliza com severidade. Uma é o vácuo ou o vazio. A outra é a falta de atividade, ou o ócio. Considere o preço do ócio: se você amarrar um dos braços ao corpo, imobilizando-o por um tempo, ele vai atrofiar, murchar, e vai acabar se tornando inútil. Considere o preço do vazio: se você não assumir o controle sobre seu poder do pensamento, se deixar a mente vazia e aberta a influências externas, ela vai se encher de pensamentos negativos, e vai ser jogada de um lado para o outro pelos ventos da circunstância e do acaso. A mente vazia é solo fértil para as sementes do fracasso.

É uma grande e simples verdade que o sucesso atrai mais sucesso, enquanto fracasso atrai mais fracasso. Com uma atitude mental negativa, você pode acreditar em medo e frustração, e sua mente o atrairá para uma experiência deles. Mas com uma atitude mental positiva, você pode colocar a mente para trabalhar acreditando que tem o direito de alcançar as riquezas que deseja, e essa crença o guiará de maneira infalível até elas.

Deixem-me contar uma coisa que aconteceu no sábado passado. Fui à agência de viagens trocar minha passagem para poder voltar na segunda-feira, não no domingo. Quando entrei, o gerente segurou minha mão ao ver quem eu era, se apresentou e começou a falar sobre *Pense e enriqueça*. Enquanto ele segurava minha mão e falava comigo, aproximou-se de nós um amigo dele que tinha alguma relação com uma das companhias aéreas. Quando esse amigo ouviu o nome Napoleon Hill, ele agarrou minha outra mão e começou a elogiar *Pense e enriqueça*. Ele disse: "Talvez goste de saber que, antes de entrar na companhia aérea, eu tinha uma empresa de vendas com aproximadamente cem pessoas, e orientava todos os vendedores a terem todos os seus livros. Era um requisito". Bem, eu me senti muito bem. Quando saí de lá, havia na calçada duas moças muito bonitas distribuindo literatura eleitoral. Quando passei, uma delas perguntou: "Você não é Napoleon Hill? Eu estava em um clube feminino há cerca de dois anos quando você fez uma palestra. Essa é minha prima. Meu marido e o dela são muito bem-sucedidos agora, depois de terem lido seus livros". Voltei ao meu carro e encontrei um policial me multando. Depois de toda aquela conversa, esse era o pagamento. Entendam: eu tinha posto dez centavos no parquímetro certo de que só ficaria na vaga por doze minutos. Mas parei para alimentar minha vaidade com toda aquela conversa agradável, e, quando cheguei ao parquímetro, o policial estava terminando de preencher a multa. Ele não sabia de quem era o carro, mas me aproximei dele e disse: "Ei, você não faria isso com Napoleon Hill, faria?". Ele respondeu: "Quem?". Repeti: "Napoleon Hill". E ele disse: "Não, eu não faria isso com Napoleon Hill, mas certamente faria com você". Mostrei ao guarda meu cartão de crédito e minha carteira de motorista, e ele disse: "Mas que coisa incrível!". Depois pegou a multa, rasgou e disse que era para esquecermos tudo aquilo. E disse: "Quero que saiba que entrei para a Força Policial de Glendale depois de ler seu livro *Pense e enriqueça*".

> *Nada de construtivo e digno dos esforços do homem jamais foi ou será alcançado, exceto aquilo que deriva de uma atitude mental positiva baseada em definição de objetivo, ativada por um desejo ardente e intensificado até o desejo ardente ser elevado ao plano da fé aplicada.*

Aqui vão cinco diferentes condições da mente que levam a uma atitude mental positiva. Em outras palavras, cinco precursores de uma atitude mental positiva: sonhos, esperanças, desejo ardente, fé aplicada e ação.

1: COMECE COM SONHOS

Todo mundo tem um estoque de sonhos. As pessoas querem isso, querem aquilo e querem aquela outra coisa. Todos temos sonhos. Bom, nada acontece quando você só deseja as coisas, não é? Não, nada acontece. Então, você segue um pouco mais adiante e fica curioso. Investe muito tempo nessa curiosidade ociosa. E acha que alguma coisa digna de nota acontece relacionada à expressão da curiosidade ociosa? Mas, às vezes, você pode perder e perde muito tempo com a curiosidade ociosa, não é? Às vezes, perde muito tempo estudando o que os vizinhos fazem ou não fazem, o que os concorrentes fazem ou não fazem, tudo por curiosidade ociosa. Isso não leva a uma atitude mental positiva.

2: SONHOS LEVAM A ESPERANÇA

Um degrau acima dos sonhos está a esperança, quando seus sonhos assumem uma forma mais concreta. Tornam-se esperanças de conquista, de realização, de concretização, esperanças de acúmulo das coisas que você quer. Porém, uma esperança em si mesma não é muito efetiva. Todos temos muitas esperanças, mas nem todos nós que temos esperanças temos sucesso. Temos só a esperança de sucesso. Esperar é melhor que sonhar. Porque a diferença entre esperança e sonho é que a esperança é um começo para chegar à fé. Essa é a ideia de esperança. Você transmuta um sonho naquele estado mental muito desejável conhecido como esperança.

3: ESPERANÇA ALIMENTA DESEJO ARDENTE

Em algum ponto, você eleva sua atitude mental para onde suas esperanças são transmutadas em algo mais, algo conhecido como desejo ardente. Há uma diferença entre um desejo ardente e um desejo comum. O desejo ardente é um desejo intensificado baseado em esperança, e baseado em definição de objetivo. Assim, um desejo ardente é, basicamente, um desejo obsessivo inflamado por um motivo. Você não pode ter um desejo ardente sem um motivo ou motivos por trás dele, e quanto mais motivos tem para determinada coisa definida, mais depressa vai transformar suas emoções no que é conhecido como desejo ardente. Porém, isso não é suficiente. Tem algo mais. Tem outro estado mental que você precisa alcançar antes de ter certeza do sucesso.

4: FÉ APLICADA

Se você transmutou sonhos, curiosidade ociosa, esperanças e até um desejo ardente, elevou tudo isso para algo ainda maior, que é a fé aplicada. Qual é a diferença entre fé aplicada e crença comum nas coisas?

5: AÇÃO

A palavra *aplicada* bem pode ser sinônimo de *ação*. Você poderia dizer fé ativa. Fé aplicada e fé ativa são a mesma coisa: fé reforçada pela ação, algo que você faz a respeito dela. Uma oração só alcança resultados positivos quando se expressa em uma atitude mental positiva. As orações mais eficientes são aquelas feitas por indivíduos que condicionaram a mente a pensar habitualmente com uma atitude mental positiva.

Vocês têm alguma ideia de quanto tempo dedicam todos os dias a pensar no lado negativo das coisas, em comparação ao tempo dedicado ao lado positivo? Não seria interessante manter uma tabulação durante três dias do tempo exato que você dedica a pensar no lado "não dá para fazer" e no lado "dá para fazer", ou no lado negativo e no lado positivo? Até as pessoas mais bem-sucedidas ficariam perplexas com quantas horas dedicam todos os dias a pensamentos negativos. Os maiores sucessos no mundo são daquelas pessoas que dedicam pouquíssimo tempo, se é que dedicam algum, a pensar no lado negativo. Os grandes líderes dedicam todo o seu tempo a pensar no lado positivo.

Uma vez perguntei a Henry Ford se havia no mundo alguma coisa que ele desejava ou queria fazer e não podia, e ele respondeu que não, não acreditava que houvesse. Perguntei a ele se já havia existido. Ele disse que sim, no começo, antes de ele aprender a usar a mente. Perguntei: "Como assim?". Ele explicou: "Quando quero uma coisa ou quero fazer uma coisa, começo descobrindo o que posso fazer a respeito disso e faço *isso*, e não me incomodo com o que não posso fazer, porque deixo isso para lá". Há um mundo de filosofia contido nessa declaração. Ele decide fazer alguma coisa em relação ao que pode ser feito, e pensa nisso, não sobre o que não pode fazer.

Acho que, se você coloca um problema – um problema difícil – para a maioria das pessoas, elas imediatamente começam a enumerar todos os motivos pelos quais o problema não pode ser solucionado. E se existem alguns aspectos do problema que são favoráveis e outros que não são, muita gente vai ver primeiro o que não é favorável, e muitas vezes nem vê o lado favorável. Não acredito que existam problemas sobre os quais não se pode fazer nada, ou nos quais não haja lados favoráveis. Não consigo pensar em um único problema que eu possa enfrentar e que não tenha um lado favorável. Na pior das hipóteses, o lado favorável seria dizer que, se é um problema que posso resolver, vou resolver, e se não é um problema que posso resolver, não vou me preocupar com ele. Mas a maioria das pessoas, quando enfrenta dificuldades ou problemas que não pode resolver, começa a se preocupar e entra em um estado mental negativo. Você não faz nada que preste quando está nesse estado mental.

Só deixa a água ainda mais enlameada quando permite que sua mente se torne negativa. Nunca faz nada digno de nota.

Para fazer alguma coisa digna de nota, você precisa aprender a manter a mente positiva o tempo todo. **Uma atitude mental positiva atrai oportunidades, e uma atitude mental negativa as repele.** Você acha que repelir oportunidades tem alguma coisa a ver com seu mérito ou direito a ter oportunidades? De jeito nenhum. Você pode ter o direito a todas as coisas boas da vida. Pode ter esse privilégio. Mas se tiver uma atitude mental negativa, vai repelir as oportunidades que conduzem à conquista dessas coisas. Portanto, seu trabalho é manter a mente positiva para que ela atraia as coisas que você quer, as coisas que deseja e as coisas que vai buscar.

Você já parou para pensar em por que a prece normalmente não produz nada – exceto um resultado negativo? Já parou para pensar nisso? Creio que o maior obstáculo para muita gente em todas as religiões é não entender por que a oração às vezes traz os resultados negativos, ou por que ela geralmente traz resultados negativos. Não se pode esperar outra coisa, porque há uma lei que governa isso. A lei é que sua mente atrai a contraparte das coisas de que a mente se alimenta. Não há exceção para essa regra. É uma lei natural e não há exceções para ninguém. Se você quer atrair (com orações ou de outra maneira) as coisas que deseja, tem que manter a mente positiva. Você não só tem que acreditar, mas também tem que amparar essa crença com ação e transmutá-la em fé – fé aplicada. E você não pode ter fé aplicada em um estado mental negativo; as duas coisas simplesmente não combinam.

Pessoas que reconhecem a poderosa influência que o ambiente diário exerce sobre a manutenção de uma atitude mental positiva muitas vezes usam lemas construtivos. Colocar lemas impressos em letras grandes em todos os departamentos e trocá-los todas as semanas *tornou positiva* toda a planta industrial da R. J. Letourneau Company, com dois mil funcionários. Os lemas eram escritos com um propósito. Cada departamento na ampla indústria da Letourneau Company tinha esses lemas colocados neles regularmente, às vezes diariamente no refeitório e semanalmente nos outros departamentos. Os lemas eram escritos em letras de quinze centímetros de altura, de forma que era possível ler tudo estando do outro lado do prédio. E podem acreditar, cada vez que as pessoas entravam naqueles departamentos, elas viam o lema. Aliás, tivemos uma experiência engraçada com eles. Um dia, eu estava no refeitório quando um lema era colocado. O refeitório era o lugar onde todos os homens se enfileiravam para pegar a refeição na hora do almoço, e era possível vê-los por ali uma hora ou outra durante o dia. O lema do refeitório era: "Lembre-se: seu verdadeiro chefe é aquele que anda embaixo do seu chapéu". Bom, eu acho que isso deveria ser claro para qualquer pessoa que lesse a frase. Significa que você é seu verdadeiro chefe, em última análise. Mas ouvi um homem soltar um grito indígena e dizer: "Rapaz, eu sempre disse isso. Sempre soube que meu supervisor era um piolho".

PASSOS PARA A TRANSMUTAÇÃO

Tem um método pelo qual se pode transmutar fracasso em sucesso, pobreza em riqueza, tristeza em alegria e medo em fé. A transmutação deve começar com uma atitude mental positiva, porque sucesso, riqueza e fé não são bons parceiros de uma atitude mental negativa. O procedimento de transmutação é simples. Aqui vai ele, e você pode voltar muitas vezes, assimilar esse processo e se apoderar dele.

1: **Quando o fracasso acontece, comece a pensar nele como se tivesse sido um sucesso.** Para a maioria das pessoas, isso parece ser difícil de fazer, mas não é. Pense no que teria acontecido se isso tivesse sido um sucesso, em vez de um fracasso. Veja-se no lado bem-sucedido da situação, não no lado fracassado. Imagine as circunstâncias dos fracassos como um sucesso. Comece também a procurar a semente de um benefício equivalente – *que acompanha todo fracasso* –, que é onde você vai poder transmutar o fracasso em sucesso, porque cada adversidade, cada fracasso e cada derrota contêm a semente de um benefício equivalente. Se você procurar essa semente, não vai ter uma atitude mental negativa em relação à circunstância, vai ter uma atitude mental positiva, porque tem certeza de que vai encontrar essa semente. Pode não encontrar na primeira vez que procurar, mas vai acabar encontrando, se continuar procurando.

2: **Quando a pobreza ameaçar alcançá-lo, ou se já o alcançou, comece a pensar nela como riqueza, e visualize as riquezas e todas as coisas que gostaria de fazer com riqueza de verdade.** Comece a procurar a semente de um benefício equivalente à pobreza. Lembro-me de quando eu era menino e estava sentado à margem do rio em Wise County, onde nasci, logo depois da morte de minha mãe e antes da chegada de minha madrasta. Eu tinha fome. Não havia comida suficiente. Estava ali sentado na beira do rio pensando se conseguiria pegar um peixe, talvez fritá-lo, e assim ter alguma coisa para comer. Não sei o que me levou a isso, mas fechei os olhos e olhei para o futuro. E me vi indo embora, ficando famoso e rico, e voltando àquele mesmo lugar, subindo o rio a cavalo, um cavalo mecânico que era movido por vapor. Vi o vapor saindo de suas narinas. Ouvi os cascos batendo nas pedras. Foi tudo muito nítido. Em outras palavras, eu construí um estado de êxtase naquela hora de pobreza, necessidade, carência e fome.

Os anos passaram, e chegou a hora em que dirigi meu Rolls-Royce até aquele mesmo lugar, um carro pelo qual paguei US$ 22.500. Dirigi meu Rolls-Royce até aquele mesmo ponto, e imaginei novamente a cena da infância em que era pobre, carente e faminto. E disse: "Bem, não sei se minha imaginação naquele tempo teve alguma coisa a ver com isso, ou não. Talvez sim". Talvez eu tenha mantida viva aquela esperança e, no fim, traduzido essa esperança em fé, e depois essa fé me trouxe não só um cavalo a vapor, mas algo muito mais valioso e muito mais caro que um cavalo a vapor.

Olhe para o futuro e imagine as coisas que quer fazer. Transmute circunstâncias desfavoráveis e adversidades em algo que é agradável. Com isso, eu me refiro a desviar sua mente dos pensamentos sobre coisas desagradáveis e direcioná-la para alguma coisa agradável.

3: **Quando o medo dominar você, lembre-se de que medo é só a fé em marcha a ré, e comece a pensar em termos de fé visualizando você mesmo traduzindo fé em quaisquer circunstâncias ou coisas que deseje.** Não imagino que alguém escape de sentir os sete medos básicos em um ou outro momento, e muita gente os sente durante a vida toda. Mas se você se deixar dominar pelo medo, ele não só vai se tornar um hábito, como também vai atrair todas as coisas que você não quer. É preciso aprender a lidar com o medo transmutando-o mentalmente, ou traduzindo-o, ou transformando-o no oposto do medo – em outras palavras, fé.

Se você teme a pobreza, comece pensando em si mesmo em termos de opulência e dinheiro. Pense em meios e maneiras pelos quais vai ganhar esse dinheiro, adquiri-lo, e no que vai fazer com ele. Não há limite para os devaneios; é muito melhor sonhar acordado com o dinheiro que vai ter do que temer a pobreza que sabe que já tem. Não há virtude nem benefício em lamentar a pobreza, ou o fato de precisar de dinheiro e não saber como obtê-lo.

Não tem nada nesse mundo de que eu precise e que o dinheiro possa comprar, ou que qualquer outra coisa possa comprar, que eu não possa ter, se quiser. Não penso em termos do que não posso ter, penso em termos do que posso ter, e estou fazendo isso há muito tempo. É maravilhoso condicionar a mente para ser positiva. Quando surgirem circunstâncias em que você necessite de uma ação mental positiva, já vai ter o hábito de sempre reagir de um jeito positivo, não negativo.

Você não tem uma atitude mental positiva simplesmente por querer tê-la. Você a tem tecendo a corda, fio por fio, dia a dia, pouco a pouco. Não é uma coisa que se conquista do dia para a noite.

Crie em sua imaginação um exército de guias invisíveis que vai cuidar de todas as suas necessidades e vontades – e lá estão eles. Você me ouviu falar dos meus guias invisíveis, e se não estudasse esta filosofia, se não entendesse metafísica, provavelmente diria que esse é um sistema que eu criei e que é fantasioso. Garanto, não é um sistema fantasioso. Asseguro que ele cuida de todas as minhas necessidades e todos os meus desejos. Confesso que, na semana passada, me descuidei um pouco e o guia da boa saúde me abandonou por um ou dois dias. Mas eu tomei providências. Fui buscá-lo. Dei uma cotovelada em suas costelas e o acordei, e acreditem, tenho mais energia agora do que tinha quando comecei este curso. Então, foi bom ter esse resfriado, porque ele me fez manifestar gratidão por esse guia da boa saúde, em vez de negligenciá-lo.

Percebo completamente que esses guias são uma criação da minha imaginação. Não estou me enganando nem enganando ninguém com isso. Mas para todos os efeitos práticos, eles representam entidades reais e pessoas reais. Cada um cumpre o dever exato que designei a ele, e é assim o tempo todo.

Guia para a boa saúde física

O primeiro desses guias é o guia da boa saúde física. Por que acha que o coloquei em primeiro lugar? O que a mente pode fazer com o corpo que se apoia em muletas o tempo todo? Um corpo físico bom, forte, é o templo da mente; ele tem que ser firme, saudável, e precisa ter muita energia. Quando você liga o seu entusiasmo, se não há energia, você não consegue gerar alguma coisa do nada, porque precisa ter um estoque de energia. Energia tem natureza física e mental. Não conheço ninguém capaz de expressar entusiasmo intenso quando o corpo tem dores e incômodos.

A primeira obrigação com você mesmo é com seu corpo físico. Cuide para que ele responda a todas as suas necessidades o tempo todo, que faça o que tem que fazer. Você precisa de um pouco mais de ajuda do que pode dar durante o dia, e então, quando deita seu corpo, a natureza trabalha nele, dá uma regulada geral e faz uma revisão. Você precisa ter essa entidade treinada chamada guia para a boa saúde para fazer esse trabalho, supervisioná-lo e cuidar para que seja feito adequadamente.

Guia para a prosperidade financeira

O segundo guia mais importante é o guia para a prosperidade financeira. Você conhece alguém sem dinheiro que pode ser de grande utilidade para outras pessoas? Por quanto tempo você pode viver sem dinheiro? Você precisa ter dinheiro. Precisa ter consciência do dinheiro, e essa entidade que você constrói por meio desse guia lhe dá uma consciência do dinheiro.

Meu guia é tão controlado, no entanto, que ele não faz dinheiro. Meu Deus, eu não permito isso! Não me permito ser ganancioso, querer uma quantia exagerada ou pagar muito caro pelo dinheiro que tenho. Pago o suficiente, mas não muito. Conheço pessoas que pagam caro demais e que também morrem muito jovens por dedicarem esforço excessivo a acumular dinheiro de que não precisam e não conseguem usar. O único propósito a que isso serve é provocar brigas entre seus descendentes depois que você morre. Isso não vai acontecer comigo. Quero o suficiente, mas não muito. É responsabilidade do meu guia cuidar para que eu não tenha demais e me fazer parar quando tenho o suficiente.

Esse negócio de ganhar dinheiro vira uma espécie de círculo vicioso para muita gente. Você diz: "Bom, vou ganhar meu primeiro milhão, depois eu paro". Lembro quando Bing Crosby avisou ao irmão (que era seu empresário) que, quando eles ganhassem os primeiros US$ 50 mil, seria o suficiente e eles parariam. Eles agora ganham mais de US$ 1 milhão por ano e ainda se matam trabalhando mais que nunca. Não estou falando de um jeito pejorativo. Bing é meu amigo, e eu o admiro muito. Eu me refiro a todas as pessoas que pagam muito para ter coisas de que não precisam.

Essa é uma filosofia que lida com o sucesso econômico, mas sucesso não exige que você destrua sua vida e morra jovem por tentar ter muito de alguma coisa. Pare quando tiver o suficiente. Faça melhor uso das coisas que tem agora, em vez de tentar ter muito mais coisas que nem vai usar. Tem uma afirmação maravilhosa na Bíblia. Não vou citar ao pé da letra, mas basicamente ela diz: "Nem muito, nem pouco de alguma coisa". Nem muito, nem pouco – só o suficiente de tudo. Aprender o que é suficiente e não é demais é uma das bênçãos desta filosofia. Ela dá a você uma vida equilibrada. Aprenda por si mesmo o que é suficiente e o que é demais.

Guia para a paz de espírito

De que adianta ter tudo no mundo e receber *royalty* de todas as pessoas do mundo, se você não tem paz de espírito? Tive o privilégio de conhecer de maneira bem próxima os homens mais excepcionais, os mais bem-sucedidos, os mais ricos que este país já produziu. Dormi na casa deles, comi com eles, conheço suas famílias, as esposas e os filhos. E vi o que aconteceu com esses filhos depois que eles morreram. Conheço a importância de aprender a viver uma vida equilibrada que permite ao indivíduo ter sua ocupação (ou seu trabalho diário, ou qual seja sua fonte de alegria) *e* ter paz de espírito também. Não é algo a se temer ou evitar, mas um jogo que você joga com o mesmo ardor com que um homem jogaria uma partida de golfe ou qualquer outro jogo que ama.

Sempre falei que um dos pecados da civilização é que poucas pessoas se dedicam a um trabalho que amam, a uma coisa que gostam de fazer. Muita gente faz coisas porque precisa comer, dormir e ter roupas para vestir. Pois eu digo a vocês, quando um homem ou uma mulher está em uma posição na qual pode fazer alguma coisa por amor – porque *quer* fazer aquilo –, é realmente uma felicidade. Esta filosofia leva exatamente a essa condição, mas você nunca chegará a essa posição enquanto não aprender a manter uma atitude mental positiva na maior parte do tempo.

Os homens que colaboraram comigo na construção desta filosofia representaram cada sucesso espetacular em todos os campos de seu tempo. Entre todos esses homens, havia um que posso dizer que se aproximava, mesmo que vagamente, de ter paz de espírito, além dos outros sucessos: John Burroughs. Sem dúvida, ele foi o que mais se aproximou disso, seguido pelo Sr. Edison. Eu colocaria o Sr. Carnegie no terceiro lugar da lista, e vou explicar por quê. Em seus últimos anos de vida, ele praticamente perdeu o juízo tentando encontrar meios e maneiras de se desfazer de sua fortuna e doar tudo a lugares onde ela não causaria nenhum mal. Isso quase o levou à loucura. Sua principal obsessão no fim de seus dias foi deixar esta filosofia organizada e nas mãos das pessoas enquanto ele ainda estava vivo. Ele queria que esta filosofia proporcionasse o conhecimento pelo qual as pessoas conquistariam bens materiais, inclusive dinheiro, sem violar os direitos de outras pessoas. Isso era o que ele queria mais que tudo, mais que qualquer outra coisa no mundo. Infelizmente, o Sr. Carnegie morreu em 1919, antes de eu traduzir tudo isso para a língua escrita e antes de eu escrever os primeiros livros sobre o assunto. Até então, ele havia verificado comigo (e verificado de novo) quinze dos dezessete princípios.

Tem duas pessoas que sempre lamentei não terem vivido para ver o dia do meu triunfo, porque essas pessoas me viram nos dias de desânimo e oposição. Essas duas pessoas são minha madrasta e meu patrocinador, Andrew Carnegie. Teria sido uma grande alegria para mim – e compensação suficiente por uma vida de esforço – se essas duas pessoas pudessem ter visto os resultados de seu esforço para me manipular e dirigir quando precisei de direção. Não tenho muita certeza de que eles não estão olhando por cima do meu ombro agora.

Às vezes tenho certeza de que alguém está olhando por cima do meu ombro, porque falo e faço coisas que vão além da minha inteligência razoável. Nos últimos anos, tenho notado, com mais frequência que nunca, que as coisas que faço e poderiam ser chamadas de brilhantes e excepcionais são sempre feitas por este homem que está aqui, olhando por cima do meu ombro. Em qualquer emergência que peça decisões importantes, posso quase sentir esse homem me dizendo que decisão tomar. Posso quase virar e imaginar que ele está ali em pessoa. Há uma influência ali; não há como negar. Eu nunca teria sido capaz de fazer o que fiz em relação a esta filosofia se tivesse só a colaboração desses quinhentos ou seiscentos homens que me ajudaram. Isso não teria sido suficiente. Acreditem, tive mais que isso. Não falei nada sobre isso porque não quero que as pessoas pensem que fui favorecido, ou que tenho alguma coisa que ninguém mais pode ter.

Minha opinião honesta é que não tenho nada que você não possa ter. Sejam quais forem as fontes de inspiração de onde bebo, você também pode ter essas mesmas fontes. Elas são tão disponíveis para você quanto para mim. Acredito nisso sem dúvida nenhuma.

Guias para esperança e fé

Vejo esses dois como gêmeos, os guias de esperança e fé. Até onde você chegaria na vida se não tivesse essa eterna chama interior de esperança e fé ardendo em sua alma? Não haveria nada por que valesse a pena trabalhar ou viver, haveria?

Você precisa ter um sistema para manter a mente positiva, como uma resistência a todas as coisas que podem destruir esperança e fé. Pessoas, circunstâncias e todo tipo de coisas que você não pode controlar aparecem em sua vida. Você precisa ter um sistema como antídoto para essas coisas, algo que possa manipular e a que possa recorrer. Não conheço sistema melhor que esses oito guias que adotei, porque eles trabalham para mim. Ensinei esses guias a muitas outras pessoas para quem eles trabalham tão bem quanto para mim.

Guias de amor e romance

Outra dupla de guias gêmeos é a formada pelos guias do amor e do romance. Não acredito que nada que valha a pena possa ser realizado a menos que você romantize o que está fazendo, seja o que for. Se não puser romance em tudo que faz, não se diverte com isso. E se não houvesse amor em seu coração, você não seria um ser humano, porque a principal diferença entre os animais inferiores e os seres humanos é que os humanos são capazes de expressar a emoção do amor. O amor é um grande construtor de gênios e líderes; é um grande construtor e mantenedor da boa saúde. É absolutamente verdadeiro, sem exceção, que ter a grande capacidade de amar é ter o privilégio de estar lado a lado com a genialidade. Os dois guias de amor e romance trabalham para me manter amistoso com o que estou fazendo e me manter jovem de corpo e mente. Acreditem, eles fazem exatamente isso. Não só me mantêm jovem de corpo e mente, como também me mantêm entusiasmado, entregue ao que estou fazendo e sem nenhum esforço penoso nisso. Em outras palavras, não existe essa coisa de trabalho duro, porque não trabalho em nada. Eu me divirto em tudo que faço. Tudo é um trabalho de amor.

Reconheço que, antes de chegar a um patamar onde pode esquecer a preocupação econômica com seu sustento, tem algo em que precisa pensar e que talvez tire um pouco do prazer do trabalho. Mas você pode desenvolver um sistema que vai transformar tudo que você faz em um trabalho de amor por ora, esteja você lavando a louça, cavando buracos ou outra coisa qualquer. Quando vou para casa, ajudo Annie Lou a lavar os pratos, não porque ela não é capaz disso, mas porque quero sentir que não sou bom demais para ajudar a lavar os pratos. E tenho grande alegria com isso. Também não sou superior ao trabalho no jardim, porque, se não cuidar disso, Annie Lou vai cuidar quando eu estiver fora e vai me privar desse prazer. Cuidar do jardim me dá um belo bronzeado e boa saúde.

Aprenda a viver a vida simples, a ser um ser humano, em vez de uma camisa engomada ou outra coisa que não quer ser (e ninguém quer ser, na verdade). Aprenda a pôr amor e romance em sua vida, e aprenda a ter um sistema pelo qual esse hábito de amor e romance vai se expressar em tudo que você faz.

Guia para a sabedoria geral

O guia para a sabedoria geral é o controlador dos outros sete. Sua função é mantê-los ativos, eternamente disponíveis para servir você. Esse guia o ajusta a qualquer circunstância da vida, agradável ou desagradável, de forma que você se beneficie dessa circunstância. Posso dizer com honestidade que nada entra em minha vida se não for material útil. Torno qualquer coisa em matéria útil. Quanto mais coisas desagradáveis acontecem, mais matéria útil extraio delas, porque as processo para ter certeza de que não serão nada além de matéria útil.

Reconheça que nenhuma experiência na vida é perdida, seja ela boa ou ruim. Nenhuma experiência é perdida se você se adapta a ela da maneira correta. Você pode sempre lucrar com todas as experiências da vida se tiver um sistema para isso. É claro, se deixar suas emoções à solta e deixar amadurecer essas experiências desagradáveis, você vai atrair mais experiências desagradáveis do que agradáveis. Mas o que há de peculiar em circunstâncias desagradáveis é que elas são covardes. Chegue ao ponto em que você vai dizer: "Venha aqui, mocinha. Tenho um arreio bem aqui, e vou pôr você para trabalhar". Quando sabem que você vai colocá-las para trabalhar, elas encontram o que fazer em outro lugar, e não aparecem com tanta frequência.

Se você teme circunstâncias desagradáveis, elas se amontoam à sua volta em bandos. Entram pela porta dos fundos e pela porta da frente. Entram quando você não as espera ou quando não está preparado para lidar com elas. Não convido as experiências desagradáveis, mas se elas são tolas o bastante para aparecer no meu caminho, acabam transformadas em matéria útil. Com toda certeza, faço matéria útil com elas – mas não permito que me dominem.

Obstáculos ao pensamento positivo

A eterna vigilância é o preço que se deve pagar para manter uma atitude mental positiva, por causa dessas experiências desagradáveis e outras oposições naturais – os obstáculos ao pensamento positivo.

1: **Tendência do eu negativo para manobrar e tomar o poder de você.** Há entidades trabalhando em sua formação o tempo todo, manobrando constantemente para tomar o poder sobre você do lado negativo da vida. É preciso estar sempre alerta para que essas entidades não assumam o comando.

2: **Medos acumulados, dúvidas e limitações autoimpostas.** Você precisa lidar com eles constantemente, ou eles assumem o comando e se tornam a influência dominante em sua mente.

3: **Influências negativas, especialmente pessoas negativas.** Influências negativas incluem pessoas que são negativas, pessoas com quem você trabalha e com quem mora – talvez até alguns de seus parentes. Se não tiver cuidado, você vai responder na mesma frequência e se tornar tão negativo quanto elas. Pode ser necessário morar na mesma casa com alguém que é negativo, mas não é necessário ser negativo só porque está na mesma casa com alguém que é. Admito, pode ser um pouco difícil se imunizar contra esse tipo de influência, mas você consegue. Eu já consegui. Mahatma Gandhi conseguiu. Olhe o que ele fez se imunizando contra coisas que não queria.

4: **Características negativas inatas.** São as características com as quais você pode ter nascido. Elas podem ser transmutadas em características positivas, quando você as identifica e descobre o que são. Estou convencido de que muita gente nasceu com características naturais de natureza negativa. Por exemplo, vejamos uma pessoa que nasceu em um ambiente de pobreza, em que todos os parentes são muito pobres e todos os vizinhos são muito pobres. Desde o nascimento, essa pessoa só viu pobreza, só sentiu pobreza e só ouviu falar de pobreza. Foi essa a condição em que eu nasci, e sei que é possível nascer com essa característica. Uma das coisas mais difíceis que tive que fazer foi varrer de mim esse medo inato da pobreza.

5: **Preocupação com falta de dinheiro e falta de progresso em seu negócio, na profissão ou vocação.** Você pode dedicar a maior parte do seu tempo a se preocupar com coisas, ou pode transmutar esse estado mental a fim de criar meios e maneiras para superar essas preocupações. Pense no lado positivo em vez de no negativo. Preocupar-se com o lado negativo não vai servir para nada, além de levá-lo cada vez mais para o fundo. Isso é tudo que a preocupação faz.

6: **Amor não correspondido e frustrações emocionais desequilibradas com o sexo oposto.** Você não precisa deixar o amor não correspondido destruir seu equilíbrio mental, como tanta gente faz. Cabe a você fazer alguma coisa a respeito disso, manter uma atitude mental positiva e reconhecer que sua principal obrigação é com você mesmo. Controle-se e não permita que ninguém perturbe seu equilíbrio mental ou qualquer outro. O Criador não planejou nada disso, e você também não deve deixar isso acontecer.

7: **Saúde instável, real ou imaginária.** Você pode se preocupar muito com coisas que acha que podem acontecer com sua saúde física, mas nunca acontecem. Em medicina, isso é chamado de hipocondria.

Você pode passar muito tempo se tornando negativo se não tem uma atitude mental positiva em relação a sua saúde ou se não desenvolve e constrói uma consciência de saúde. Pense em termos de saúde. Sua atitude mental tem muito a ver com o que acontece com seu corpo físico. Não há dúvida sobre isso. Experimente. Você já teve a experiência de não estar se sentindo bem, receber uma boa notícia e superar rapidamente o mal-estar? Talvez não estivesse se sentindo tão mal, mas essa boa notícia afastou o sentimento ruim.

8: **Intolerância e ausência de uma mente aberta.** Essas duas coisas criam muitos problemas no sentido de manterem uma atitude mental negativa.

9: **Ganância por mais bens materiais do que precisa ter.** Mais uma vez, isso tem a ver com as coisas que você acumula, o preço que tem de pagar, as coisas que tem de superar para ter uma atitude mental positiva.

10: **Falta de um objetivo principal definido.**

11: **Falta de uma filosofia definida para viver e guiar sua vida.** Você sabia que a maioria das pessoas não tem uma filosofia de vida? Sem uma filosofia, essas pessoas vivem como for necessário, ao acaso, e ao sabor das circunstâncias. São como uma folha seca ao vento, vão para onde o vento levar. Não há nada que possam fazer quanto a isso, porque não têm filosofia de vida. Não têm um conjunto de regras para seguir. Quando se confia na sorte e no infortúnio, o infortúnio geralmente vence. Você precisa ter uma filosofia pela qual possa morrer, mas estou muito mais interessado em uma pela qual possa viver, e é isso que estamos estudando aqui.

Esta é uma filosofia pela qual você pode viver de tal forma que os vizinhos o considerem alguém desejável. Ficam felizes por ter você ali, e você se sente feliz por estar ali. Você não só vai desfrutar de prosperidade, contentamento e paz de espírito, mas também vai refletir tudo isso para todos que tiverem contato com você. É assim que as pessoas devem viver. É esse tipo de atitude mental que as pessoas devem ter.

12: **Deixar os outros pensarem por você.** Se você deixa outras pessoas pensarem por você, nunca vai ter uma atitude mental positiva, porque não vai ser dono da própria mente.

DOZE GRANDES E DURADOURAS RIQUEZAS

Todo mundo quer ser rico, mas nem todo mundo sabe o que significam riquezas duradouras. Há doze grandes e duradouras riquezas. Quero que você se familiarize com elas, porque, antes de alguém poder ser rico, precisa ter uma proporção bem equilibrada de todas essas doze riquezas. Quero que você perceba onde eu ponho o dinheiro em relação à sua importância em comparação às outras. É o número doze, porque há onze outras coisas que são ainda mais importantes que dinheiro se você quer ter uma vida equilibrada e plena.

1: Atitude mental positiva.

2: Boa saúde física.

3: Harmonia nas relações humanas.

4: Liberdade de medo.

5: Esperança de futuras conquistas.

6: Fé aplicada.

7: Disponibilidade para compartilhar bênçãos.

8: Dedicação a um trabalho de amor.

9: Mente aberta para todos os assuntos. Tolerância com as pessoas.

10: Completa autodisciplina.

11: Sabedoria para entender as pessoas.

12: Dinheiro.

PRINCÍPIO 8

AUTODISCIPLINA

O oitavo princípio de *O seu direito de ser rico* é a Autodisciplina, mas não como você pode pensar nela normalmente. O Dr. Hill dá a esse bem vital um significado muito específico e significante: apoderar-se de sua mente. A única coisa sobre a qual você tem controle total e absoluto é seu poder de pensamento. Desenvolver o controle sobre você mesmo, desenvolver o controle sobre sua mente, focar nas coisas que quer e ignorar as coisas que não quer é essencial para conquistar o sucesso. Se você não controla seus pensamentos, não pode controlar seus atos.

Nos termos mais simples, o princípio da autodisciplina ensina como desenvolver o controle, fazendo você pensar primeiro e agir depois. Pela aplicação desse princípio, o poder posto à sua disposição por cada um dos outros princípios nesta filosofia se torna condensado, focado e pronto para a aplicação prática todos os dias. O poder que você pode desencadear e os benefícios que pode receber são ilimitados. O Dr. Hill o ajudará a apreciar o potencial que espera por você assim que entender e aplicar o princípio da autodisciplina em sua vida.

A primeira edição do livro *Success, Unlimited* inclui uma das minhas contribuições, chamada "A Challenge to Life" (Um Desafio à Vida). Esse desafio à vida é minha reação a uma das piores derrotas que já tive em toda a minha carreira. Ilustra como transmuto uma circunstância desagradável em alguma coisa útil. Quando essa circunstância aconteceu, tive motivo real para sair e lutar – não estou falando em lutar mentalmente ou verbalmente, mas lutar fisicamente. Se eu tivesse que me instalar atrás de pinheiros com uma espingarda, teria sido justificado, naquelas circunstâncias. Em vez disso, escolhi fazer alguma coisa que não prejudicaria ninguém e me beneficiaria. Escolhi me expressar por meio desse ensaio, que diz:

Vida, você não pode me subjugar, porque me nego a levar muito a sério sua disciplina. Quando tenta me ferir, eu rio, e o riso não conhece dor. Aprecio suas alegrias onde quer que as encontre. Suas tristezas não me desanimam nem me amedrontam, porque há riso em minha alma. Uma derrota temporária não me entristece. Simplesmente faço a música para a letra da derrota e a transformo em canção. Suas lágrimas não são para mim. Gosto mais do riso, e por gostar dele, eu o uso como um substituto para o pesar, a tristeza, a dor e o desapontamento. Vida, você é uma trapaceira inconstante, não negue. Escondeu essa emoção do amor em meu coração para poder usá-la como um espinho para ferir minha alma. Mas aprendi a me esquivar de sua armadilha com o riso. Você tentou me atrair com o desejo por ouro, mas eu a enganei seguindo a trilha que leva, em vez disso, ao conhecimento. Você me induziu a construir belas amizades, e depois transformou meus amigos em inimigos para poder endurecer meu coração. Mas desviei de sua deslealdade rindo de sua tentativa e escolhendo novos amigos do meu jeito. Você fez homens me enganarem no comércio para me fazer desconfiado, mas eu venço novamente, porque tenho um bem precioso que homem nenhum pode roubar: é o poder de pensar meus próprios pensamentos e ser eu mesmo. Você me ameaça com a morte, mas, para mim, a morte não é pior que um longo sono tranquilo, e dormir é a mais doce experiência humana, depois do riso. Você constrói um fogo de esperança em meu coração, depois salpica águas nas chamas. Mas eu a supero reacendendo o fogo, e rio de você mais uma vez. Vida, se depender de mim, você está derrotada, porque não tem nada com que possa me afastar do riso, e não tem o poder para me subjugar pelo medo. A uma vida de riso, então, eu ergo minha taça de alegria.

AUTODISCIPLINA POR REAÇÃO POSITIVA

É fácil ter uma reação emocional do tipo vingativa a uma experiência desagradável na qual você foi prejudicado e ferido por quem deveria ter sido leal a você. Porém, esse negócio de retaliar quem o prejudicou ou tentou prejudicar é só falta de autodisciplina. Você não tomou conhecimento de seus poderes, nem de seus meios de se beneficiar desses poderes, se desce ao nível de tentar revidar contra quem o lesou, vilificou ou traiu de algum jeito. Não faça isso, porque você só vai se tornar menor aos próprios olhos e aos de seu Criador.

Tem um jeito melhor de se defender contra todos que o prejudicaram. Tem uma arma melhor que estou tentando pôr em suas mãos. E se você acreditar em mim e nunca se deixar levar por outras pessoas ao nível inferior delas, vai descobrir que a autodisciplina estabelece o nível no qual você quer lidar com as pessoas. Se elas quiserem subir ao seu nível, tudo bem. Se não, deixe que fiquem no delas. Não há pecado nenhum nisso. Estabeleça seu nível elevado e mantenha-se nele, aconteça o que acontecer. Eu tenho um jeito melhor de me defender: tenho minha mente. Sei o que fazer com essa mente, e nunca estou indefeso.

Quando nosso editor escolheu o ensaio "A Challenge to Life" em um dos meus livros para publicar na primeira edição, eu disse: "Tudo bem. Quero que cada um dos alunos tenha uma cópia, porque quero contar a eles a história por trás desse ensaio". Vocês podem gostar de saber que esse ensaio foi responsável, em grande parte, pelo falecido Mahatma Gandhi se interessar por minha filosofia e providenciar sua publicação em toda a Índia. Esse ensaio já influenciou milhões de pessoas, e com o tempo será uma influência positiva direta ou indireta para milhões de pessoas que ainda nem nasceram. Não é o brilhantismo do ensaio, é o pensamento por trás dele.

Quando você reage a essas coisas desagradáveis da vida de tal forma que ela não consegue derrubá-lo, ninguém pode derrubá-lo, e quando você tem riso na alma, está sentando muito perto do plano no qual o próprio Criador atua – quando você tem riso na alma. É maravilhoso ter riso na alma e riso no rosto. Você nunca fica sem amigos, nunca fica sem oportunidades e nunca fica sem meios de se defender contra pessoas que não sabem nada sobre o riso.

AUTODISCIPLINA POR AUTOSSUGESTÃO

Autossugestão é sugestão a você mesmo, pela qual atos e pensamentos dominantes são transmitidos à mente subconsciente *como o meio pelo qual* a autodisciplina se torna um hábito.

O ponto de partida no desenvolvimento da autodisciplina é a definição de objetivo. Você vai notar que, seja qual for a abordagem ou o ângulo utilizado, cada uma destas lições inclui definição de objetivo. Ele se destaca e você não pode se afastar dele, porque esse é o ponto de partida de toda conquista e tudo que você faz. Seja bom ou ruim, pode ter certeza de que começa com definição de objetivo.

Qual é a razão para a repetição de uma ideia? Por que você deveria escrever seu objetivo principal definido, por exemplo, decorá-lo e manter essa memorização como um ritual dia após dia? Para entrar no subconsciente, porque a mente subconsciente tem o hábito de acreditar naquilo que ouve com frequência. Você pode contar a ela uma mentira muitas e muitas vezes, e vai chegar em um ponto em que não vai mais saber se é mentira ou não, e o subconsciente também não. Conheço pessoas que fizeram exatamente isso.

AUTODISCIPLINA PELO DESEJO OBSESSIVO

O dínamo que dá vida e ação à definição de objetivo é o desejo obsessivo. Você cria um desejo obsessivo vivendo com ele na cabeça, trazendo-o à mente e vendo sua manifestação física nas circunstâncias da vida.

Digamos que você tem um desejo obsessivo por dinheiro suficiente para comprar um Cadillac novo. Nesse momento, pode dirigir um Ford ou menos que isso, e você quer o novo e belo Cadillac, mas não tem dinheiro para isso. O que você faz? A primeira coisa que faz é ir à concessionária do Cadillac e pegar um daqueles catálogos com todos os modelos, examinar o material e escolher o modelo que quer. E cada vez que entrar no seu Ford para sair, antes de dar a partida, feche os olhos por alguns momentos e se veja sentado em um bonito e novo Cadillac. O carro desce a rua e você pisa no acelerador, e imagina que já tem o Cadillac. Sabe que já tem esse Cadillac. Você não tem exatamente a posse dele, mas, por enquanto, está ali ao volante de seu Cadillac. Pode parecer bobo, mas garanto que não é. Eu me convenci de meu primeiro Rolls-Royce exatamente assim.

Vou contar como comprei meu primeiro Rolls-Royce. Uma noite, eu estava no Waldorf-Astoria Hotel dizendo a mim mesmo que teria esse carro antes do fim daquela semana (embora não tivesse dinheiro no banco para isso). Bem, um dos meus alunos na plateia tinha exatamente o modelo que descrevi, até com as rodas com arames pintados de cor laranja. Ele telefonou para mim no hotel na manhã seguinte e disse: "Desça, eu estou com seu carro, Sr. Hill". E eu desci, ele fez a transferência do documento e me entregou a chave. Tudo que queria era me mostrar um ou dois truques que você precisa saber sobre um Rolls-Royce para ter o melhor resultado com ele. Esse aluno me levou pela Riverside Drive e, depois de andarmos um pouco, ele desceu do automóvel e apertou minha mão. "Bem, Sr. Hill", disse, "estou muito feliz por ter o privilégio de entregar ao senhor esse belo carro." Não foi uma atitude maravilhosa? Ele não falou nada sobre o preço. Não disse: "Bem, vou falar quanto paguei por ele, e acertamos um valor". Em vez disso, ele falou: "Precisa dele mais do que eu. Eu nem preciso desse carro. Mas você precisa, e quero que fique com ele".

Tome cuidado com o que escolhe com seu desejo obsessivo, porque a mente subconsciente vai trabalhar para traduzir esse desejo em seu equivalente material. Autodisciplina não pode ser adquirida do dia para a noite. Tem que ser desenvolvida passo a passo pela formação de hábitos definidos de pensamento e ação física. Você tem que fazer alguma coisa a respeito disso.

Você aprende a ser entusiasta agindo com entusiasmo. Isso é definitivo.

AUTODISCIPLINA PELA ESCOLHA DO SEU DESEJO

Tome cuidado com aquilo que decide, porque, se fizer uma escolha e colocar o coração nela, você vai conseguir o que quer. E antes de começar a ter um desejo obsessivo por qualquer coisa, tenha certeza de que aquilo que deseja é algo com que vai poder viver, quando conseguir – algo ou alguém (os casados entendem exatamente do que estou falando). Que coisa maravilhosa é demonstrar em sua própria mente alguma coisa que deseja mais que tudo, algo que pode ser até difícil de conseguir, e constatar, depois dessa demonstração, que quer viver com isso pelo resto da vida. Mas tome cuidado com o que demonstra antes de começar a demonstrar.

Você pode gostar de saber que cada um dos quinhentos homens que colaboraram comigo na construção desta filosofia era imensamente rico. Não prestei atenção aos que não eram. Só queria aqueles que, financeiramente, faziam uma grande demonstração. Não tinha tempo a perder com garotinhos. Isso hoje não seria válido, mas naquele momento era. Você pode gostar de saber que cada um deles tinha uma abundância em riqueza, mas não tinha paz de espírito. Enquanto demonstravam sua riqueza, esqueciam-se de demonstrar com ela as circunstâncias da vida nas quais não idolatrariam a riqueza, nas quais ela não seria um fardo para eles, e nas quais eles teriam paz de espírito nas relações com seus semelhantes. Eles não aprenderam essa lição. Se aqueles homens tivessem ouvido os comentários que fiz nos primeiros cinco minutos em cima deste palco, se pudessem ter ouvido esta lição no começo, quando se tornaram imensamente ricos, teriam aprendido como se equilibrar de maneira que a riqueza não os afetasse de forma adversa. Para mim, a visão mais lamentável do mundo é a de um homem rico que não tem nada além de riqueza monetária. E há muitos deles no mundo.

A segunda coisa mais lamentável é um menino ou menina que se apodera de grande riqueza sem ter feito nada para merecê-la. Seu poder de pensamento é a única coisa sobre a qual você tem total controle. Ao dar aos seres humanos controle sobre uma única coisa, o Criador deve ter escolhido a mais importante de todas – controle pela força de vontade. Esse é um fato estupendo que merece sua mais profunda consideração. Se considerá-lo, você vai descobrir por conta própria as ricas promessas disponíveis àqueles que se tornam senhores de seu poder mental por meio da autodisciplina. Autodisciplina leva à boa saúde física, e leva à paz de espírito pelo desenvolvimento da harmonia no interior da mente do indivíduo.

AUTODISCIPLINA POR MEIO DE EQUILÍBRIO E PAZ

Muitos dos meus alunos já conhecem minha história, e todos eles a conhecerão antes do fim do curso comigo. E *por causa* da minha história, eu não poderia dizer que tenho tudo de que preciso no mundo, ou tudo que posso usar, ou que posso querer, e que tenho tudo isso em abundância, se não tivesse aprendido autodisciplina – porque foi assim que obtive tudo. Houve um tempo em que eu tinha mais dinheiro no banco do que tenho nos diversos bancos com os quais faço negócios hoje... muito mais. Mas não era tão rico quanto sou hoje. Hoje sou muito rico porque tenho a mente equilibrada. Não guardo ressentimentos. Não tenho preocupações. Não tenho medos.

Aprendi pela autodisciplina a equilibrar minha vida como faço com a minha contabilidade. Posso não estar completamente em paz com o auditor de impostos, mas tem um garotão por aí em algum lugar que fica olhando por cima do meu ombro, e com ele estou sempre em paz. Eu não estaria em paz com ele se não tivesse aprendido a arte da autodisciplina ou a arte de reagir às coisas desagradáveis da vida de maneira positiva, não negativa. Não sei o que faria se alguém se aproximasse e me desse um bom tapa na cara sem nenhuma provocação. Não sei o que faria. Ainda sou bem humano, acho. Apropriado ou não, fecharia a mão e, se estivesse perto o bastante para isso, acertaria um soco em seu peito, e essa pessoa cairia. Sem dúvida, eu faria isso.

Mas em vez disso, se tivesse alguns segundos para pensar antes de reagir, eu teria pena dessa pessoa, em vez de ódio. Teria pena de alguém que é bobo o bastante para fazer uma coisa dessas.

AUTODISCIPLINA DE ESCOLHA DA AÇÃO CORRETA

Tem muitas coisas que eu costumava fazer do jeito errado e agora faço do jeito certo. Porque aprendi a agir do jeito certo pela autodisciplina, posso ficar em paz com outras pessoas, em paz com o mundo e, mais importante, em paz comigo mesmo e com meu Criador. Essa é uma coisa maravilhosa para ter. Independentemente de outros tipos de riqueza que tenha, se não estiver em paz com você mesmo, com seus semelhantes e com aqueles com quem trabalha, você não é realmente rico. Nunca será rico até aprender pela disciplina a ficar em paz com todas as pessoas, todas as raças, todos os credos. Minhas plateias têm católicos, protestantes, judeus, gentios, pessoas de cores diferentes e pessoas de raças diferentes. Para mim, todos têm a mesma cor e a mesma religião. Não sei qual é a diferença e não quero saber, porque, na minha cabeça, não tem diferença. Superei a ideia de deixar coisas pequenas, tais como diferenças raciais, me enfurecerem ou me fazerem sentir fora de sintonia com meus semelhantes. Simplesmente não vou deixar essas coisas acontecerem, embora tenha havido um tempo em que elas aconteciam.

Uma das pragas do mundo em que vivemos, e particularmente desse caldeirão que é a América, é que não aprendemos a conviver uns com os outros. Estamos em processo de aprendizado, e quando todos formos doutrinados com esta filosofia, teremos um mundo melhor aqui nos Estados Unidos. Espero que isso se espalhe também para outros países.

AUTODISCIPLINA POR UMA MENTE FOCADA

Autodisciplina permite que o indivíduo mantenha a mente focada naquilo que é desejado e longe do que não é desejado. No mínimo, esta lição deve começar a desenvolver em vocês um hábito ou um plano para ocupar a mente, de agora em diante, principalmente com as coisas que desejam, e mantê-la afastada das coisas que não desejam. E se não fizerem mais nada, todo o tempo e todo o dinheiro que investiram neste curso serão recompensados mil vezes – porque experimentaram um renascimento, uma nova oportunidade, uma nova vida. Aprenda por meio da autodisciplina a não deixar a mente se alimentar de coisas que você não quer, de infelicidades, de decepções e de pessoas que o prejudicam.

Sei que é muito mais fácil eu falar do que vocês fazerem. Reconheço a dificuldade de manter a mente ocupada com o dinheiro que terão, quando agora vocês não têm nenhum. Como sei disso? Sei tudo sobre isso. Sei o que é sentir fome. Sei o que é não ter uma casa. Sei o que é ficar sem amigos. Sei o que é ser ignorante e analfabeto. Sei tudo sobre isso. Sei como é difícil, quando se é analfabeto, ignorante e castigado pela pobreza, pensar em se tornar um filósofo de destaque e espalhar sua influência pelo mundo. Sei tudo sobre isso, mas foi o que fiz. Estou falando no passado. Eu fiz isso. E se sou capaz de conquistar as coisas que conquistei, sei que vocês podem fazer um trabalho igualmente bom.

Vocês precisam assumir o controle. Têm que ser a pessoa no comando. Apoderem-se da própria mente e a mantenham ocupada, cheia das coisas que querem, das coisas que desejam fazer e das pessoas de quem gostam, de forma que não sobre tempo para pensar nas coisas que não querem e nas pessoas de quem não gostam.

AUTODISCIPLINA DE PROCURAR O BOM

Vocês já pensaram em examinar cuidadosamente (isto é, do mais perto possível e sem viés) as pessoas de quem acham que não gostam? O ponto é não olhar os defeitos para justificar sua opinião sobre elas. Essa pode parecer a coisa fácil e natural, e é o que os fracos fariam. Mas uma pessoa forte vai usar autodisciplina para olhar a vida da pessoa de quem não gosta em busca de coisas de que goste. Se você olhar de maneira franca e justa, vai encontrar algumas dessas coisas *em todo ser humano*. Não existe no mundo ninguém tão ruim que não tenha em si algo de bom. Se você procurar, vai encontrar. Se não procurar, não vai encontrar.

Esse é um dos males desse tempo, e talvez de todos os tempos. Quando entramos em contato com outras pessoas, se elas nos dão o menor motivo para isso, não só olhamos para seus defeitos, como também os multiplicamos e transformamos em algo maior do que são. Subestimar outra pessoa é um grande descrédito e desserviço àquele que subestima. Se você subestima seus inimigos, eles podem destruir você. Sempre haverá oposição. Mas é possível transformar muito dessa oposição – de inimigos e amigos – se você trabalhar em si mesmo primeiro.

Não comece a trabalhar no outro tentando fazê-lo acatar sua forma de pensamento. Trabalhe em você para ser caridoso, para se tornar compreensivo e indulgente. Se uma pessoa o ataca (um ataque frontal e sem provocação), você tem uma das maiores oportunidades do mundo. Na verdade, tem uma prerrogativa que essa pessoa não tem, porque ela perdeu a iniciativa. Se uma pessoa ataca você com ou sem provocação, ela perdeu a iniciativa, e *você* a tem. Que iniciativa é essa? O que você tem que o outro não tem? Você tem a prerrogativa de perdoar e ter compaixão. É isso que você tem.

PAREDES MENTAIS DE PROTEÇÃO

Há três paredes mentais de proteção contra forças externas que quero que vocês memorizem. Porque é necessário construir um jeito de se imunizar contra influências externas que prejudicariam sua capacidade mental, o enfureceriam, provocariam infelicidade, medo, ou tirariam alguma vantagem de você. Tenho esse sistema, e ele funciona como um talismã. Quando se tem muita gente sabendo sobre você no mundo todo, como eu tenho, e muitos amigos queridos pedindo sua atenção e seu tempo, é preciso ter um sistema para escolher quantos deles você vai encontrar e quantos não vai. Isso é óbvio, você vai ter que fazer essa escolha. Talvez não faça no começo. Eu não fiz, mas agora faço. Meus amigos queridos no mundo todo ocupariam todo o meu tempo se eu não tivesse um sistema para impedi-los. Tento manter a maior parte deles em contato comigo por meio dos meus livros. Assim, consigo alcançar milhões deles. Mas quando eles querem uma interação pessoal, preciso ter um sistema para determinar quantos podem me ver em um período determinado. Esse sistema é uma série de três paredes imaginárias, e elas também não são tão imaginárias. São bem reais.

A primeira é uma parede bem larga. Ela se estende para fora de mim. Não é muito alta, mas é alta o suficiente para impedir qualquer um que queira passar por cima dela e me alcançar, a menos que essa pessoa me dê um motivo muito bom para querer encontrá-la. Bem, meus alunos nunca precisariam disso, porque cada um deles tem uma escada. Eles podem passar por cima desse muro sem nenhum problema; não precisam nem pedir. Mas outras pessoas que não são estudantes privilegiados teriam que passar por cima desse muro, e para isso têm que fazer algum tipo de contato formal. Não podem simplesmente tocar minha campainha ou telefonar para mim, porque meu nome não está na lista telefônica. Essas pessoas precisam cumprir alguma formalidade. Por que mantenho esse muro? Por que não o derrubo e deixo todo mundo se aproximar de mim, ou escrever para mim, e não respondo a todas as cartas que recebo do mundo todo? Por que acham que não faço isso? Uma vez, recebi cinco malotes do correio cheios de cartas. Não consegui olhar nem para os envelopes, muito menos abri-los. Não tinha secretários suficientes para abrir todas aquelas cartas, e milhares nunca foram abertas. Vinham de todos os cantos deste país. Hoje em dia não é tão ruim, mas no momento em que tenho alguma publicidade sobre alguma coisa, as cartas começam a chegar do país todo. Tem um artigo sobre mim na última edição de *Printer's Ink*, e estou recebendo cartas de pessoas que me conheceram há 35, 38 anos aqui em Chicago, mas não sabiam que eu estava aqui. Por isso precisamos de um sistema.

Quando as pessoas passam pela primeira parede, encontram imediatamente outra que não é tão grande ou espaçosa, mas é bem alta. Na verdade, é muito mais alta. Ninguém consegue passar por cima dela com nenhuma escada, nem mesmo meus alunos. Mas tem um jeito de passar por ela, e vou dar uma dica de qual é. Você pode passar por essa parede com facilidade se tiver alguma coisa que eu quero, ou se tiver algo em comum comigo. Vou esclarecer essa declaração, porque não quero dar a impressão de que sou cruel ou egoísta. Quero dizer que você consegue se aproximar de mim com muita facilidade se eu acreditar que o tempo que vou dedicar a esse encontro vai ser benéfico para nós dois. Mas se for alguma coisa que vai beneficiar somente a você, e não a mim, é bem provável que você não consiga me encontrar. Há exceções, mas são muito poucas, e eu decido o que constitui uma exceção. Não tem nada de egoísta nisso, garanto – é uma necessidade.

Quando passar por essa segunda parede, você vai encontrar outra, que é muito mais estreita. Ela é tão alta quanto a eternidade. Nenhum ser vivo jamais passa por cima dessa parede, nem mesmo minha esposa, por mais que a ame e sejamos próximos. Ela nunca passa, nem tenta, porque sabe que tenho um santuário em minha alma onde ninguém, exceto meu Criador e eu, entramos. Ninguém. É lá que faço meu melhor trabalho. Quando vou escrever um livro, eu me retiro para esse santuário interno, planejo esse livro, comungo com meu Criador e recebo instruções. Quando chego a um entroncamento na vida e não sei que direção tomar, vou ao meu santuário interno. Peço orientação e sempre a recebo. Sempre.

Entendem que coisa maravilhosa é ter esse sistema de imunidade? Percebem como não é egoísta? Seu primeiro dever é com você mesmo. O maravilhoso verso de Shakespeare: "Sê a ti próprio fiel, e segue-se disso, como o dia à noite, que a ninguém poderás jamais ser falso". Fiquei eufórico até a medula dos ossos quando li isso pela primeira vez. Reli centenas de vezes e repeti outros milhares. É muito verdadeiro que seu primeiro dever é com você mesmo. **Seja verdadeiro com você. Proteja sua mente. Proteja sua consciência interior. Use a autodisciplina para tomar posse de sua mente, direcioná-la para as coisas que você quer e afastá-la das coisas que não quer.** Essa é a prerrogativa que o Criador deu a você. É o presente mais importante e precioso do Criador para a humanidade. Mostre sua gratidão respeitando e usando esse presente.

AUTODISCIPLINA POR APERFEIÇOAMENTO

Faça uma lista de cinco características de personalidade que exigem autodisciplina para serem melhoradas. Não me importa quanto você é perfeito, não tem uma pessoa que não se beneficie com isso, se for perfeitamente honesta. Se você não sabe as respostas, peça para sua esposa ajudar. Ela vai dizer algumas coisas que você deve pôr nessa lista. Talvez seu marido faça um bom trabalho. Em alguns casos, você não precisa perguntar ao marido (porque ele vai dizer sem você perguntar!) ou à esposa. De qualquer maneira, encontre cinco coisas em sua personalidade que precisam de modificação e anote-as. Agora, pelo experimento, escreva só a primeira que surgir em sua mente. Todo mundo consegue pensar em uma característica de personalidade que gostaria de mudar.

Você não pode fazer nada em relação aos seus defeitos até ter um inventário deles, descobrir quais são, colocá-los no papel onde possa vê-los, e depois começar a fazer alguma coisa a respeito deles. E depois de descobrir essas cinco características a serem melhoradas, você pode começar imediatamente a desenvolver o *contrário* dessas características. Se tem o hábito de não compartilhar suas oportunidades ou suas bênçãos com outras pessoas, comece a dividi-las, por mais que isso doa. Comece onde está. Se é avarento, comece a dividir. Se tem o hábito de fazer fofoca sobre alguém, pare com isso para sempre. Apenas pare e comece a fazer comentários elogiosos, em vez disso. Você vai se surpreender sobre como um homem desabrocha e se torna uma pessoa diferente se você começa a falar com ele sobre as coisas em que ele é bom.

Não exagere. Caso contrário, ele vai desconfiar de que você quer alguma coisa. Seja razoável. Quando qualquer pessoa se aproxima de mim, aperta minha mão e diz "Napoleon Hill, sempre quis conhecer você. Gosto muito dos livros que escreveu, e só queria contar que me encontrei. Agora sou um sucesso em minha profissão ou no meu ramo de negócios, e devo tudo isso a *Pense e enriqueça* ou a *A lei do sucesso*", sei que esse homem está dizendo a verdade. Posso dizer pelo tom de voz, pelo olhar e por como ele aperta minha mão. Aprecio esse tipo de coisa. Mas se ele fica ali recitando elogios desproporcionais, maiores do que mereço, sei imediatamente que está se preparando para tentar obter algum tipo de vantagem. Por isso é preciso ser discreto.

Em seguida, faça uma lista de todas as características de personalidade das pessoas mais próximas que precisam ser melhoradas pela autodisciplina. Você não vai ter nenhuma dificuldade para fazer essa lista. Vai ver que é muito fácil. Perceba a diferença com relação à facilidade com que vai cumprir essa etapa, em comparação àquela em que olha para a própria vida em busca de características que precisam ser mudadas. Autoanálise é uma coisa muito difícil, não é? Porque você tende a se favorecer. Pensamos que tudo que fazemos, seja qual for o resultado, deve dar certo. Por outro lado, se não dá certo, achamos que a culpa é do outro. Não nossa. Sempre.

Um dia desses, alguém vai me dizer que tinha diferenças com alguém por muito tempo e que descobriu, ao adotar esta filosofia, que o problema não era a outra pessoa, era ela mesma. Quando eles começaram a melhorar por meio de autodisciplina, quando limparam a própria casa, descobriram que a casa do outro também era limpa. É assim que vai funcionar.

É espantoso quantos defeitos podemos ver no outro quando não estamos procurando defeitos em nós mesmos. Antes de condenar alguém, é preciso se colocar diante do espelho e dizer: "Escute aqui, amigo, antes de começar a condenar alguém, antes de começar a espalhar fofoca sobre alguém, olhe para você mesmo, dentro dos seus olhos, e descubra se tem as mãos limpas". Uma passagem da Bíblia diz: "Aquele que nunca pecou, atire a primeira pedra". Atire a primeira pedra, antes de começar a condenar outras pessoas. Se você fizer disso uma prática, vai chegar ao ponto em que pode perdoar as pessoas por quase tudo.

AUTODISCIPLINA POR CONTROLE DE PENSAMENTO

Esta é a forma mais importante de autodisciplina, que deve ser exercitada por todos que aspiram ao sucesso excepcional: controle de pensamento. **Não tem nada mais importante no mundo que o controle da mente. Se você controla sua mente, vai controlar tudo com que entrar em contato.** Vai mesmo. Você nunca será o senhor das circunstâncias, nunca será o mestre do espaço que ocupa no mundo, até aprender a ser antes o mestre de sua mente. Nunca.

AUTODISCIPLINA PELA ADOÇÃO DE UMA POSIÇÃO

Vocês já me ouviram falar do Sr. Gandhi muitas vezes. Ele dedicou seu tempo a conquistar a liberdade da Índia usando esses cinco princípios. Tinha definição de objetivo, porque sabia o que queria. Usou o segundo princípio, fé aplicada, quando começou a fazer alguma coisa a respeito dela falando com seus semelhantes, doutrinando-os com o mesmo desejo. Ele não fez nada de mau. Não cometeu atos de destruição ou assassinato. Terceiro, ele praticou o princípio de fazer o esforço extra. Quarto, formou um MasterMind como o mundo provavelmente jamais tinha visto antes. Pelo menos duzentos milhões de homens, todos contribuindo para a aliança de MasterMind, focados no objeto principal: libertar o país da Inglaterra sem violência. Ele usou o quinto princípio, autodisciplina, em uma escala sem comparação nos tempos modernos. Esses são os elementos que fizeram de Mahatma Gandhi o mestre do grande Império Britânico. Não há dúvida sobre isso. Autodisciplina. Onde no mundo você encontraria um homem que suportaria as coisas que Gandhi suportou – todos os insultos, todas as detenções – enquanto defendia sua posição sem contra-atacar? Ele contra-atacou em seu próprio território, com as próprias armas.

Se você tem que entrar em guerra com alguém, escolha seu território, suas próprias armas, e, se não vencer, a culpa será sua. Você vai ter que travar batalhas de um jeito ou de outro ao longo da vida. Vai ter que planejar campanhas, se manifestar, remover a oposição do caminho. Vai ter que ser mais esperto que a oposição ou os inimigos, e essa esperteza está em não contra-atacar no território escolhido por eles, com armas que eles escolheram. Em vez disso, escolha seu próprio campo de batalha e suas armas.

Vai chegar um tempo em que isso vai ser útil para você. Em algum momento, você vai ter algum problema para resolver, alguém se opondo a você, ou vai ter que desviar de alguém. Vai lembrar que eu disse para você escolher seu próprio campo de batalha e suas armas. Primeiro, condicione-se para a batalha, decidindo que em nenhuma circunstância você vai tentar destruir alguém, ou ferir alguém além das consequências que podem advir da defesa dos seus direitos. Com essa atitude, você será vencedor antes mesmo de começar. Seja quem for o adversário, o tamanho de sua força ou de sua inteligência, com essas táticas você está destinado à vitória.

Crie um sistema para se apoderar completamente de sua mente. Mantenha-a ocupada com todas as coisas, circunstâncias e desejos de sua escolha. Mantenha-a estritamente afastada das coisas que você não quer. Sabe como manter a mente afastada das coisas que não quer? Essa é uma questão elementar, e não pretendo ofender sua inteligência com essa pergunta. Só quero enfatizar o ponto para que você realmente pense nele.

AUTODISCIPLINA DE ASSUMIR O CONTROLE

Não fui abençoado com nada que vocês não tenham, e talvez não tenha nem a metade que alguns de vocês têm. Meu passado certamente foi muito mais difícil que o da maioria, e se eu consegui, sei que *vocês* também podem. Vocês precisam assumir o controle, estar no comando de sua instituição e de sua empreitada. Você é uma instituição e uma empreitada. Precisa estar no comando, tem que dar as ordens, e precisa cuidar para que elas sejam cumpridas. Para isso, você precisa de autodisciplina. É assim que você segue em frente mantendo a cabeça longe das coisas que não quer, ocupando a mente e vendo em sua imaginação as coisas que quer. Mesmo que não as tenha fisicamente, sempre pode tê-las mentalmente, certo? A menos que tenha a posse mental de uma coisa primeiro, pode ter certeza de que nunca a terá a menos que alguém a deseje para você ou que, acidentalmente, ela caia do céu na sua cabeça. Qualquer coisa que tenha ou adquira por desejo precisa ser criada e obtida antes em sua atitude mental. Você precisa ter muita certeza dela em sua cabeça.

Ver-se de posse dessa coisa exige autodisciplina.

Comandar o próprio destino é a recompensa por tomar posse de sua mente. Tomar posse de sua mente estabelece contato direto entre você e a Inteligência Infinita. Você será guiado pela Inteligência Infinita. Não duvide disso. Quando digo que tem alguém olhando por cima do meu ombro e me guiando, estou contando o que acontece quando enfrento obstáculos. Tudo que preciso fazer é lembrar que ele está bem ali. Se chego a um entroncamento na vida e não sei se devo ir para um lado ou para o outro, tudo que preciso fazer é lembrar dessa força invisível olhando por cima do meu ombro, apontando sempre a direção certa – se eu prestar atenção e tiver fé nela. Como posso fazer uma declaração como essa? Só tem um jeito: eu pratiquei. Eu só poderia saber desse jeito. Nunca poderão me acusar de ter dito que alguma coisa vai acontecer a menos que eu a tenha feito acontecer e contado como fiz acontecer.

A penalidade por não se apoderar de sua mente, que é a pena que a maioria das pessoas cumpre durante toda a vida, é esta: você se torna vítima dos ventos aleatórios da circunstância, que estarão sempre além do seu controle. Vai se tornar vítima de cada influência com que entrar em contato, inimigos e tudo. Todas essas coisas que não quer vão jogá-lo de um lado para o outro como uma folha ao vento, a menos que você tome posse de sua mente. Essa é a penalidade que você deve pagar. Essa é uma profunda verdade.

Você tem meios pelos quais pode declarar e determinar seu destino na Terra. Há uma grande punição que terá de cumprir se não aceitar esse presente e usá-lo, e ele traz um tremendo bem ou recompensa que você receberá automaticamente se aceitar e usar esse presente.

Se eu não tivesse nenhuma outra evidência de uma primeira causa ou de um Criador, se não tivesse outra evidência além do que sei sobre esse princípio, eu saberia que *tinha* que haver uma primeira causa. Porque isso é profundo demais para qualquer ser humano começar a entender!

Dar a você um grande presente com um castigo, caso não o aceite, ou uma recompensa, se o aceitar – essa é a soma e a síntese do que acontece quando você usa autodisciplina para tomar posse de sua mente, direcioná-la para as coisas que quer. Não importa o que você quer; isso não é da conta de ninguém, só da sua. Não deixe ninguém o convencer do que deve querer. Quem vai me dizer o que eu quero, ou deveria querer? Pode apostar que só eu!

Nem sempre foi assim, mas hoje é. Ninguém vai me dizer o que eu quero. Eu faço isso. Se deixasse alguém me dizer, acho que seria um insulto ao meu Criador, porque Sua intenção é que eu tenha a última palavra sobre este sujeito aqui (isto é, eu). Acredite, eu tenho.

Eu não escolheria nada que fosse prejudicar outra pessoa. Não faria nada neste mundo, em nenhuma circunstância, para prejudicar alguém ou alguma coisa.

Sabia que qualquer coisa que você faça para ou por outra pessoa também faz para ou por você? Essa é uma lei eterna. Ninguém pode evitar a lei ou fugir dela. Por isso eu nunca poderia ser promotor, e por isso fico feliz por não ter seguido a inclinação de me tornar advogado. Tive uma longa conversa com meu irmão Vivian. Ele é advogado especializado em processos de divórcio, em especial aqueles divórcios de pessoas ricas. Vou contar para vocês qual é o castigo que ele tem por saber tanto sobre o lado ruim das relações domésticas. A penalidade é que ele nunca se casou, porque a experiência o levou à conclusão de que todas as mulheres são más. Ele nunca teve o prazer de uma esposa como eu tenho. Acha que todas as mulheres são más, porque as julga por aquelas que vê nos processos de divórcio. É uma característica comum de todos nós. Julgamos as pessoas com base nas que conhecemos melhor, não é? E isso nem sempre é justo. Nesse caso não é, certamente.

Essas são algumas das coisas vitais com que você tem que lidar na vida. Precisa se entender, entender as pessoas e entender como se ajustar àquelas com quem é difícil se dar bem. Enquanto você e eu formos vivos, e por muito tempo depois disso, sempre vai haver neste mundo um monte de gente com quem é difícil se dar bem. Não podemos nos desfazer de pessoas difíceis, mas podemos fazer alguma coisa a respeito disso fazendo alguma coisa conosco.

AUTODISCIPLINA: DOMÍNIO DE MENTE E CORPO

Autodisciplina significa ter o controle completo do corpo e da mente. Não significa mudar sua mente ou seu corpo; significa controlá-los. A grande emoção do sexo cria problemas para mais gente do que todas as outras emoções juntas, no entanto, ela é a mais criativa, a mais profunda e a mais divina de todas as emoções. Não é a *emoção* que cria problemas para as pessoas; é deixar de controlar, dirigir e transmutar essa emoção, coisa que qualquer um pode fazer se tiver autodisciplina. A mesma coisa vale para as faculdades do corpo e da mente. Você não precisa mudar completamente. Só precisa ser o mestre. Estar no controle e reconhecer as coisas que precisa fazer para ter boa saúde e paz de espírito. Desenvolver hábitos diários pelos quais sua mente é mantida ocupada com as coisas e circunstâncias que você deseja, e distante das circunstâncias que não deseja. Não aceitar ou se deixar influenciar por nenhuma circunstância ou coisa que não quer. Você pode ter que tolerar, ou reconhecer que ela está lá, mas não tem que submeter-se a ela. Não tem que deixar essa circunstância assumir o comando sobre você ou admitir que ela é mais forte que você. Em vez disso, prove que é mais forte que ela não se submetendo. Dê à sua imaginação uma amplitude de operação em relação a que coisas são essas com que vai ter que lidar, mas às quais não vai ter que se submeter.

Construa à sua volta uma proteção de três paredes, de forma que ninguém nunca saiba tudo sobre você, ou o que passa por sua cabeça. Ninguém quer que todo mundo saiba tudo que passa por sua cabeça. Por outro lado, você também não ia querer que todo mundo soubesse o que você pensa sobre a pessoa. Infelizmente, muita gente comete o engano de deixar *qualquer um* saber *tudo* que passa por sua cabeça. Basta fazê-los começar a falar. Você conhece o tipo a que me refiro. É só deixá-los começar, e você vai descobrir tudo sobre eles, o bom e o ruim.

Fiz alguns trabalhos com J. Edgar Hoover em algumas grandes ocasiões, e ainda faço, de vez em quando. Uma vez ele me disse que o homem que ele está investigando é a melhor de todas as ajudas. Sim, ele consegue mais informações do sujeito que está rastreando do que de todas as outras fontes juntas. Perguntei: "Por quê?". Ele respondeu: "Bom, porque ele fala demais". Foi exatamente essa a resposta.

Diga-me do que um homem tem medo, e eu lhe direi como dominá-lo. No minuto em que você descobrir os medos de uma pessoa, saberá exatamente como controlá-la (isto é, se for tolo o bastante para querer controlar alguém desse jeito). Não quero controlar ninguém pelo medo, de jeito nenhum. Se fosse para controlar alguém, ia querer que fosse pelo amor. É muito ruim que, normalmente, as pessoas falem demais para o próprio bem.

PRINCÍPIO 9

ENTUSIASMO

> Muita gente alcança algum grau de sucesso em alguma coisa, mas só aqueles que desenvolvem o hábito de acender a chama do entusiasmo e transformá-la em um fogo intenso de desejo alcançam grande sucesso em qualquer coisa. O nono princípio de *O seu direito de ser rico* é o Entusiasmo, um dos nossos maiores bens, a força dentro de nós que nos empurra sempre à frente para fazermos o melhor possível. O que é isso, realmente? Um dicionário define como "interesse ou busca absorvente ou controladora da mente por algum interesse, interesse fervoroso". O Dr. Hill acrescenta mais uma coisa à definição de entusiasmo. Conforme sua definição, entusiasmo não é mais nem menos que fé em ação.

Entusiasmo tem por base um desejo ardente. Esse é o ponto de partida de entusiasmo, e, quando você aprender a se colocar em um estado de desejo ardente, não vai precisar das outras instruções sobre entusiasmo, porque, a essa altura, já terá a última palavra sobre entusiasmo.

DESEJO ARDENTE

Quando você quer alguma coisa de verdade e decide que vai ter essa coisa, você tem esse desejo ardente. Seu desejo eleva o processo de pensamento, de forma que a imaginação passa a trabalhar nos meios e maneiras para ter essa coisa que você deseja. Entusiasmo confere uma mente mais brilhante. Deixa você mais alerta para as oportunidades. Você vê oportunidades que nunca viu antes quando sua mente é elevada a esse estado de entusiasmo – um desejo ardente por alguma coisa definida.

ENTUSIASMO ATIVO E PASSIVO

Há dois tipos de entusiasmo: o ativo e o passivo. Dos dois, o entusiasmo ativo é mais eficiente. O que chamo de ativo e passivo? Vou dar um exemplo de entusiasmo passivo.

Henry Ford foi o homem mais carente de entusiasmo ativo que já conheci. Nunca o vi dar risada, exceto uma vez na vida. Quando ele apertava sua mão, era como segurar um pedaço de presunto frio. Você apertava sozinho. Ele não fazia nada além de estender a mão e a recolher quando você a soltava. Quando conversava, não havia entusiasmo em sua voz; não havia evidência de entusiasmo ativo. Que tipo de entusiasmo ele tinha – porque *tinha* que ter *algum* – para ter um objetivo principal tão fabuloso e conquistar tanto sucesso? Seu entusiasmo era interno, e esse entusiasmo interno era transmutado em imaginação, em poder de fé e em iniciativa pessoal. Ele funcionava com base na própria iniciativa, acreditava que poderia fazer tudo que quisesse, e se mantinha alerta e pronto com fé aplicada por meio de seu entusiasmo. Seu entusiasmo passivo introduzia na mente o pensamento sobre o que ele ia fazer e toda a alegria que sentiria fazendo.

Muito tempo depois de ele ter conquistado o sucesso e superado seus problemas, perguntei se algum dia ele quis alguma coisa ou quis fazer alguma coisa que não podia, e ele respondeu: "Não. Não nos últimos anos". (No começo, ele acrescentou, até aprender como conseguir ou fazer o que queria, ele não poderia ter me dado a mesma resposta.) Eu disse: "Em outras palavras, Sr. Ford, não há nada de que precise ou queira que não possa ter". Ele falou: "Isso mesmo". Perguntei: "Como sabe que isso é verdade, e como garante que tudo que quer fazer, seja o que for, vai ser feito antes de parar?". Ele me disse: "Ao longo dos anos, criei o hábito de concentrar a mente na parte possível de todos os problemas. Se tenho um problema, há sempre algo que posso fazer a respeito dele. Há muitas coisas que não posso fazer, mas tem alguma coisa que posso fazer, e começo onde posso fazer alguma coisa. Quando uso a parte possível, aquilo que pode ser feito, a parte do que não pode ser feito simplesmente desaparece. É como chegar ao rio na parte onde espero que haja uma ponte, e não tem uma ponte. Descubro que não precisava da ponte, porque o rio está seco".

ENTUSIASMO TRANSMUTA OBSTÁCULOS

É maravilhoso um homem fazer essa afirmação. Ele começou a tratar de seu problema ou objetivo pela parte em que poderia fazer alguma coisa. E se ele queria criar um novo modelo, ou aumentar sua produção, imediatamente punha a cabeça para trabalhar no plano em que isso era possível. Ele nunca prestou atenção aos obstáculos, porque sabia que seu plano era suficientemente forte e definido, amparado pelo tipo certo de fé, e que qualquer oposição que encontrasse desapareceria quando ele a abordasse. O impressionante era que, se ele tomasse a atitude de concentrar a mente na parte possível de todos os problemas, onde era possível fazer alguma coisa, a parte impossível "saía correndo". Endosso tudo que ele disse, porque essa também tem sido minha experiência.

ENTUSIASMO DE CRENÇA

Se você quer fazer alguma coisa, coloque-se em um estado de entusiasmo maluco e trabalhe no ponto em que está, mesmo que esse trabalho seja só desenhar em sua cabeça uma imagem da coisa que quer fazer, e continue fazendo esse desenho, tornando-o mais nítido o tempo todo. Ao mesmo tempo que usa as ferramentas que agora estão disponíveis para você, outras e melhores ferramentas serão postas em suas mãos. Essa é uma das coisas estranhas da vida, mas é assim que funciona. Palestrantes e professores expressam entusiasmo pelo controle da voz. De fato, uma das minhas alunas me fez um grande elogio quando perguntou se eu tinha algum tipo de treinamento vocal, ou alguma coisa assim. Respondi: "Não, nada. Fiz um curso de oratória em público há muito tempo, mas desrespeito tudo que o professor me ensinou. Tenho um sistema próprio". Ela disse: "Sua voz é maravilhosa, e muitas vezes me perguntei se havia treinado para transmitir o entusiasmo ou o significado que quer expressar com ela". Minha resposta foi: "Não, a resposta é a seguinte: quando falo alguma coisa, acredito no que estou falando. Sou sincero, e esse é o maior controle vocal que conheço". Você expressa entusiasmo quando sabe que o que está dizendo no momento é o que deveria dizer e a coisa que vai fazer algum bem ao outro, e talvez a você também.

Tenho visto palestrantes que marcham e andam pelo palco todo. Passam os dedos pelo cabelo, enfiam as mãos nos bolsos e usam todo tipo de gesto pessoal. Isso distrai minha atenção. Eu me treinei para ficar em uma posição. Nunca marcho pelo palco. Às vezes abro as mãos, mas não com muita frequência. O efeito que pretendo dar, acima de tudo, é o da sinceridade do que estou dizendo. E então, injeto entusiasmo no tom de voz. Se aprenderem a fazer isso, terão um dote maravilhoso.

É preciso sentir entusiasmo, antes de expressá-lo. Não vejo como alguém pode expressar entusiasmo quando está sofrendo, perturbado, ou com algum tipo de problema de que não consegue se livrar.

Uma vez vi um espetáculo em Nova York em que a estrela fez uma apresentação maravilhosa, embora tivesse sido informada três minutos antes de entrar em cena que o pai havia morrido subitamente. Ninguém percebeu. Ela fez uma apresentação tão perfeita quanto imagino que poderia ter sido, sem a menor indicação de que alguma coisa havia acontecido. Sempre se preparou para ser atriz, quaisquer que fossem as circunstâncias. Se ela não tivesse se preparado para isso, não seria uma atriz. Um ator que não consegue assumir o esqueleto do personagem que tenta representar não consegue sentir o que o personagem deveria estar sentindo, não será um ator. Pode repetir as falas escritas para ele, mas nunca vai causar na plateia a impressão certa, a menos que *viva* a coisa que está tentando representar.

Nem todos os grandes atores estão no palco; alguns estão na vida privada. Mas os maiores atores na vida são pessoas que se colocam no papel que estão tentando representar. Sentem esse papel, acreditam nele, têm confiança nele e não têm dificuldades para transmitir ao próximo um espírito de entusiasmo. Esse entusiasmo é um tônico poderoso para todas as influências negativas que entram em sua mente. Se você quer queimar uma influência negativa, é só ligar o velho entusiasmo, porque os dois não podem ocupar o mesmo espaço ao mesmo tempo. Não é possível. Comece a sentir entusiasmo por qualquer coisa, e eu o desafio a deixar entrar em sua mente pensamentos de dúvida. Não será possível enquanto estiver ligado a esse estado de entusiasmo.

ENTUSIASMO EM SUA VOZ

É preciso praticar entusiasmo na conversa diária. Aprender a ligá-lo ou desligá-lo de acordo com sua vontade. Comece imediatamente a subir o tom de voz quando estiver conversando com outra pessoa. Ponha um sorriso em suas palavras. Injete um tom agradável na voz; às vezes, baixando a voz e não falando tão alto, outras vezes, elevando o tom para que não seja possível deixar de ouvi-lo e reconhecer o que você está fazendo. Em outras palavras, aprenda a injetar entusiasmo em suas conversas comuns e diárias, e vai ter alguém com quem praticar em todas as pessoas com quem entrar em contato. Veja o que acontece quando começa a fazer isso. Naturalmente, você começa a mudar o tom de voz. Vai tentar deliberadamente fazer o outro sorrir enquanto você fala com ele, fazer a outra pessoa gostar de você. Não é bom injetar entusiasmo na voz ao dizer a outra pessoa o que pensa dela se o que pensa não é algo agradável, porque, quanto maior o entusiasmo, menos essa pessoa vai gostar de você. Quando começar a dizer a outra pessoa o que pensa dela, é melhor não sorrir. Ninguém quer ouvir advertências, censuras ou outra pessoa dizendo alguma coisa para o seu próprio bem, porque sabe muito bem que existe um motivo egoísta em alguma parte do discurso – pelo menos, é o que a pessoa pensa.

Falar de maneira monótona é sempre chato e tedioso. Não me interessa quem está falando, se você não tem variedade, cor, subidas e descidas na inflexão de voz, vai ser monótono, seja qual for o assunto, e seja quem for a pessoa com quem está falando. Acho que eu falava de um jeito monótono, sem nunca mudar o tom de voz. Se eu dissesse exatamente a mesma coisa, mas não colorisse minha voz, vocês acreditam que eu teria uma plateia tão animada? É claro que não. Posso impedi-los de dormir despertando-os com uma pergunta para a qual estão preparados, depois deixando que a respondam. Mas dar algum entusiasmo ao meu tom, elevando a voz e deixando-a cair de novo, os mantém alertas e tentando adivinhar o que vou dizer a seguir. Um bom jeito de cativar uma plateia é mantê-la tentando antecipar o que você vai dizer em seguida. Se o orador é monótono no falar, não injeta entusiasmo no que diz, e os ouvintes se antecipam e o ultrapassam. Sabem com antecedência o que ele vai dizer, e acreditam que, seja o que for, não querem ouvir. A parte bonita sobre o entusiasmo é que você mesmo pode ligá-lo e desligá-lo; não precisa pedir isso a ninguém.

COMPARTILHAR ENTUSIASMO

Quando você expressa entusiasmo em suas conversas diárias, observe como os outros o absorvem e devolvem para você. Levando-se a um estado de entusiasmo, você pode mudar a atitude de qualquer pessoa – porque entusiasmo é contagioso. As pessoas vão absorver seu entusiasmo e devolvê-lo como se fosse delas.

Todo bom vendedor entende essa arte. Se não entende, não é um bom vendedor. Não é nem um vendedor mediano, se não sabe como contagiar o comprador com seu entusiasmo. Não importa o que é vendido, funciona do mesmo jeito para quem se vende, vende seus serviços, ou vende bens e mercadorias. Entre em qualquer loja e escolha um vendedor que sabe trabalhar. Você o reconhece, porque ele não está só mostrando a mercadoria, também está fornecendo informações com um tom de voz que o impressiona.

Muitos vendedores em lojas não são vendedores. Não têm nem noção do que é vender. São o que um contador chamaria de "anotador de pedidos". Um anotador de pedidos não é um vendedor. Não vende. Sempre os escuto dizer: "Hoje eu vendi muito". Ouvi um jornaleiro falando com o entregador de jornais, dizendo quantos exemplares tinha vendido. Bem, ele não tinha vendido jornal nenhum. Havia estado ali, é claro. Manteve os jornais expostos, e as pessoas chegavam, pegavam um exemplar e pagavam por ele. Mas ele não teve nada a ver com as vendas, só deixou a mercadoria onde as pessoas podiam vê-la e comprá-la. Ele achava que era um vendedor. Na verdade, achava que era um vendedor muito bom. Você vê muita gente que embrulha a mercadoria, pega o dinheiro e acha que fez uma venda. Mas essas pessoas não fizeram nada, porque foi a outra pessoa que fez a compra. Não se pode dizer a mesma coisa sobre um bom vendedor. Você pode entrar na loja para comprar uma camisa, mas, antes de sair de lá, ele vai vender para você uma cueca, meias, uma gravata e suspensórios. (Ele não os venderia para mim, porque não uso suspensórios.) Há um ou dois dias, um vendedor vendeu um cinto para mim. Eu não precisava de um cinto, mas ele me mostrou um muito bom que combinava com minha personalidade. Fiz a compra principalmente pela personalidade do homem que falava sobre o cinto. Podem acreditar, eu também não sou imune a isso.

Quando você se deparar com algum tipo de circunstância desagradável, aprenda a transmutá-la em um sentimento agradável repetindo seu objetivo principal com grande entusiasmo. Qualquer que seja a circunstância desagradável que atravesse seu caminho, em vez de lamentar seu surgimento ou deixar que ela tome seu tempo na forma de tristeza, frustração ou medo, comece a pensar sobre essa coisa maravilhosa que você vai realizar em um, dois, três, quatro ou cinco anos (ou em seis meses, ou no tempo que for). Comece a pensar em alguma coisa que o deixe entusiasmado. Em outras palavras, use seu entusiasmo para as coisas que quer, não para as coisas que acabou de perder pela derrota.

Muitas pessoas se deixam distrair pela morte de um ente querido. Conheço pessoas que enlouqueceram por causa disso. Quando meu pai faleceu, em 1939, é claro que eu sabia que ele ia morrer. Sabíamos qual era seu estado, e sabíamos que era só uma questão de tempo, e por isso condicionei minha mente para que isso não pudesse me perturbar ou me causar a menor impressão emocional.

Uma noite, quando eu estava em minha propriedade na Flórida, recebi um telefonema do meu irmão. (Eu estava lá com uma companhia muito distinta, falando sobre assuntos relacionados ao mercado editorial.) A criada entrou e disse que meu irmão queria falar comigo ao telefone, e eu saí da sala e conversei com ele por três ou quatro minutos. Ele me contou que nosso pai havia falecido e que o funeral aconteceria na sexta-feira seguinte. Conversamos um pouco sobre outras coisas, eu agradeci por ele ter ligado, voltei para perto da minha companhia, e ninguém soube o que tinha acontecido. Os membros da minha família nem foram informados de nada até a manhã seguinte. Não houve manifestação de pesar, nada disso. De que serviria? Eu não poderia salvá-lo; ele estava morto. Por que me matar de tristeza por uma coisa sobre a qual eu nada poderia fazer? Você pode dizer que isso é muita frieza, mas não é frieza. Eu sabia que ia acontecer. Adaptei-me a isso para não deixar destruir minha confiança ou me amedrontar.

Em questões dessa natureza (bem, talvez não tão sérias quanto essa), você precisa aprender a se imunizar contra a perturbação emocional. Quando você fica emocionalmente perturbado, não está lúcido, não digere sua comida, não fica feliz e não tem sucesso. As coisas agem contra você quando está nesse estado de espírito, e não quero que as coisas ajam contra mim. Não quero adoecer. Quero ser bem-sucedido. Quero ser saudável. Quero que as coisas funcionem a meu favor, e o único jeito de garantir que seja assim é não deixando nada perturbar minhas emoções.

Acho que ninguém pode amar mais vezes e mais profundamente que eu, mas se meu amor não é correspondido (e tive essa experiência uma vez na vida), posso deixar isso me abalar profundamente. No entanto, não me abalou, porque tenho autocontrole. Não vou deixar nada destruir meu equilíbrio. Nada mesmo. Não queria que meu pai morresse, mas ele estava morto, e não havia nada que eu pudesse fazer quanto a isso. Era inútil morrer porque ele havia morrido. Já vi pessoas fazendo isso, morrendo porque outro alguém havia morrido. Esse é um exemplo extremo, mas certamente é necessário a todo mundo. Precisamos aprender a nos adaptar às coisas desagradáveis da vida sem afundar. O jeito para isso é distrair a atenção do que é desagradável e fazer alguma coisa agradável, e colocar todo o seu entusiasmo reforçando essa coisa.

É sua vida, e você tem o direito de ter controle completo dela. De hoje em diante, seu dever com você mesmo requer que você faça alguma coisa todos os dias para melhorar sua técnica de expressão de entusiasmo, seja ela qual for. Mencionei algumas coisas que se pode fazer, mas não todas. Dependendo das circunstâncias em relação a outras pessoas, você sabe alguma coisa que pode fazer para aumentar seu entusiasmo, de forma que ele seja mais benéfico a você e a outra pessoa.

Tenho mais uma coisa a acrescentar aqui. Se você tem um cônjuge e pode mudar seu relacionamento com esse cônjuge de forma que ele o complemente em todos os lugares aonde vá, você tem uma fortuna como nenhuma outra, uma fortuna que não pode avaliar, e um bem incomparável a nenhum outro neste mundo. Um relacionamento de MasterMind entre um homem e sua esposa pode superar, controlar e eliminar todas as dificuldades que o casal possa encontrar. Juntos, eles unem atitudes mentais e multiplicam entusiasmo, direcionando-o um para o outro em momentos em que precisam dele.

PRINCÍPIO 10

ATENÇÃO CONTROLADA

Atenção Controlada, às vezes chamada de concentração, é o décimo princípio de O *seu direito de ser rico.* É a forma mais elevada de autodisciplina, porque requer a coordenação de todas as faculdades mentais. Em outras palavras, é poder mental organizado.

O princípio do sucesso concentra todo o esforço por trás do objetivo principal definido de sua vida para que você o alcance. A função essencial da concentração é ajudar o indivíduo a desenvolver e manter hábitos de pensamento. Hábitos vão permitir que você fixe sua atenção em qualquer propósito desejado e mantenha a mente ali até ter alcançado esse propósito. Concentração é poder, e esse poder está ao seu alcance.

Nunca conheci uma pessoa bem-sucedida no auge do sucesso, em qualquer área, que não tenha tido de adquirir grande poder potencial de concentração para alcançar o sucesso. Estou falando de atenção altamente focada sobre uma coisa de cada vez. Você já ouviu alguém descrever outras pessoas (com intenção pejorativa) como "bitolado", não ouviu? Sempre que alguém diz que tenho a mente bitolada, quero agradecer por isso, porque muita gente tem mentalidade multitarefas, e quando essas pessoas tentam fazer tudo ao mesmo tempo, não fazem um bom trabalho em nenhuma dessas tarefas. Sucesso excepcional é uma pessoa que desenvolveu elevadas capacidades para manter a mente fixada em uma coisa de cada vez.

Quando você aprende a se concentrar em uma coisa de cada vez, aprende a se conectar para se ver já de posse da coisa em que está concentrado.

Motivo é o ponto de partida de toda concentração, porque você não se concentra se não tiver um motivo para isso. Quer ganhar muito dinheiro? Digamos que você queira comprar uma propriedade, ou uma fazenda, e se concentra em dinheiro grande. Você ficaria surpreso em como essa concentração mudaria todo seu hábito e atrairia para você oportunidades de ganhar dinheiro que você nunca imaginou antes. Eu sei que é assim que funciona, porque foi assim que funcionou comigo.

Anos atrás, eu queria uma propriedade de mil acres. No começo, não sabia quanto eram mil acres, mas estava concentrado em mil acres. Na verdade, a terra que eu estava procurando custava mais ou menos US$ 250 mil, o que era muito mais dinheiro do que eu tinha na época. Mesmo assim, desde o dia em que fixei a mente no tamanho da propriedade que eu queria, oportunidades começaram a surgir e se desenvolver para eu ganhar esse dinheiro – quantias maiores do que eu jamais tinha ganhado antes. Os *royalties* dos meus livros começaram a aumentar, a demanda por minhas palestras começou a aumentar, e a demanda por aconselhamento empresarial começou a aumentar. Eu me vendi para a ideia de que tinha de ter o dinheiro, e o teria prestando serviço por ele.

Consegui a propriedade. Não tinha mil acres, mas tinha seiscentos. Disse ao homem de quem a comprei que queria mil acres. Ele respondeu: "Tenho seiscentos acres, e, aliás, você sabe quanto são seiscentos acres?". Eu disse: "Tenho uma ideia. Pode me levar para percorrer a propriedade?". Começamos a andar pelo terreno um dia bem cedo, levando tacos de golfe para bater em cascavéis. Começamos pelo limite externo, subimos e descemos as Montanhas Catskill, e por volta do meio-dia não tínhamos chegado nem na metade da área. Eu disse: "Vamos voltar. Já vi o bastante. Seiscentos acres são suficientes". Comprei o lugar, e depois aconteceu a Depressão. Acreditem, foi um tempo difícil, mas eu tinha acumulado dinheiro suficiente para comprar o lugar. Eu não o teria depois da Depressão, se não tivesse me concentrado naquela ideia.

Concentração motivada por desejo obsessivo

Concentração requer uma definição de objetivo de tal proporção que se torne uma obsessão. É inútil ter um motivo, a menos que você o ampare em obsessão de desejo ou obsessão de propósito. Qual é a diferença entre um propósito ou desejo comum e um desejo obsessivo? A palavra *intensidade* é adequada aqui. Em outras palavras, desejar ou esperar uma coisa não é suficiente para fazer alguma coisa acontecer. No entanto, quando você põe um desejo ardente ou um desejo obsessivo por trás de uma coisa, ora, ela entra em ação, atrai você para outras e para tudo o que você precisa a fim de realizar esse desejo.

Como se desenvolve um desejo obsessivo por alguma coisa? Pensando em um monte de coisas, mudando de uma coisa para outra? Não, você escolhe uma coisa. Você come, dorme, bebe, respira essa coisa e fala sobre ela com quem quiser ouvir. Se não encontrar ninguém, fale com você mesmo. Por repetição, continue dizendo ao seu subconsciente exatamente o que quer. Deixe claro, seja firme, definido e, acima de tudo, informe sua mente subconsciente de que espera resultados.

Iniciativa dá a partida na concentração; fé aplicada a sustenta

Uma empreitada organizada ou iniciativa pessoal é a autoignição que põe em movimento a ação da concentração. Fé aplicada é a força de sustentação que mantém a ação. Em outras palavras, sem fé aplicada, quando as coisas ficam difíceis (e vão ficar, não importa o que você faça), você reduz a velocidade ou desiste. Você precisa de fé aplicada para manter sua ação acelerada ao máximo, mesmo quando as coisas ficam difíceis e quando os resultados não aparecem como você gostaria. Já ouviu falar de alguém que conquistou sucesso permanente e importante desde o princípio, sem nenhum tipo de oposição? Não olhe agora, mas vou dar uma dica: ninguém jamais conseguiu e, provavelmente, ninguém nunca vai conseguir. O que quer que você esteja fazendo, a dificuldade existe para todo mundo.

Há em cada uma dessas lições uma quantidade fabulosa de informação em que você pode se concentrar. Deixe tudo de lado e concentre-se só nesta lição. Acrescente às suas anotações tudo que conseguir encontrar relacionado ao assunto, e volte a cada lição muitas vezes. Quando se concentrar em qualquer lição específica, não deixe a mente vagar por outras lições. Atenha-se à lição que está estudando.

Concentração de um mastermind

O MasterMind é a fonte do poder da vida necessário para garantir o sucesso. Você consegue imaginar alguém se concentrando em conquistar alguma coisa de natureza excepcional sem usar o MasterMind, o cérebro, a influência e a educação de outras pessoas? Já ouviu falar de alguém que tenha adquirido um sucesso excepcional sem a cooperação de outras pessoas? Eu nunca, e me movimento muito por esse campo do sucesso – pelo menos tanto quanto a média das pessoas, e talvez mais que a média das pessoas – e ainda não encontrei ninguém no auge da realização (em qualquer área) que não deva seu sucesso à cooperação amistosa, harmoniosa, de outras pessoas. O sucesso dessas pessoas derivou, em grande parte, do uso do cérebro de outras pessoas e, às vezes, do dinheiro de outras pessoas (porque você também precisa disso de vez em quando). Você precisa da aliança de MasterMind em sua concentração se pretende alguma coisa acima da mediocridade.

É claro, você pode se concentrar no fracasso. Não vai precisar de nenhuma ajuda de MasterMind para isso – embora tenha muita ajuda voluntária e boa companhia, se você só almeja fracassar. Mas se quer o sucesso, tem que seguir essas regras que estou colocando para você. Não pode fugir delas e não pode negligenciar nenhuma delas.

Autodisciplina

Autodisciplina é o vigia que mantém a ação em movimento na direção certa, mesmo quando as coisas ficam difíceis. É nesses momentos que você mais precisa de autodisciplina, quando encontra oposição ou quando as condições e circunstâncias ficam difíceis. Você precisa de autodisciplina para manter a fé e se manter determinado para não desistir diante de dificuldades. Não consegue se dar bem com a concentração sem autodisciplina. Se tudo funcionasse a seu favor, não haveria nenhum problema. Você poderia se concentrar em qualquer coisa se tudo funcionasse a seu favor e não houvesse circunstâncias difíceis.

Imaginação

Visão criada ou imaginação é o arquiteto que projeta planos práticos para a ação que ampara sua concentração. Antes de poder se concentrar de maneira inteligente, você precisa ter planos, precisa ter um arquiteto, e esse arquiteto é sua imaginação (e a imaginação de seus aliados de MasterMind, se os tiver). O que acontece quando você começa a fazer alguma coisa sem um plano prático ou definido? Já ouviu falar de alguém que tinha um plano muito bom, um objetivo muito bom, ou uma ideia muito boa, mas fracassou porque não tinha o plano certo para realizar esse propósito? É um padrão comum as pessoas terem ideias, mas não terem planos bons ou sólidos para colocá-las em prática.

Fazer o esforço extra

Fazer o esforço extra é o princípio que garante cooperação harmoniosa de terceiros. Fazer o esforço extra é algo de que você precisa nesse negócio de concentração. Se você quer a ajuda de outras pessoas, tem que fazer alguma coisa para que elas tenham alguma obrigação com você. Tem que dar a elas um motivo. Nem seus aliados de MasterMind em sua própria organização vão atuar como aliados de MasterMind se não tiverem um motivo.

Motivo financeiro garante cooperação

Quais são alguns dos motivos que fazem as pessoas se juntarem a você em uma empreitada? Qual é o motivo mais excepcional? Ter ganho financeiro, é claro, em todo negócio e empreendimento profissional. Eu diria que o desejo de ganho financeiro ou profissional é o motivo mais importante. Se você entra em um negócio em que o principal objetivo é ganhar dinheiro, e não permite que seus aliados de MasterMind (ou os homens e mulheres fundamentais ou as pessoas que mais o estão ajudando) tenham retornos suficientes, você não vai tê-los por muito tempo. Eles vão passar a atuar no ramo como autônomos, ou vão trabalhar para a concorrência.

Fiquei perplexo quando, uma vez, Andrew Carnegie me disse que pagava a Charlie Schwab um salário de US$ 75 mil por ano e, em alguns anos, um bônus de US$ 1 milhão além desse salário. Ele fez isso por vários anos. Para mim, na época isso era muito dinheiro, e ainda é hoje. Fiquei curioso sobre o Sr. Carnegie. Queria saber por que alguém com sua grande inteligência pagaria a um homem um bônus mais de dez vezes maior que seu salário. Perguntei: "Sr. Carnegie, você precisava fazer isso?". Ele respondeu: "Não, certamente não precisava. Podia deixar que ele se tornasse meu concorrente. Então, não, eu não precisava fazer isso". Essa afirmação tem um significado importante. Em outras palavras, ele tinha um bom homem que era muito valioso, queria mantê-lo e sabia que o jeito para tê-lo a seu lado era deixar claro que ele ganharia muito mais dinheiro com o Sr. Carnegie do que sem ele.

A regra de ouro

A Regra de Ouro confere orientação moral ao indivíduo quanto à ação na qual ele está concentrado.

Pensamento preciso

Pensamento preciso impede devaneio e foca na criação de planos. Você sabe que boa parte do chamado pensamento não é mais que devaneio, torcida ou desejo? É o que ele é. Muita gente no mundo fica parada, na grande maioria de seu tempo, sonhando acordada, torcendo, desejando e pensando em coisas. Mas essas pessoas nunca tomam nenhuma atitude física ou concreta para pôr seus planos em prática.

Há muito tempo, eu estava palestrando sobre esta filosofia em Des Moines, Iowa. Quando a palestra acabou, um senhor idoso e não muito forte subiu no palco. Ele enfiou a mão no bolso e tirou de lá um maço de papéis com orelhas nos cantos. Procurou alguma coisa no meio deles, e finalmente encontrou uma página amarelada. Ele disse: "Nenhuma novidade, Sr. Hill, no que acabou de dizer. Tive essas ideias há vinte anos. Aqui estão elas, no papel. Eu tive essas ideias". Ele teve, certamente. Milhões de outras pessoas as tiveram, mas ninguém fez nada a respeito delas. Não há nada de novo nesta filosofia, nenhuma novidade nela, exceto a Lei da Força do Hábito Cósmico. Essa é a única novidade nela, e para ser bem preciso, isso não é novo – isso é uma interpretação apropriada do ensaio sobre a compensação de Emerson, mas colocado em termos que as pessoas possam entender na primeira leitura. Lá estava ele, carregando essas ideias no bolso. Ele poderia ter sido Napoleon Hill, se tivesse se ocupado antes de eu começar. Um dia desses, algum espertinho vai aparecer e continuar exatamente de onde eu parei, e vai criar uma filosofia baseada no que eu fiz, e talvez seja muito melhor. Talvez essa pessoa esteja aqui agora.

Aprender com derrota e adversidade

Aprender com a derrota protege o indivíduo contra desistir em tempos difíceis. Não é uma coisa maravilhosa aprender algo com fracasso, derrota ou adversidade, mas a questão é entender que eles não precisam fazer você parar – percebe que há um benefício em cada experiência?

Qual é o benefício de um homem entrar em depressão, perder todo o seu dinheiro até o último centavo e ter que começar tudo de novo? Posso dizer, porque sou um homem que passou por tudo isso. Essa foi uma das maiores bênçãos que recebi, porque eu já estava começando a me sentir o espertinho, ganhando muito dinheiro e ganhando fácil. Precisava recuar. Eu me recuperei lutando e trabalhei mais e melhor nesse tempo do que jamais havia trabalhado antes. Sem aquela experiência, provavelmente estaria em minha propriedade nas Montanhas Catskill, em vez de estar aqui lecionando.

Às vezes, a adversidade é uma bênção disfarçada, e muitas vezes nem tão disfarçada, se você tiver a atitude correta diante dela. Você não pode ser castigado e não pode ser derrotado enquanto não aceitar a derrota em sua cabeça. Seja qual for a natureza de sua adversidade, há sempre nela uma semente de benefício equivalente se você se concentrar na circunstância para procurar o bem que advém dela, não o mal. Não desperdice seu tempo lamentando as coisas perdidas, ou os erros cometidos; use esse tempo para analisá-los, aprender com eles e lucrar a partir deles, de forma a não cometer os mesmos erros de novo.

Atenção controlada

Atenção controlada envolve a fusão e aplicação de muitos dos outros princípios da filosofia. A persistência deve ser a chave por trás de todos esses princípios.

Atenção controlada é irmã gêmea da definição de objetivo. Pense no que você poderia fazer com esses dois princípios, definição de objetivo – saber exatamente o que quer – e concentração em tudo que tem para a realização desse objetivo. Sabe o que aconteceria com sua mente, com seu cérebro, sua personalidade e com você mesmo se você se concentrasse em uma coisa definida? Quando falo em concentração, me refiro a dedicar todo o seu tempo a isso quando não estiver dormindo ou trabalhando. Dedique todo o tempo que puder a se ver de posse da coisa que representa sua definição de objetivo. Veja-se de posse dela, veja-se construindo planos para mantê-la em seu poder, trabalhando o primeiro passo possível, depois o segundo, e o terceiro, e assim por diante. Concentre-se todo dia, e em pouco tempo chegará ao ponto em que, para todo lado que olhar, vai encontrar uma oportunidade que o levará um pouco mais perto da coisa que representa sua definição de objetivo. Quando você sabe o que quer, é impressionante quantas coisas encontra que são relacionadas exatamente com aquilo que quer.

Há vários anos, quando eu morava na Flórida, uma carta muito importante chegou no posto do correio em Tampa. Eu sabia que a carta chegaria porque tinha falado com o National City Bank em Nova York. Sabia que a carta estava no correio, naquele posto, e precisava dela antes do meio-dia. Liguei para o responsável pelo posto, que era meu amigo, e ele disse: "O entregador está no meio do caminho para Temple Parish (que ficava a uns quinze quilômetros de distância, já que eu morava na área rural). Ele vai pela Route 1, e nem imagino um jeito de essa carta estar em suas mãos antes do meio-dia, a menos que vá encontrar o carteiro. Vou dizer a partir de qual estação pode começar, porque ele já passou pela nove. Se quiser encontrá-lo, posso explicar como seguir essa rota".

Bem, a Route 1 é a mesma rodovia que eu usava para viajar de Tampa até minha casa em Temple Parish. Eu percorria aquele caminho todos os dias. Não sabia que havia caixas de correio por lá, mas quando começou a ser importante, para mim, observar as caixas de correio, nunca vi tantas. Era como se houvesse uma caixa a cada cem metros! Eram todas numeradas, e eu procurava aquela em que, segundo o encarregado do posto, o carteiro estaria àquela hora, e finalmente o encontrei. Era uma segunda-feira, por isso ele carregava um malote enorme. E disse: "Não posso fazer nada. Não sei onde está sua carta e não saberei até entregar toda essa correspondência". Eu respondi: "Escute, amigo, preciso dessa carta. Ela está aí, e eu preciso dela. O encarregado pelo posto sugeriu que eu viesse encontrar você e me disse para não aceitar um não como resposta. Ele me disse para falar para você tirar as cartas do malote e me entregar a minha. Foi o que ele me disse, e se não acredita, vá até aquela casa ali e telefone para ele". O carteiro respondeu: "Não posso fazer isso. É ilegal". Insisti: "Ilegal ou não, preciso dessa carta agora, e é isso. Seja sensato. Não adianta ficarmos discutindo. Você tem seu trabalho para fazer, e eu tenho meu trabalho para fazer. O meu é importante, o seu é importante. Você não vai se prejudicar se olhar essa correspondência". "Ah, inferno. Está bem", ele concordou. E se dedicou a fazer o que eu pedi, e a terceira carta que tirou do malote era a minha. A terceira. É assim, quando você sabe o que quer, quando está determinado a conseguir o que quer de um jeito ou de outro, não é tão difícil quanto você pensava antes.

Sempre penso nessa experiência, em como ela é um exemplo de pessoas que sabem o que querem e conseguem o que querem. Essas pessoas não se deixam deter por nada. Não dão atenção à oposição.

Sempre observei meu distinto parceiro comercial, o Sr. Stone, falando com seus vendedores. Fico entusiasmado cada vez que o escuto falar, porque duvido que ele saiba o que significa a palavra *não*. Acho que há muito tempo ele imagina que significa *sim*, e os resultados que obtém são prova disso. De todas as pessoas que conheço, ele pode ser o mais definitivo sobre as coisas que quer. É o mais definitivo sobre fracasso e sobre se recusar a aceitar uma resposta negativa. Quando surgem obstáculos, ele passa por cima, desvia, ou os remove do caminho, mas nunca se deixa deter por eles. Isso é concentração e definição de objetivo postas em ação.

Todo mundo sabe qual era a obsessão de definição de objetivo de Henry Ford. As pessoas andam por aí com parte de seu objetivo principal definido todos os dias. Era um automóvel confiável e barato. Ele não permitiu que nada o fizesse desistir disso. Ouvi promotores se aproximarem do Sr. Ford com oportunidades que, para mim, pareciam muito atraentes. Ele respondia que a empreitada em que estava envolvido consumia todo o seu tempo e seu esforço. Não estava interessado em nada além de seu objetivo principal definido, que era produzir e distribuir no mundo todo automóveis confiáveis e baratos. Ater-se a esse trabalho o fez tremendamente rico.

Vi centenas de pessoas gastarem muito mais dinheiro que o Sr. Ford gastou quando começou, e elas terminaram no cemitério do fracasso. Dessas, não consegui encontrar uma dezena cujo nome possa ser lembrado hoje em dia. Homens que tinham mais estudo que o Sr. Ford, melhor personalidade, e que tinham mais de tudo que ele tinha, menos uma coisa. Não aderiam à definição de objetivo como ele aderiu nos tempos de dificuldade.

Como inventor, o Sr. Edison é um exemplo maravilhoso do que essa concentração pode fazer. Verdade seja dita, o Sr. Edison era um gênio em todos os sentidos, porque, quando tudo ficava difícil, ele redobrava esforços e não desistia. Pense em um homem que enfrentou dez mil diferentes fracassos, como ele enfrentou quando trabalhava na lâmpada elétrica incandescente. Dez mil! Você consegue se imaginar enfrentando dez mil fracassos no mesmo campo sem se perguntar se não estava ficando maluco? Fiquei perplexo quando ouvi falar em seus livros de registros e, de fato, os vi. Eram dois livros, cada um com duzentas e cinquenta páginas, e em cada uma havia um plano diferente que o Sr. Edison havia tentado e que tinha falhado. Eu disse: "Sr. Edison, suponha que não tivesse encontrado a resposta. O que estaria fazendo agora?". Ele respondeu: "Estaria em meu laboratório trabalhando, em vez de estar aqui passando o tempo com você". Ele disse isso sorrindo, mas estava falando sério.

Inteligência infinita do seu lado

Se você não desiste quando surgem as dificuldades, a Inteligência Infinita se coloca ao seu lado. Você terá fé, iniciativa, entusiasmo e resistência testados, mas, quando a natureza descobre que você enfrenta o teste, e que não aceita um não como resposta, ela diz: "Você passou. Vá em frente".

Acho que a natureza – ou Inteligência Infinita, ou Deus, primeira causa, ou seja qual for o nome que você dá a isso – transmite informações às pessoas em termos simples, de um jeito que elas podem entender. É isso que esta filosofia ensina. Não é como mandar um adolescente pesquisar no dicionário ou na enciclopédia para se informar sobre ela. Pelo contrário, você a *entende*. Sua própria inteligência diz a você o momento em que encontra um desses princípios sólidos. Você não precisa de prova; pode ver que ele é sólido. Esta filosofia não existiria hoje se eu não tivesse me concentrado nela durante vinte e tantos anos de adversidades e derrotas. Vale a pena se concentrar, e minha experiência é a prova disso – se você insiste quando as dificuldades surgem, a Inteligência Infinita se coloca a seu lado.

Não acredito que isso seja válido em um caso como o de Hitler. Sem dúvida, ele tinha definição de objetivo e desejo obsessivo. O problema com sua definição de objetivo era que ela contrariava os planos da Inteligência Infinita, as leis da natureza e as leis do certo e do errado.

> *Você pode ter certeza de que o que estiver fazendo, seja o que for, vai dar em nada, em fracasso e em pesar, se redundar em dificuldade ou injustiça para um único indivíduo. Se você espera ter a Inteligência Infinita a seu lado, deve ser "certo", o que significa que tudo que faz beneficia todos os afetados por isso, inclusive você mesmo.*

A vida inteira de Cristo foi dedicada à concentração em um sistema de vida de irmandade entre os homens. Ele não teve muito sucesso enquanto estava vivo, mas devia estar fazendo a coisa certa, porque, caso contrário, esse sistema teria sido destruído e desaparecido há muito tempo. Podia ter só doze pessoas no início, mas acredito que ele pregava o que era certo, tomando por base o que aconteceu desde que ele morreu.

Tem algo na natureza (ou na Inteligência Infinita) que traz à tona com todo o mal o vírus de sua própria destruição. Não há exceção nisso. O plano geral da natureza e as leis naturais do universo determinam que, em quaisquer circunstâncias, todo mal traz em si mesmo o vírus de sua própria destruição.

Vejamos o exemplo de William Wrigley. William Wrigley Jr. foi o primeiro homem que me pagou para ensinar esta filosofia. Meus primeiros US$ 100 foram pagos por ele. Pense no que esse homem fez com um pacote de goma de mascar de cinco centavos. Não tem uma vez em que eu passe pelo Michigan Boulevard, veja aquele prédio à margem do rio, iluminado à noite, e não pense no que a concentração pode fazer até com um pacote de goma de mascar de cinco centavos.

Os signatários da Declaração da Independência George Washington, Abraham Lincoln e Thomas Jefferson tiveram a concentração para conceder liberdades pessoais a todo o povo americano e, por fim, a todo o povo do mundo. Os Estados Unidos podem ser o berço da liberdade da humanidade. Não conheço outra nação na face da Terra que se concentre em liberdade do indivíduo como fazemos aqui nos Estados Unidos. Não conheço outra filosofia, e ninguém é tão envolvido com algum outro estudo cujo objetivo seja libertar tanta gente quanto os indivíduos que se dedicam a estudar esta filosofia.

PRINCÍPIO 11

PENSAMENTO PRECISO

O 11° princípio do Dr. Hill, Pensamento Preciso, o ajudará a entrar nos segredos mais profundos de *O seu direito de ser rico*. Ele analisa o mistério de todos os mistérios, bem como a força da mente humana. Qualquer um que pretenda alcançar alguma forma de sucesso duradouro precisa aprender a arte de pensar com precisão. Essa pessoa deve entender os fundamentos do pensamento, inclusive o raciocínio indutivo, raciocínio dedutivo e lógica. Deve aprender a distinguir entre fatos importantes e sem importância, separar fato de ficção e discernir emoções de opiniões. Em última análise, deve pensar por si mesma, e você também deve.

Não permita que ninguém – conhecido, amigo, parente, profissional da mídia ou autoridade – pense por você. Lembre-se de que tudo começa com uma ideia, um pensamento, e se o pensamento é baseado em lógica ou raciocínio defeituoso, o trabalho que evolui desse pensamento também será falho. Não é fácil se tornar um pensador preciso, mas é absolutamente essencial que você consiga.

Pensamento preciso é algo de que todo mundo fala, mas quase ninguém faz. É maravilhoso poder pensar com precisão, analisar fatos e tomar decisões baseadas em pensamento preciso, não em sentimentos emocionais. A maior parte das opiniões e decisões que você e eu (e todo mundo, na verdade) produzimos se baseia em coisas que desejamos ou coisas que sentimos, não necessariamente em fatos. Quando existe um embate entre as coisas que você sente vontade de fazer e as coisas que sua cabeça diz que você tem que fazer, quem vence? Qual é o problema com a cabeça? Por que acha que ela não tem chances muito melhores? Por que não é mais consultada? Alguém já disse que muita gente não pensa, só pensa que pensa, e acho que isso resume tudo.

Há certas regras simples que você pode aplicar à questão do pensamento preciso, e esta lição cobre cada uma delas. Elas o ajudarão a evitar os erros comuns do pensamento impreciso, como julgamentos instantâneos e ser manipulado pelas emoções. A verdade é que suas emoções não são confiáveis. A emoção do amor, por exemplo, é a maior de todas as emoções, mas também pode ser a mais perigosa. Surgem mais problemas nos relacionamentos humanos a partir da incompreensão da emoção do amor do que de todas as outras fontes de dificuldades juntas.

TRÊS FORMAS BÁSICAS DE PENSAMENTO

Vamos começar pelo começo do pensamento preciso e ver exatamente o que é isso. Em primeiro lugar, há dois tipos de pensamento, baseados em três fundamentos principais, como segue:

1. **Raciocínio indutivo**, baseado na presunção de hipóteses ou fatos desconhecidos.
2. **Raciocínio dedutivo**, baseado em fatos conhecidos ou no que se acredita serem fatos conhecidos.
3. **Lógica**, que orienta a partir de experiências passadas semelhantes às que estão em consideração.

Desses três tipos de pensamento, qual você acha que mais colocamos em funcionamento? Raciocínio indutivo, raciocínio dedutivo ou lógica?

Raciocínio indutivo

Raciocínio indutivo se baseia na presunção de hipóteses ou fatos desconhecidos. Você pode não conhecer os fatos, mas presume que existem. Na verdade, você os cria e baseia seu julgamento no que criou. Quando faz isso, você precisa torcer e estar preparado para mudar sua decisão – seu raciocínio pode não se mostrar preciso, porque você o está baseando em fatos presumidos.

Raciocínio dedutivo

Raciocínio dedutivo se baseia em fatos conhecidos ou no que se acredita serem fatos conhecidos. Você tem todos os fatos e pode deduzir a partir deles certas coisas que deve fazer em benefício próprio ou para realizar seus desejos. Esse deveria ser o tipo de raciocínio ou pensamento que a maioria das pessoas usa, mas elas não fazem um bom trabalho com isso.

Dois passos em pensamento preciso

Passo 1: Separe fato de ficção ou boato. Há dois passos principais no pensamento preciso. O primeiro é separar fatos de ficção ou boatos. Antes de começar a pensar, você precisa descobrir se está lidando com fatos, ficção, evidências reais ou boatos. Se está lidando com ficção ou boato, você precisa ser especialmente cuidadoso para manter a mente aberta e não chegar a uma decisão final até ter examinado todos os fatos cuidadosamente.

Passo 2: Separe fatos importantes de fatos sem importância. O segundo passo é separar fatos em duas categorias, importantes e sem importância. O que é um fato importante? Você pode se surpreender com a notícia de que a maioria dos fatos – não boatos ou hipóteses –, a grande maioria dos fatos com que lidamos todos os dias, é relativamente desprovida de importância. Quando entender o que é um fato importante, você vai saber por quê.

Fatos importantes

Podemos dizer que um fato importante é qualquer fato que possa ser usado em proveito próprio na busca da realização de um objetivo principal, ou de qualquer desejo subordinado que leve à realização de um objetivo principal. Isso é um fato importante.

Eu seria relapso se não dissesse que a maioria das pessoas passa mais tempo cuidando de fatos irrelevantes que não têm nada a ver com seu progresso do que se dedicando a fatos que as beneficiariam. Pessoas curiosas, pessoas que se metem nos assuntos alheios, fofoqueiros e todo esse tipo de gente dedicam tempo demais a pensar e falar sobre a vida dos outros. Lidam com conversas baratas e fatos baratos – em outras palavras, com fatos sem importância. Se você duvida disso, faça um inventário dos fatos com que lida durante um dia inteiro, e no fim do dia veja com quantos fatos realmente importantes lidou. É melhor fazer isso em um domingo ou em um dia de folga, quando estiver longe do emprego ou de sua ocupação, porque é assim que uma mente ociosa normalmente se ocupa de fatos sem importância.

Pensamento preciso sobre opiniões

Opiniões são, normalmente, destituídas de valor, porque se baseiam em viés, preconceito, intolerância, suposição ou boato. É surpreendente verificar quanta gente tem tantas opiniões sobre tantas coisas. Elas não têm base nenhuma para formar essas opiniões, exceto como se sentem, o que alguém disse, o que leram no jornal ou a influência sob a qual estão. Boa parte de suas opiniões deriva de influências sobre as quais não temos nenhum controle.

Pensamento preciso sobre conselho

Conselho gratuito, oferecido por amigos e conhecidos, normalmente não merece consideração. Por quê? Porque conselho gratuito raramente se baseia em fatos, e há muita conversa vazia associada a ele. Conselho oferecido gratuitamente por amigos e conhecidos normalmente não merece consideração.

Que tipo de conselho é o mais desejável quando se precisa de conselhos? Como consegui-lo? O melhor tipo de conselho vem de alguém que é especialista, ou que se sabe ser especialista no assunto em questão. Pague por esse serviço. Não peça conselho de graça.

Tenho uma história para contar sobre conselhos gratuitos.

Isso aconteceu com um aluno meu na Califórnia. Na verdade, ele era meu amigo, antes de ser meu aluno. Durante três anos, costumava ir à minha casa toda semana e passava três ou quatro horas comigo. Normalmente, eu cobrava US$ 50 por hora, mas não cobrava dele, porque era um amigo e conhecido. Ele me procurava para ter três ou quatro horas de aconselhamento gratuito, e eu dava esse aconselhamento sempre que ele ia me visitar. Mas eu sabia que ele não ouvia uma palavra do que eu dizia. Nem uma palavra. Isso se estendeu por três anos. Finalmente, ele chegou em uma tarde e eu disse: "Olha aqui, Elmer, tenho lhe dado aconselhamento gratuito por três anos e você não ouviu porcaria nenhuma" (mas não foi *porcaria* a palavra que usei). "Não ouviu porcaria nenhuma do que tenho dito! Você nunca vai tirar nada de valioso dos conselhos que dou enquanto não começar a pagar por eles. Vamos começar um curso imediatamente, pode se matricular como todo mundo, e então vai começar a aproveitar alguma coisa". Ele pegou o talão de cheques, pagou a matrícula no curso e assistiu às aulas até o fim. Quero contar que esse homem começou a prosperar nos negócios daquele momento em diante. Nunca vi alguém crescer e se desenvolver tão depressa. Depois de ter pago um valor considerável pelos conselhos, ele passou a ouvi-los e colocá-los em prática.

É da natureza humana que estou falando. O que estou contando é um fato: conselho gratuito vale o que custa. Tudo neste mundo vale mais ou menos o que custa. Amor e amizade, o que valem amor e amizade? Têm preço? Tente conseguir amor e amizade sem pagar o preço e veja até onde consegue ir. Essas são duas coisas que você só recebe quando dá. Só se tem o verdadeiro McCoy quando se dá o verdadeiro McCoy, é só assim que se consegue. Se você tentar obter amizade e amor sem dar nada em troca, logo sua fonte vai secar.

Pense por si mesmo

Pensadores precisos não permitem que ninguém pense por eles. Quantas pessoas permitem que circunstâncias, influências, rádio, televisão, jornais, outras pessoas e familiares pensem por elas? Que porcentagem de pessoas você acha que permite esse tipo de coisa? Ouvi alguns de meus alunos falarem em 97%, 99% e até 100%. Não é tanto assim, mas posso dizer que é quase isso. Muitas pessoas deixam outras pessoas pensarem por elas.

Se tenho um bem do qual me orgulho, vocês conseguem adivinhar qual é? Não tem nada a ver com dinheiro, contas em bancos, ações, investimentos ou coisas desse tipo. É algo ainda mais valioso que tudo isso. Vou dizer o que é.

Aprendi a ouvir todas as evidências e colher todos os fatos possíveis de todas as fontes disponíveis, antes de juntar todas as informações do meu jeito e ter a última palavra sobre o que penso. Isso não significa que sou um sabe-tudo, um cético, ou que não busco aconselhamento. É claro que busco, mas, quando recebo esse aconselhamento, determino quanto dele vou aceitar e quanto vou rejeitar.

Quando tomo uma decisão, ninguém pode dizer que não é uma decisão de Napoleon Hill, mesmo que seja uma decisão baseada em um engano ou erro. Ela ainda é minha, eu a tomei, e ninguém me influenciou. Isso não quer dizer que sou durão ou que meus amigos não exercem nenhuma influência sobre mim. Certamente exercem, mas eu determino quanta influência eles têm sobre mim e que reação eu tenho a essa influência. Nunca deixaria um amigo me influenciar a ponto de me fazer prejudicar outra pessoa, só porque esse amigo queria que fosse assim. Muita gente já tentou, e eu nunca permiti.

Pense por conta própria. Acho que os anjos cantam no céu quando descobrem um homem ou uma mulher que pensam por conta própria e não permitem que familiares, amigos, inimigos ou qualquer outra pessoa os desestimulem a pensar com precisão. Enfatizo esse ponto porque a maioria das pessoas nunca se apropria de sua mente. Pensar é o bem mais valioso que todo mundo tem. É a única coisa que o Criador lhe deu sobre a qual você tem completo controle. Também pode ser a única coisa que as pessoas geralmente não descobrem e usam, se deixando jogar de um lado para o outro pelas pessoas como uma bola de futebol (você não, é claro).

Não sei por que nosso sistema educacional (ou alguma área do nosso sistema de ensino ou escrita) nunca informou as pessoas sobre o bem do pensamento. **O maior bem do mundo – um bem suficiente para *todas* as suas necessidades – é o privilégio de usar a própria mente, pensar os próprios pensamentos e direcionar esses pensamentos para qualquer objetivo que você escolher.** Mas você não faz isso.

Tudo o que esta filosofia toca, independente da maneira como as conheceram, faz as pessoas desabrocharem como nunca desabrocharam antes. Faz uma grande diferença quando descobrem que têm uma mente, que podem usar essa mente e que podem fazê-la realizar tudo que quiserem. Não vou dizer que todo mundo sai correndo e se apodera imediatamente da própria mente. Na verdade, as pessoas preferem ir com calma e entrar devagar. Mas com o tempo, os assuntos de sua vida começam a mudar, e a razão para essa mudança é que as pessoas descobrem esse grande poder mental e começam a usá-lo.

Preste atenção à fonte

Não é seguro formar opiniões com base apenas nas matérias dos jornais. Na verdade, "vi no jornal" é um comentário introdutório que geralmente rotula o locutor como o pensador que faz julgamentos instantâneos. "Vi nos jornais" ou "ouvi dizer" ou "dizem". Quantas vezes você já ouviu essas expressões? Quando escuto alguém começar o discurso desse jeito, "dizem isso e aquilo", coloco mentalmente os fones de ouvido e não escuto mais nada, porque sei que não vale a pena ouvir. Quando alguém começar a lhe dar informação e identificar a fonte dizendo "vi nos jornais", ou "ouvi dizer", não dê a menor atenção ao que for dito. Não que o que vão dizer possa não ser preciso, mas sei que a fonte é falha e, portanto, é possível que a declaração também seja.

Proteja-se contra fofoca

Fofoqueiros e maledicentes não são fontes confiáveis para se obter fatos sobre nenhum assunto. Não são confiáveis e são tendenciosos. Você sabe que, quando ouve alguém falando de forma pejorativa sobre outra pessoa, independentemente de você conhecer ou não a pessoa, ou as pessoas, o simples fato de alguém falar de forma pejorativa sobre o sujeito já o coloca na defensiva e deixa em suas mãos a responsabilidade de estudar e analisar com atenção tudo que é dito? Porque você sabe que está ouvindo alguém tendencioso. Sabe disso.

O cérebro humano é uma coisa maravilhosa. Acho fascinante como o Criador foi inteligente ao criar o ser humano, fornecendo a nós todo o equipamento, todo o maquinário e o mecanismo para diferenciar falsidade e verdade. Há sempre alguma coisa presente na falsidade que alerta o ouvinte. É algo que você pode identificar e sentir. A mesma coisa acontece quando alguém diz a verdade.

Pela mesma lógica, o que acontece quando você ouve alguém ser elogiado demais por um amigo dedicado ou amoroso? É um elogio, e é menos perigoso acreditar nele, mas se você quer fatos precisos, estude os comentários de natureza elogiosa com a mesma atenção com que analisa os outros.

E se eu mandar alguém para você contratar, enviar com essa pessoa uma longa carta de recomendação, ou telefonar para você e enaltecer todas as qualidades dessa pessoa maravilhosa? Se você for um pensador preciso, vai saber que estou exagerando, que é melhor tomar cuidado com o quanto aceita e é melhor fazer uma investigação por fora. Certo? Não estou tentando incentivar seu ceticismo. Não quero que se tornem desconfiados. Só quero chamar a atenção de todos para a necessidade de usar esse cérebro que Deus nos deu para pensar com precisão e analisar os fatos (mesmo que não encontre exatamente o que estava procurando). Muitas pessoas se enganam, e não há enganação pior que aquela praticada contra si mesmo. Há um velho provérbio chinês que diz: "Um homem me engana uma vez, a vergonha é dele. Se me engana duas vezes, a vergonha é minha". As pessoas parecem que nunca consideram a possibilidade de pensar com precisão ou fazer uma investigação.

Vocês acham que banqueiros, por exemplo, são tão astutos que um vigarista não pode enganá-los. Um dos maiores vigaristas do mundo foi Barney Birch. Não sei o que aconteceu com ele, mas sei que agia aqui em Chicago. Eu o conheci e o entrevistei em várias ocasiões. Perguntei a ele que tipo de homem era a vítima mais fácil, e ele respondeu: "Banqueiros, porque eles *pensam* que são muito espertos".

Talvez agora você não preste muita atenção a fofoqueiros e maledicentes.

Desejos não são fatos

Desejos muitas vezes são pais dos fatos, e muita gente tem o mau hábito de alinhar os fatos para harmonizá-los com seus desejos. Sabia disso? Você precisa olhar no espelho quando estiver procurando a pessoa que é capaz de praticar o pensamento preciso. Também tem que se colocar um pouco sob suspeita, não é? Porque, se quer que uma coisa seja verdade, você muitas vezes vai presumir que ela é verdade e vai agir como se fosse. Se você ama uma pessoa, vai relevar seus defeitos. Se ama muito essa pessoa, talvez nem veja seus defeitos. Precisamos tomar cuidado com como olhamos para aqueles que admiramos até que eles se mostrem por completo, porque já admirei muita gente que se mostrou perigosa – muito perigosa. Na verdade, acho que a maior parte dos meus problemas na juventude era consequência de confiar demais nas pessoas. Quando deixo as pessoas usarem meu nome, nem sempre elas o usam com sabedoria. Isso aconteceu cinco ou seis vezes em minha vida, porque confiei nas pessoas. Confiei nelas porque as conhecia, eram boas pessoas e diziam e faziam coisas de que eu gostava. Cuidado com quem faz e diz coisas de que você gosta, porque você vai relevar seus defeitos. Não seja duro demais com o homem que o incomoda e o obriga a se reexaminar. Não seja duro demais com ele, porque a pessoa que o irrita, mas o obriga a se examinar cuidadosamente, pode ser o amigo mais importante que você vai ter na vida.

Todos nós gostamos de conhecer e nos associar a pessoas que concordam conosco, isso é da natureza humana. Porém, algumas pessoas a quem você se associa e que concordam com você (embora tudo isso seja muito bom e adorável) podem tirar proveito de você, e tiram. A informação é abundante, e grande parte dela é gratuita, mas os fatos têm um hábito esquivo, e geralmente há um preço a se pagar por eles. Certamente, o preço é examiná-los por sua precisão, porque isso é o mínimo que se tem que pagar pelos fatos.

Tem uma pergunta que é a favorita do pensador preciso, quando um pensador ouve uma declaração que não consegue aceitar. Ele pergunta imediatamente ao declarante: "Como você sabe? Qual é sua fonte de informação?". Se você tem a menor dúvida sobre o que estão dizendo, peça para identificarem a fonte de conhecimento, porque isso coloca a pessoa na berlinda, e ela não vai conseguir responder. Se você perguntar como ele sabe, e ele responder "acreditando", como alguém pode acreditar em alguma coisa a menos que seja baseada em algo? Eu *acredito* que existe um Deus. Muita gente acredita. Mas aposto que muitas pessoas dizem que *acreditam* em Deus, mas não conseguem dar a menor evidência dele, se forem pressionadas. Eu posso dar evidências. Quando falo que acredito em Deus, vocês podem dizer: "Como você sabe?". Não tenho evidência de nada neste mundo como tenho da existência de um Criador, porque a organização deste Universo não poderia se prolongar até o fim dos tempos, e ao infinito, sem uma primeira causa e um plano para ampará-la. Vocês sabem que essa é uma verdade. No entanto, muita gente tenta provar a presença de Deus de um jeito desonesto que, no meu livro de regras, não constitui evidência nenhuma. Qualquer coisa que exista – inclusive Deus – é possível de prova, e onde não existe essa prova disponível, é seguro presumir que ela não existe. Quando não há fatos disponíveis para embasar uma opinião, um julgamento ou plano, recorra à lógica para ter orientação. Ninguém nunca viu Deus, mas a lógica diz que Ele existe por necessidade; tem que existir, ou nós não estaríamos aqui. Não poderíamos estar aqui sem uma primeira causa, uma inteligência maior que nós. Não poderíamos estar aqui.

Vamos falar sobre essa coisa chamada lógica. Há momentos em que você tem um pressentimento; tem uma sensação de que algumas coisas são verdadeiras, e outras, não. Tome cuidado para respeitar esse pressentimento ou essas sensações, porque, provavelmente, isso é a Inteligência Infinita tentando romper a superfície externa e deixando você usar um pouco de lógica.

Digamos que um de vocês se levante e diga: "Minha necessidade definida, ou meu propósito principal, é ganhar US$ 1 milhão no ano que vem". Qual acham que seria minha primeira pergunta? Eu perguntaria: "Como vai fazer isso?". Quero ouvir seu plano, e depois de ouvir o plano, o que vou fazer a respeito dele? Aceitá-lo ou rejeitá-lo? Primeiro, vou analisar a pessoa, sua capacidade de ganhar US$ 1 milhão, e o que vai dar em troca disso. Minha lógica vai me dizer se o plano para isso é provável, funcional e prático. Isso não exige muito pensamento inteligente, mas é uma coisa muito importante para se fazer. Eu analisaria seu plano. Analisaria você, suas capacidades, sua experiência anterior e suas conquistas. Analisaria as pessoas que você vai ajudar e as pessoas a quem vai recorrer para conseguir esse milhão de dólares. Quando eu concluir a análise, vou poder dizer que, provavelmente, você vai conseguir, ou vou poder apontar que é provável que você demore mais que um ano, como pretendia (por exemplo, talvez leve dois, ou três anos). Por outro lado, posso dizer que você não vai conseguir. Se meu raciocínio indicar que essa é a resposta, é exatamente isso que vou dizer.

Alguns alunos me fizeram propostas que tive de recusar. Tive que dizer a eles para esquecer o que pretendiam, porque estavam perdendo tempo. É assim que age um pensador preciso. Ele não permite que as emoções tomem sua frente. Se eu deixasse as emoções pensarem por mim, não faria diferença o que meus alunos se propusessem a fazer, eu diria que seria possível.

Isso leva a uma famosa citação que vocês já viram muitas vezes. **"Tudo que sua mente puder conceber e acreditar, ela pode realizar."** Não quero que ninguém interprete essa citação como "Tudo que sua mente pode conceber e acreditar, ela *vai* realizar". Eu disse que "ela *pode* realizar". Entendem a diferença entre as duas coisas? Ela *pode*, mas não sei se *vai*. Isso é com você; só você sabe disso.

A extensão em que você usa sua mente, intensifica sua fé, a solidez de seus julgamentos e seus planos – tudo isso interfere no que sua mente pode realizar. É preciso fazer alguns testes duros para separar fatos de informação. Vamos ver como lidamos com isso.

Analise a informação

Analise com cuidado inusitado tudo que ler nos jornais ou ouvir no rádio. Crie o hábito de nunca aceitar nenhuma afirmação como fato simplesmente porque a leu ou ouviu de alguém. Declarações que contêm alguma proporção de fato são muitas vezes coloridas intencionalmente, ou por falta de cuidado, para terem um significado errôneo. Em outras palavras, uma meia verdade é mais perigosa que uma mentira completa. É mais perigosa, porque a meia verdade pode enganar alguém que entenda metade dela, mas a considera inteiramente verdadeira. Examine cuidadosamente tudo que ler nos livros, seja quem for o autor. Nunca aceite as palavras de nenhum escritor sem fazer as seguintes perguntas e ficar satisfeito com as respostas. Isso também se aplica a palestras, declarações, discursos, conversas ou qualquer outra coisa. Aqui vão as regras que proponho:

1. **O escritor é uma autoridade reconhecida no assunto de que trata?** O escritor, orador, professor ou autor da declaração é autoridade reconhecida no assunto sobre o qual está falando ou escrevendo? Essa é a primeira pergunta que você faz.
2. **O escritor ou orador tem uma segunda intenção ou um motivo pessoal, além de compartilhar informação precisa?** O motivo que leva um homem a escrever um livro, fazer um discurso ou dar uma declaração em público, ou em uma conversa particular, é muito importante. Se você conseguir entender o motivo de um homem quando ele fala, pode determinar quanto ele é verdadeiro naquilo que está dizendo.
3. **O escritor tem interesse financeiro ou outro interesse qualquer no assunto sobre o qual ele escreve ou fala?** Quando você descobre qual é o motivo de um homem para qualquer coisa que ele faça, ele não consegue mais enganá-lo, porque você vai ser capaz de farejar a mentira.
4. **O escritor é uma pessoa de julgamento sensato, não é um fanático do assunto sobre o qual escreve?** Já vi muita gente dedicada a ponto de ser fanática. Se você quisesse me julgar, por exemplo, não me julgaria pela gravata que uso, pelo terno que visto, ou por meu corte de cabelo. Não me julgaria nem pelo meu jeito de falar, por como falo mal. Você não me julgaria por nenhuma dessas coisas. Você me julgaria por quanto estou influenciando as pessoas para o bem ou para o mal. Esse seria o parâmetro de julgamento, e ele valeria para todo mundo. Você pode não gostar do estilo, da religião ou da política de um homem, mas, se ele faz um bom trabalho em sua área, ajuda muita gente e não causa nenhum prejuízo, esqueça o estilo. Não o condene se ele estiver fazendo mais bem do que mal.

Antes de aceitar declarações de terceiros como fatos, determine o motivo que os fez dar essas declarações. Determine a reputação do escritor em relação à veracidade, e analise com cuidado inusitado todas as declarações feitas por pessoas que têm fortes motivos ou objetivos que desejam alcançar por meio de suas declarações. Seja igualmente cuidadoso ao aceitar como fatos as declarações de pessoas muito dedicadas que costumam deixar a imaginação correr solta.

Use a cautela

Aprenda a ser cauteloso e usar o próprio julgamento, quem quer que esteja tentando influenciá-lo. Use seu julgamento na análise final. E se você não puder confiar no próprio julgamento? Há momentos em que um indivíduo não pode confiar no próprio julgamento, porque não sabe o suficiente sobre as circunstâncias que enfrenta. É quando ele tem que recorrer a alguém com mais experiência, educação diferente, ou com uma mente mais aguçada para a análise.

A propósito, você consegue imaginar uma empresa bem-sucedida composta só por vendedores de ponta? Já ouviu falar em um negócio assim? Eu já. Você deve estar pensando que é algo maravilhoso – se são só vendedores de ponta, eles vão fechar todos os negócios do mundo. É claro que sim. E também vão gastar todo o dinheiro do mundo. Um milhão! Em toda organização tem que existir um contestador que freia a equipe, alguém que faz o trabalho desagradável e difícil, e alguém que cruza a linha de chegada (e derruba quem ficar na frente) e faz as coisas acontecerem. Eu não ia querer ser quem fica com as tarefas difíceis, nem quem freia a equipe, mas certamente ia querer ter os dois na minha empresa (se ela fosse muito grande).

Evite revelar a resposta que quer de alguém

Quando quiser obter fatos, não exponha às pessoas que fatos espera descobrir. Por que digo isso? Imaginem se eu disser a vocês: "A propósito, vocês empregavam John Brown, e ele me procurou interessado em um emprego. Acho que ele é maravilhoso, e você, o que acha?". Se John Brown tiver defeitos, certamente não vou conhecê-los com esse tipo de pergunta, vou? Se quero mesmo me informar sobre John Brown, que trabalhava para você, como vou conseguir essa informação? Em primeiro lugar, não vai ser com você. Prefiro entrar em contato com uma companhia de crédito comercial para ter um relatório imparcial sobre ele, porque é provável que você forneceria a uma companhia de classificação de crédito informações que não daria a mim.

É surpreendente a quantidade de informação que se pode obter com a agência comercial certa. Quando você aborda alguém diretamente para pedir informação sobre um homem, a menos que seja muito simpático e favorável, é bem provável que não obtenha os fatos reais, mas uma versão temperada ou diluída dos fatos. Se fizer uma pergunta a um homem, não dê a ele a menor ideia sobre que resposta espera ouvir. Muita gente é preguiçosa, mesmo, e não quer ter muito trabalho explicando nada. Simplesmente dá a resposta que sabe que você quer. Você vai ser enganado, vai acreditar nisso e vai se arrepender mais tarde.

Use um processo científico

Ciência é a arte de organizar e classificar fatos. Isso é o que significa ciência. Se você quer ter certeza de que está lidando com fatos, procure fontes científicas para testá-los, se possível. Um homem de ciência não tem motivo ou inclinação para modificar, alterar ou representar mal os fatos. Se tivesse essa inclinação, ele não seria um cientista, seria um pseudocientista. Ou um impostor. Tem muitos pseudocientistas e impostores neste mundo, gente que presume saber coisas que não sabe.

Equilibre cabeça e coração

Suas emoções nem sempre são confiáveis. Na verdade, na maior parte do tempo, elas não são confiáveis. Antes de se deixar influenciar demais pelos sentimentos, dê a sua cabeça uma chance de julgar o assunto em questão. A cabeça é mais confiável que o coração, mas o que forma uma boa combinação? Equilíbrio, de forma que os dois tenham voz igual, digamos assim. Se equilibrar os dois, você terá o conforto de encontrar a resposta certa. A pessoa que negligencia esse equilíbrio geralmente se arrepende da negligência.

Inimigos do pensamento sensato

Aqui vão alguns dos maiores inimigos do pensamento sensato.

1. **Emoção do amor.** Está no topo da lista. Como a emoção do amor pode interferir no pensamento de alguém? Se me fizer essa pergunta, saberei imediatamente que você não teve muitas experiências amorosas. Se você já teve alguma experiência amorosa, sabe muito bem o quanto ela é perigosa. É como brincar com fósforos perto de explosivos. Não tem aviso prévio para começar a explosão.
2. **Ódio. Raiva. Ciúme. Medo. Vingança. Ganância. Vaidade. Egoísmo. Desejar alguma coisa em troca de nada. Procrastinação.** Todos são inimigos do pensamento. Fique atento a eles constantemente para ter

certeza de estar livre de todos, se o pensamento em questão for importante para você, ou se, talvez, todo o seu futuro depende de pensar com precisão. Não é um fato? Seu futuro não depende em grande parte da sua precisão ou falta dela ao pensar? Se não fosse assim, por que o Criador lhe daria total controle da mente? De que isso adiantaria? A resposta é que a mente é suficiente para todas as suas necessidades – absolutamente... pelo menos nesta vida. Não sei se isso é verdade no plano anterior, de onde você veio, ou no próximo, para onde vai. Não sei sobre esses planos, porque não lembro de onde vim e ainda não sei para onde vou. Queria saber, mas sei bastante sobre onde estou agora. Descobri muita coisa sobre como influenciar meu destino aqui e agora de forma a ter muito prazer com ele – tenho alegria e posso dar alegria. Aprendi como me tornar útil e justificar minha passagem por aqui. Posso dizer isso porque descobri como manipular minha mente, mantê-la sob controle e fazê-la realizar as coisas que quero. Jogo fora as circunstâncias que não quero e aceito as que quero, e se não encontro as circunstâncias que quero, o que faço? Eu as crio, é claro. É para isso que servem definição de objetivo e imaginação.

Sua mente: um eterno ponto de interrogação

Sua mente deve ser um eterno ponto de interrogação. Questione tudo e todo mundo até ter certeza de que está lidando com fatos. Faça isso no silêncio de sua mente. Evite se tornar conhecido como alguém que duvida de tudo. Não questione as pessoas verbalmente, porque isso não o levará a lugar nenhum. Em vez disso, questione-as em silêncio, em sua cabeça. Além do mais, se você for muito extrovertido ou verbal nesse questionamento das pessoas, isso as coloca em destaque, elas se resguardam, e você não consegue a informação que quer. Se procurar a informação sem fazer alarde e aplicar o pensamento preciso, provavelmente encontrará as respostas de que precisa. Seja um bom ouvinte, mas também um pensador preciso enquanto escuta. O que é mais lucrativo: ser um bom orador ou um bom ouvinte? Por quê?

Não conheço nenhuma virtude (ou nenhuma qualidade) que possa ajudar mais um indivíduo a se dar bem neste mundo do que ser um orador eficiente e entusiasmado. No entanto, digo também que é muito mais lucrativo ser um bom ouvinte – um ouvinte analítico – do que ser um bom orador.

Permita que sua mente seja um eterno ponto de interrogação. Não quero dizer que deva se tornar um cético ou um desconfiado. Estou dizendo que, seja qual for o material com que estiver lidando, lide com isso a partir do pensamento preciso. Isso vai aumentar sua satisfação com todo relacionamento que tiver. Você vai ser mais bem-sucedido se também for diplomata e sensato. Vai ter muito mais amigos substanciais do que tem com o velho método do julgamento instantâneo. Se você for um pensador preciso, a maioria dos seus amigos será formada por amigos que vale a pena ter.

HÁBITOS DE PENSAMENTO HERDADOS

Seus hábitos de pensamento resultam de herança social e herança física. Observe essas duas fontes com cuidado, mas observe especialmente a herança social.

A herança física lhe dá tudo que você é fisicamente: estatura, formato do corpo e textura da pele, cor dos olhos e do cabelo. Você é a soma de todos os seus ancestrais muito além do que consegue lembrar. Herdou um pouco de suas boas características e um pouco das más, e não há nada que possa fazer a respeito disso – é algo estático, está ligado ao nascimento.

A parte mais importante de quem você é resulta de sua herança social. Isso inclui influências ambientais, coisas que você deixou penetrar em sua mente e coisas que aceitou como parte de seu caráter. Isso é, de longe, o mais importante.

Sua consciência lhe foi dada como um guia quando todas as outras fontes de conhecimento e fatos foram esgotadas. Tome cuidado para usá-la como um guia, não como cúmplice. Você conhece alguém que usa a própria consciência como cúmplice, em vez de guia? Elas convencem a própria consciência de que aquilo que estão fazendo é correto; no fim, a consciência acredita nisso e se torna cúmplice.

Comece examinando emoções

Se você deseja sinceramente pensar com precisão, precisa pagar um preço por essa capacidade, e é um preço que não tem a ver com dinheiro. Primeiro, você precisa aprender a examinar cuidadosamente todos os sentimentos submetendo-os à razão. Esse é o primeiro passo do pensamento preciso. Em outras palavras, as coisas que você mais gosta de fazer são as que mais deve examinar. Garanta que elas o levem à realização de algum propósito, e que você vai querer esse objeto depois que o conquistar. Tome cuidado com aquilo que deseja, porque, quando o conseguir, você pode descobrir que não era nada daquilo que queria.

Eu poderia dar mil exemplos de gente que pagou caro demais pelo que conquistou. Ou queriam muito alguma coisa, ou tentaram ter demais dela, ou tiveram demais, ou não tiveram paz de espírito, ou não conseguiram equilibrar a vida com essa conquista. O resultado mais triste de minha pesquisa foi o que aprendi sobre os homens ricos que colaboraram para a construção desta filosofia. O fato de não terem tido sucesso, além de dinheiro, foi algo que achei muito triste. Eles não tiveram sucesso porque se tornaram obcecados pela importância de dinheiro e poder – o poder que o dinheiro podia dar a eles, e o dinheiro que o poder podia dar a eles.

Baseie opiniões em fatos

Você precisa eliminar o hábito de expressar opiniões que não são baseadas em fatos ou no que você acredita ser um fato. Sabia que você não tem direito a opinar sobre nada – absolutamente nada – a menos que baseie essa opinião em fatos, ou no que acredita serem fatos? Você tem o direito, é claro, mas quero dizer que você tem a responsabilidade de assumir o que acontece com você se manifesta uma opinião que não é baseada em fatos ou no que acredita serem fatos. Você pode se enganar, e muita gente passa a vida se enganando com opiniões que não têm base para existir. Você precisa desenvolver o hábito de não se deixar influenciar pelas pessoas de maneira nenhuma só porque gosta delas, ou porque se relaciona com elas, ou porque podem ter feito algum favor a você.

Administre obrigações

Sei que, quando você faz o esforço extra, coloca muita gente em dívida com você, e quer que isso aconteça. É perfeitamente apropriado e legítimo colocar as pessoas em dívida ajudando-as. Ninguém pode ver problema nisso. Mas tome cuidado ao se deixar influenciar por pessoas só porque elas lhe prestaram um favor. Estou falando agora de gente por quem você fez o esforço extra. Você pode estar nessa posição, ou em uma posição na qual alguém o coloca em dívida, e não quer nada disso. Desenvolva o hábito de examinar os motivos de as pessoas procurarem algum benefício por meio de sua influência.

Controlar emoções

Controle a emoção do amor e a emoção do ódio ao tomar decisões por qualquer propósito, porque as duas podem desequilibrar seus hábitos de pensamento. Nenhum homem deve tomar decisões quando está zangado. Simplesmente, isso é algo que não se deve fazer. Ao corrigir os filhos, por exemplo, é um engano discipliná-los quando se está com raiva. Em nove de cada dez vezes, você vai fazer e dizer a coisa errada, ou vai fazer mais mal do que bem. Isso se aplica a muitos adultos também. Se estiver realmente zangado, não tome decisões. Não faça declarações às pessoas quando estiver furioso, porque isso pode acabar lhe causando grande prejuízo.

Autodisciplina

Há uma aula sobe autodisciplina, mas autocontrole e autodisciplina também se aplicam a esta lição. Há muitas ocasiões em que você precisa de muita autodisciplina para ser um pensador preciso. Tem que se conter para não falar e fazer muitas coisas que gostaria de dizer e fazer. Vá com calma. Há muito tempo para você planejar o que vai dizer e fazer. É isso que faz um pensador preciso. Ele não sai chutando tudo, falando sem pensar como fazem algumas pessoas. Estude cuidadosamente o efeito no ouvinte de qualquer coisa antes de falar a próxima palavra. Não tome decisões nem faça planos antes de ter ponderado com cuidado qual pode ser o efeito em você mesmo e nos outros. Sou capaz de pensar em muitas coisas que eu poderia fazer e me beneficiariam, mas não beneficiariam vocês (e poderiam até prejudicá-los). No entanto, eu não me envolveria com elas, porque, em algum momento, teria que pagar por isso.

Entenda, tudo que você faz para ou por outra pessoa, faz para ou por você mesmo. Isso volta para você e se multiplica. Essa é outra coisa que se encaixa na categoria do pensamento preciso. Depois de concluir sua doutrinação nesta filosofia, vai aprender a não fazer nada que não queira que volte e o afete. Vai aprender a não pensar, dizer e fazer nada que não queira que volte para você mais tarde.

Antes de aceitar como fatos as declarações de outras pessoas, pergunte a você mesmo se essas declarações são benéficas. Pergunte como tiveram acesso ao que chamam de fatos. Quando expressarem opinião, pergunte como sabem que essa opinião é sensata. Não quero a opinião de outra pessoa, quero fatos, e aí formo minha opinião. Dê-me os fatos, e eu os reúno do meu jeito, diz o pensador preciso.

Viés, desculpas e justificativas

Aprenda a examinar com cuidado extraordinário todas as afirmações de natureza derrogatória feitas por uma pessoa contra outras. A própria natureza dessas declarações as caracteriza como tendenciosas (para colocar de um jeito educado). Supere o hábito de tentar justificar uma decisão ruim que tomou. Pensadores precisos não fazem isso. Se descobrem que estão errados, revertem a decisão tão depressa quanto a tomaram.

Desculpas, justificativas e pensamento preciso nunca são bons companheiros. Ainda não encontrei uma pessoa que não fosse adepta de criar justificativas para as coisas que não fez, mas deveria ter feito. Muita gente tem uma coleção delas, e não demora muito para juntarem essas desculpas e jogarem em cima de você. Boas desculpas e boas justificativas não significam nada, a menos que haja alguma coisa por trás delas que seja sólida, algo em que você possa confiar.

Se você é um pensador preciso, nunca vai usar as expressões "dizem", ou "ouvi falar", ou repetir quem as usa. Em vez disso, identifique a fonte original e tente estabelecer se é confiável. Não é fácil ser um pensador preciso. Tem muita coisa que você precisa fazer para ser um deles, mas vale a pena. Sem pensamento preciso, as pessoas vão se aproveitar de você, você não vai ter da vida tanto quanto quer, e nunca será uma pessoa bem equilibrada.

Para pensar com precisão, você precisa ter um conjunto de regras para se guiar, e as encontrará nesta aula. Prossiga nesta lição, estude-a cuidadosamente, acrescente suas anotações, comece agora a pensar com precisão. Comece a colocar essas coisas em prática amanhã cedo, ou antes.

Separe os fatos em duas categorias: importantes e sem importância. Se aprender a separar fatos de informação, só esta aula já vai valer mil vezes o que você investiu no curso. Mas tenha certeza de que está lidando com fatos, estabeleça os fatos quando estiver lidando com eles, fragmente-os, jogue fora os fatos sem importância com os quais tem perdido tempo até agora.

PRINCÍPIO 12

APRENDER COM ADVERSIDADE E DERROTA

O tema central do 12° princípio, Aprender com Adversidade e Derrota, pode ser estabelecido em uma só frase: toda adversidade carrega nela a semente de um benefício equivalente ou maior. Dor, sofrimento, obstáculos, derrotas, perdas – infortúnios que todos sofremos – são simplesmente parte da condição humana. Ninguém vence o tempo todo. Os que sucedem são aqueles que não se deixam deter pela adversidade. Perseveram. Encaram dificuldades como testes que permitem que eles aumentem sua força e sigam em frente. Lembre-se deste ponto crítico: derrota nunca é a mesma coisa que fracasso, a menos e até que seja aceita como tal. Mais uma vez, esse princípio é apresentado em um contexto de teste no qual você vai se avaliar em relação a quanto as principais causas de fracasso fazem parte de sua vida.

Ninguém gosta de enfrentar adversidade, circunstâncias desagradáveis ou derrota. Depois de considerar com cuidado as reais circunstâncias da lei da natureza, acredito que a intenção é que todos nós enfrentemos adversidade, derrota, fracasso e oposição. As pessoas não gostam de derrota ou adversidade, mas preciso dizer a vocês que, não fosse pela adversidade que enfrentei durante o início de minha vida, eu não estaria aqui hoje falando para vocês. Não teria completado esta filosofia que alcança milhões de pessoas no mundo todo. Foi a partir da oposição que encontrei que me fortaleci, adquiri sabedoria e a capacidade de completar esta filosofia e levá-la às pessoas com a forma que tem hoje.

Se eu tivesse podido escolher, é claro que teria facilitado tudo para mim, da mesma forma que vocês fariam. Todos nós somos propensos a encontrar a linha da menor resistência. Vocês sabiam que escolher a linha da menor resistência é o que entorta todos os rios e alguns homens? É isso mesmo, mas esse é um hábito muito comum de todos nós. Não queremos pagar o preço do esforço intenso, seja qual for nossa atividade. Gostamos das coisas do jeito mais fácil. A mente é como qualquer outra parte do corpo físico. Atrofia, murcha e enfraquece pelo desuso. Uma das melhores coisas que podem acontecer a você é encontrar problemas, circunstâncias e incidentes que o obriguem a pensar, porque, sem um motivo, você pode não pensar muito.

QUARENTA PRINCIPAIS RAZÕES PARA O FRACASSO

Existem quarenta principais causas para o fracasso – mais que o dobro do número de princípios do sucesso. Existem dezessete princípios do sucesso, e algumas combinações entre eles são responsáveis por todas as conquistas bem-sucedidas, e são quarenta causas de fracasso. E essas quarenta que menciono não são todas elas: são só as principais.

Importância de conhecer suas fraquezas

Autocrítica é uma das coisas mais lucrativas que você pode fazer. Às vezes você não quer fazer, mas é muito necessário nos conhecermos como somos – especialmente nossas fraquezas.

Ao compartilhar esta filosofia de sucesso, preciso dizer a vocês coisas que devem fazer e também as que não devem fazer. Classifique-se na medida em que as coloco e comento cada uma delas. Atribua a você mesmo notas de zero a cem. Se for 100% livre de alguma delas, classifique-se como 100%. Se for 50% livre, classifique-se como 50%. E se não for nada livre, classifique-se com um zero. Quando terminar, some as notas e divida o resultado por quarenta para ter sua média em relação ao controle das coisas que causam o fracasso.

1. Vagar sem planos definidos

Se você não tem esse hábito de andar à deriva, se toma decisões rapidamente, traça planos e segue esses planos, sabe exatamente aonde vai e está a caminho, você pode se atribuir 100% nessa fraqueza. Porém, tome cuidado antes de assinalar sua nota, porque a coisa mais rara do mundo é alguém se classificar em 100% nesse quesito. Para isso, você tem de ser realmente organizado e tem que estar realmente preparado.

2. Prejuízo físico

Não preciso fazer nenhum comentário sobre uma base hereditária desfavorável; por outro lado, ela pode ser uma causa de fracasso, ou também de sucesso. Algumas das pessoas mais bem-sucedidas que já conheci sofriam de aflições sérias desde o nascimento.

3. Curiosidade invasiva

Sem curiosidade, nunca aprendemos nada; nunca investigamos nada. Mas a expressão "curiosidade invasiva" envolve assuntos de outras pessoas, algo que não tem a ver com você, certo? Se você não tem essa característica, classifique-se como 100%. Ou tem? Quando se classificar, pense em suas experiências passadas e determine em que medida você tem controle dessa fraqueza.

4. Falta de objetivo

Falta de objetivo refere-se especificamente à falta de um objetivo principal definido como um objetivo de vida. Se você não tem isso, esta é uma boa hora para se atribuir uma nota zero.

5. Educação inadequada

Uma das coisas mais surpreendentes que descobri é que existe bem pouca relação entre escolaridade e sucesso. Quero que você pense nisso. Algumas das pessoas mais bem-sucedidas que já conheci eram pessoas com o mínimo de educação formal ou escolaridade formal.

Muita gente se engana acreditando que é fracassada por não ter curso superior. Se você saiu da faculdade com a sensação de que deveria receber pelo que sabe, não pelo que faz, a formação universitária não lhe fez muito bem. Espere até encontrar o destino ali na esquina com um porrete (e não vai estar revestido de algodão). Mais cedo ou mais tarde, você vai descobrir que não é pago *pelo que sabe*, você é pago *pelo que faz com o que sabe* ou *pelo que consegue induzir outras pessoas a fazerem.*

6. Falta de autodisciplina

Falta de autodisciplina geralmente se manifesta em excessos ao comer, beber, e indiferença em relação a oportunidades de progresso e melhoria. Falta de autodisciplina. Espero que possa se atribuir uma nota bem alta nessa.

7. Falta de ambição

Falta de ambição é uma incapacidade de buscar mais que a mediocridade. Quanta ambição você tem? Para onde vai na vida, o que quer da vida, e com o que vai se conformar? Eu conheci um jovem soldado logo depois da Primeira Guerra que me disse que só queria um sanduíche e um lugar para dormir naquela noite, mas eu não permiti que ele se contentasse com isso. Eu o convenci a buscar mais que isso, e o resultado foi que ele se tornou multimilionário ao longo dos quatro anos seguintes. Espero ter o mesmo sucesso com vocês ao aumentar sua ambição até onde não se contentem mais com um centavo. Olhem para cima. Isso não custa nada. Você pode não chegar tão alto quanto quer, mas certamente irá mais longe do que se não buscasse nada. Levante os olhos. Seja ambicioso e decida que vai se tornar no futuro o que falhou em ser no passado.

8. Saúde ruim

Saúde ruim muitas vezes é resultado de pensamento errado e dieta inadequada. As pessoas têm muitas justificativas para a saúde ruim, garanto; têm muitas doenças imaginárias (os médicos chamam de hipocondria). Não sei quanto vocês se mimam e confortam com isso, aquilo e outras doenças imaginárias. Se têm esse hábito, atribuam-se uma nota bem baixa nesse quesito.

9. Infância desfavorável

E as influências ambientais desfavoráveis na infância? De vez em quando, você vai descobrir que as influências que uma pessoa sofre durante a infância são tão negativas que essa pessoa segue por toda a vida sob essas influências.

Estou totalmente convencido de que, se tivesse continuado em minha infância como comecei, antes de minha madrasta aparecer, teria me tornado outro Jesse James – mas teria aprendido a atirar mais rápido e com mais pontaria que ele.

10. Falta de resistência

Falta de resistência é deixar de cumprir seus deveres. O que faz as pessoas deixarem de concluir algo que começam? Qual é o principal motivo para não seguirem em frente, fazerem o que é certo e cuidarem para que seja feito da maneira correta? Falta de motivo, essa é a resposta. Não querem aquilo com intensidade suficiente. Eu dou continuidade a qualquer coisa a que queira dar continuidade, mas se não quero dar continuidade, posso encontrar várias justificativas para não seguir em frente. É lucrativo para você adquirir o hábito de persistir quando começa alguma coisa, ou é lucrativo se deixar desviar do caminho? Como você se classifica nessa fraqueza? É facilmente dissuadido de fazer alguma coisa quando alguém o critica? Acredite em mim, se eu tivesse medo de crítica, nunca teria chegado a lugar nenhum na vida. De fato, cheguei ao ponto em que realmente apreciava a crítica, porque ela despertava em mim a vontade de lutar, eu fazia um trabalho muito melhor e seguia em frente muito melhor.

Tem muita gente que falha por falta dessa força motriz que faz seguir em frente, especialmente em tempos de dificuldades. Não importa o que você faça, vai enfrentar esse período quando as coisas ficam difíceis. Se é um novo negócio, provavelmente vai precisar de dinheiro que não tem, no início. Se é uma profissão, vai precisar de clientes que não tem no início. Se é um emprego novo, vai precisar de reconhecimento que ainda não tem de seu empregador – precisa conquistar esse reconhecimento. Você tem que continuar no começo, quando sempre é difícil.

11. Atitude negativa

As pessoas podem ter o hábito da atitude mental negativa, um hábito de manter a mente negativa o tempo todo. Você é preponderantemente negativo na maior parte do tempo, ou é preponderantemente positivo? Quando vê uma rosquinha, o que enxerga primeiro? O buraco, ou a massa? É claro, você não come o buraco, só come a rosquinha. Mas muita gente que se depara com um problema é como o sujeito que vê primeiro o buraco da rosquinha e reclama por ele tirar boa parte da massa. Eles não enxergam a rosquinha. Essa é uma atitude mental negativa.

Qual é o resultado para uma pessoa que tem o hábito de deixar a mente se tornar negativa e permanecer negativa? Não se pode prender a pessoa por isso. Não se pode processá-la por isso. A mente negativa repele pessoas. A mente positiva atrai... o quê? Atrai pessoas que se harmonizam com sua atitude mental positiva e sua personalidade agradável. Como naquele velho ditado "as aves de plumagem igual voam em bando", aves negativas se agrupam com a mente negativa, e aves positivas se agrupam com a mente positiva.

Quem controla sua mente? Quem determina se ela é positiva ou negativa? Quero que você se classifique de acordo com a extensão em que exercita essa prerrogativa – a coisa mais preciosa que tem ou jamais terá. A única coisa sobre a qual você tem controle completo é o direito de tornar sua mente positiva e mantê-la assim, ou permitir que as circunstâncias da vida a tornem negativa. Você precisa trabalhar para manter a mente positiva. Por quê? Com tantas influências negativas à sua volta – tanta gente, tantas circunstâncias –, você vai se tornar negativo se fizer parte dessas circunstâncias, em vez de criar as suas na própria mente. Se você tem um conceito muito claro da diferença entre uma mente negativa e uma mente positiva, pode imaginar o que acontece na química do cérebro quando sua mente é positiva ou quando ela é negativa? Notou a diferença entre suas conquistas quando você está com medo e quando não está com medo (seja em vendas, lecionando, palestrando, escrevendo ou qualquer outra coisa)?

Escrevi *Pense e enriqueça* quando estava trabalhando para o presidente Roosevelt durante aquela séria Depressão, em seu primeiro mandato. Escrevi o livro com aquela mesma atitude mental negativa que todo mundo compartilhava (em outras palavras, minha atitude negativa era inconscientemente imposta a mim pela massa). Vários anos mais tarde, quando peguei esse livro e o li, reconheci que não era vendável, por ser negativo. O leitor captura exatamente a atitude mental que o escritor tinha ao escrever o livro, seja qual for a linguagem ou terminologia usada. Sem mudar uma palavra no livro, sentei diante da máquina de escrever quando estava com uma nova disposição mental. Estava "animado", como dizem – 100% positivo –, e datilografei aquele livro com *aquela* disposição mental, e foi isso que fez o livro dar certo. Você não pode se dar ao luxo de fazer alguma coisa quando está negativo. Tudo que fizer na esperança de ser beneficiado, qualquer coisa com que espere influenciar outras pessoas – se quiser que as pessoas cooperem com você, se quiser vender alguma coisa às pessoas, ou se quiser causar uma boa impressão às pessoas –, não faça nada até estar em um estado mental positivo.

Atribua a si mesmo notas bem precisas nesse quesito. Classifique seu estado mental *médio*, não só o estado mental em algum momento específico. Aqui vai uma boa regra para determinar se você é mais positivo que negativo: observe como se sente ao acordar de manhã e sair da cama. Se você não tem uma boa disposição mental, posso dizer que é porque muitos hábitos de pensamento que precedem essa hora (o dia anterior, talvez) foram negativos. Você pode adoecer deixando a mente se tornar negativa, e isso vai se refletir na manhã seguinte. Quando acorda, você está saindo da influência de seu subconsciente. O consciente passou a noite toda de folga, e quando volta ao trabalho, encontra uma bagunça que você tem que arrumar. Mas o subconsciente passou a noite toda agitado. Se você acorda cheio de alegria e quer prosseguir com o que ia fazer nesse dia, é provável que o dia anterior – ou vários dias anteriores – tenha sido bem positivo.

12. Emoções descontroladas

Emoções são negativas e positivas. Você já percebeu que é tão necessário controlar as emoções positivas quanto as negativas? Por quê? Por que razão eu haveria de querer controlar a emoção do amor, por exemplo? Uma mulher respondeu: "O amor pode causar problemas. Pode *queimar*". (Ela deve ter tido alguma experiência desse tipo.) E quanto ao desejo emocional por ganho financeiro? Você precisa controlar o desejo por dinheiro? Não tem medo de ganhar demais, tem? Talvez ganhar do jeito *errado*, ou alimentar sua emoção até onde passa a querer ganhar *demais*. Conheci muita gente que tinha dinheiro demais para o próprio bem, em especial pessoas que não fizeram por merecer esse dinheiro, ou pessoas que o herdaram.

Vocês gostariam de saber por que me chamam de Napoleon? Vou contar, porque é uma boa maneira de explicar o que estou dizendo. Como eu sou o filho mais velho (ou o primeiro filho), meu pai me deu o nome de meu tio-avô, Napoleon Hill, de Memphis, Tennessee, um corretor de algodão multimilionário. Acho que meu pai esperava que eu herdasse parte do dinheiro quando meu tio-avô morresse. Bom, ele morreu, e eu não herdei nada, e quando descobri que não teria nenhum dinheiro dele, me senti muito mal. Depois que troquei a juventude por sabedoria e observei o que havia acontecido com os herdeiros daquele dinheiro, eu me senti grato – eternamente grato – por não ter recebido um centavo, porque aprendi um jeito melhor de ganhar dinheiro por mim mesmo, em vez de ganhar de alguém.

13. Algo em troca de nada

Desejar alguma coisa por nada, ou desejar algo por menos que vale, é o desejo por alguma coisa sem estar disposto a dar a adequada compensação por isso. Você já foi incomodado por essa tendência? Quem de nós não foi, em um ou outro momento? Você pode ter muitos defeitos, mas quer descobrir quais são e começar a se livrar deles – por isso estamos fazendo esta análise. Esta é sua chance de ficar cara a cara, ser o juiz, o defensor e o promotor, tudo ao mesmo tempo. Você tem que tomar a decisão final. É muito melhor você encontrar seus defeitos do que me deixar achá-los por você. Porque, se os encontrar, não vai gastar justificativas, vai tentar se livrar deles.

14. Incapacidade de tomar decisões

Você tem o hábito de tomar decisões prontamente e com firmeza? Toma decisões muito devagar e, depois que as toma, permite que a primeira pessoa que se aproxima as reverta? Você permite que as circunstâncias revertam sua decisão sem um bom motivo? Em que medida defende suas decisões depois de tomá-las? Que circunstâncias o fariam mudar uma decisão tomada?

Você deve manter a mente aberta para essas questões o tempo todo. Nunca tome uma decisão e diga "É isso, vai ser assim para sempre", porque alguma coisa pode acontecer mais tarde para fazê-lo mudar essa decisão. Algumas pessoas são teimosas. Uma vez tomada uma decisão, certa ou errada, elas a sustentam até a morte. Já vi muita gente que preferiria morrer a voltar atrás ou se deixar convencer a mudar uma decisão. É claro que você não é assim. Não se for realmente doutrinado nesta filosofia. Pode ter se comportado assim uma vez, mas não é assim agora (ou não será assim depois disso).

15. Preocupação excessiva

Vivemos em um mundo maravilhoso. Sou feliz por estar aqui. Sou feliz por estar fazendo o que faço, e se circunstâncias desagradáveis surgem em meu caminho, fico feliz por isso também, porque vou descobrir se sou mais forte que as circunstâncias, ou não. Enquanto eu puder vencê-las e superá-las, não vou me preocupar com circunstâncias. Não vou me preocupar com coisas que se oponham a mim; pessoas que não gostam de mim, pessoas que dizem coisas ruins a meu respeito. Eu me preocuparia se as pessoas falassem mal de mim e, depois de me analisar, eu descobrisse que elas estavam certas. Enquanto elas não estiverem dizendo a verdade, posso rir delas por serem tolas e pelo mal que fazem a elas mesmas.

16. Não escolher bem o parceiro

Esta é uma queridinha: a número dezesseis – escolher mal a pessoa com quem se casa. Não tenha pressa para se classificar nessa. Se você errou 100%, olhe em volta antes de se dar a nota e veja se tem alguma coisa que pode fazer para corrigir esse erro, talvez se reformular. Sei que isso já foi feito, você não sabe? Muita gente acredita que todos os casamentos são o paraíso, e seria maravilhoso se fossem, mas vi alguns que não eram tão paradisíacos. Não sei o que poderiam ser, mas não eram o paraíso.

Também já vi casamentos comerciais ou relacionamentos comerciais que não eram o paraíso, e ajudei a corrigir muitas situações em que parceiros comerciais não trabalhavam juntos em espírito de harmonia. Acredite, nenhum negócio na face da Terra pode dar certo a menos que as pessoas do primeiro escalão, pelo menos, trabalhem em harmonia.

Não tem casa que possa ser alegre, ou lugar aonde você queira ir, a menos que haja harmonia no topo. Essa harmonia começa com lealdade, confiabilidade e capacidade. É assim que avalio as pessoas. Se quero selecionar alguém para um cargo elevado, a primeira coisa que verifico é se a pessoa foi leal a quem devia lealdade. Se não foi leal, não quero essa pessoa para nada. A segunda coisa que verifico é se a pessoa é confiável, se posso ou não contar com ela para estar no lugar certo e na hora certa, fazendo a coisa certa. Depois disso vem a capacidade. Vi muita gente que tinha muita capacidade, mas não era confiável, não era leal e, portanto, era muito perigosa.

17. Excesso de cautela

O número dezessete é ter cautela demais nos negócios e nos relacionamentos profissionais. Você já viu pessoas tão cautelosas que não confiavam nem na própria sombra? Eu conheci um homem tão cauteloso que tinha uma carteira especial na qual mandou colocar uma pequena fechadura. Ele escondia a chave em um lugar diferente todas as noites, para que a esposa não pudesse revirar os bolsos de sua calça e tirar dinheiro da carteira. Não era um fofo? Aposto que a esposa o amava.

Falamos aqui de excesso de cautela nos negócios e nos relacionamentos profissionais, e na falta de cautela em todos os relacionamentos humanos. Você já viu pessoas assim? Simplesmente não têm nenhum cuidado. Algumas pessoas começam a falar e não param mais. Não importa o que vão dizer, nem que efeito isso vai ter sobre outras pessoas. Você já viu gente assim, não viu? Sem nenhuma cautela – sem discriminação, diplomacia ou consideração a respeito do que fazem a outras pessoas por meio de suas palavras. Já vi pessoas com a língua mais afiada que lâmina de barbear. Já vi gente que assinava tudo que um vendedor pusesse na sua frente, sem ler. Não liam nem as letras grandes, muito menos as pequenas. Você já viu gente assim?

É claro que você não é assim. Sabe que pode ser supercauteloso e que pode ser menos cuidadoso do que deveria. A média está na aula sobre pensamento preciso, em que você examina as coisas que vai fazer antes de fazê-las, não depois, e avalia suas palavras antes de as proferir, não depois.

18. Excesso de confiança

Sei que pode ser um pouco difícil você se classificar com exatidão neste quesito. Para ser perfeitamente honesto, eu teria dificuldade para me classificar com exatidão nos quesitos dezessete e dezoito, porque houve muitos momentos em minha vida quando eu não era cauteloso. Acho que a maioria dos meus problemas na juventude decorreu de confiar em gente demais. Deixei alguém se aproximar e me adular para usar o nome Napoleon Hill, e essa pessoa saiu ludibriando muitas pessoas – tudo em nome de Napoleon Hill. Isso aconteceu várias vezes antes de eu endurecer e me tornar cauteloso. Pode acontecer com muita gente que você conhece, mas, por outro lado, eu não ia querer me tornar cauteloso a ponto de não confiar em ninguém sobre nada. Você não teria alegria de viver, se fosse assim.

19. Escolher mal os associados

Quantas vezes você ouviu falar de pessoas que se encrencaram por se associarem ao tipo errado de gente? Nunca vi um jovem que tenha se tornado mau ou dado errado sem ter sido influenciado por outra pessoa. Nunca vi um jovem se dar mal ou adquirir maus hábitos sem ser influenciado por alguém.

20. Vocação errada

O número vinte é a escolha errada de uma vocação ou deixar de escolher uma vocação. Cerca de 98 de cada cem pessoas se dariam um zero nessa. É claro, estudantes desta filosofia que foram doutrinados pela lição número um sobre objetivo principal definido teriam uma nota mais alta. Atribua a si mesmo um zero ou um cem nesse quesito, não fique no meio do caminho. Ou você tem um objetivo principal definido ou não tem. Não pode se dar cinquenta ou sessenta, ou qualquer outra nota, para definição de objetivo. Ou você tem um objetivo principal ou não tem.

21. Falta de concentração

Falta de concentração de esforço é como ter interesses divididos. Você não divide seus interesses ou os espalha por várias coisas diferentes. Uma pessoa não é forte o bastante para isso. A vida é curta demais para garantir sucesso a menos que você aprenda a arte de concentrar tudo que tem em uma coisa de cada vez. Você também tem que dar continuidade a essa coisa e fazer um bom trabalho.

22. Deixar de fazer um orçamento

Pode ser difícil dar uma nota a si mesmo no quesito 21: falta de orçamento, controlar receitas e despesas e ter um jeito sistemático de cuidar de suas receitas e despesas. Você sabe como a pessoa comum lida com a questão do orçamento? Gastando muito, dependendo de quanto crédito consegue com outras pessoas. Quando as portas do crédito se fecham, ela reduz os gastos, mas, até que isso aconteça, gasta sem critério.

Uma boa empresa faliria rapidamente se não tivesse um sistema de controle de receitas e despesas. Para isso serve um controlador em uma organização. (Normalmente chamado de freio; todo negócio bem-sucedido de qualquer tamanho precisa de alguém que pise no freio.) Um homem que controla os bens de uma companhia impede que os números se desviem na hora errada e para o lado errado.

23. Deixar de fazer um orçamento do tempo

Tempo é o que você tem de mais precioso. Das 24 horas de cada dia, cada pessoa geralmente dedica oito ao sono, oito a ganhar o sustento e outras oito ao tempo livre.

Como americanos, temos a liberdade de fazer o que quisermos com essas oito horas "livres". Você pode pecar, gastar, estabelecer bons hábitos ou maus hábitos, reeducar-se, e assim por diante. Mas o que você realmente está fazendo com essas oito horas? Esse vai ser o fator determinante de como se classifica nessa questão específica. Você está planejando o uso do seu tempo da maneira mais vantajosa? Tem um sistema para fazer todo o seu tempo ser importante? As primeiras dezesseis horas são organizadas automaticamente, mas as outras oito, não. Isso é flexível, e você pode fazer o que quiser com elas.

24. Falta de entusiasmo

Sem dúvida, entusiasmo está entre as emoções mais valiosas, desde que você consiga ligá-lo e desligá-lo, como uma torneira ou lâmpada elétrica. Se consegue ligar seu entusiasmo quando quer e desligá-lo sempre que acha melhor, você pode se atribuir 100% nesse quesito. A falta dessa capacidade o coloca em algum lugar perto do zero.

Como você controla seu entusiasmo? Já pensou na sua força de vontade? Para que ele foi posto ali? Você tem uma força de vontade, e para que ela serve? Para a disciplina fazer de sua mente o que você quiser que ela seja e formar os hábitos que quiser.

Nunca consegui determinar o que é pior: nenhum entusiasmo (como um peixe) ou entusiasmo fervoroso (descontrolado). Os dois são ruins. Se alguém me deixasse furioso agora, eu poderia desligar meu entusiasmo com facilidade e ligar outra coisa. Isso seria muito mais apropriado (desde que eu mantivesse os palavrões fora da história, é claro). Mas houve um tempo em que eu conseguia ligar a raiva muito mais depressa do que ligava o entusiasmo, e não conseguia desligar a raiva com essa mesma facilidade. Isso é algo que você vai ter que dominar, a capacidade de ligar e desligar qualquer uma de suas emoções.

25. Intolerância

Intolerância é a mente fechada com base em ignorância ou preconceito, em relação a ideias religiosas, raciais, políticas e econômicas. Como você se classifica nessa? Seria maravilhoso poder se dar um cem e dizer honestamente que tem a mente aberta para todos os assuntos, todas as pessoas e o tempo todo. Porém, se pudesse dizer isso, você não seria humano, provavelmente – seria um santo.

Suponho que haja momentos quando se pode decidir manter a mente aberta para todas essas coisas, pelo menos por algum tempo. Eu sei que posso, pelo menos por um tempo. No entanto, se você não consegue se classificar com um 100% e não pode dizer honestamente que tem a mente aberta em relação a todas as pessoas, o tempo todo, sobre todos os assuntos, qual é a segunda melhor opção? Sermos tolerantes durante algum tempo, é claro. Quanto mais você tenta ser tolerante, mais vai se aproximar do ponto em que terá o hábito da tolerância, em vez de intolerância.

Quando a grande maioria das pessoas conhece outra pessoa, imediatamente começa a procurar nela coisas de que não gosta, e *sempre* encontra coisas de que não gosta. Mas há outro tipo de pessoa, e percebo que esse outro tipo de pessoa é sempre muito mais bem-sucedido, muito mais feliz e muito mais bem-recebido quando se aproxima, ou quando conhece alguém. Seja essa pessoa um conhecido ou um estranho, a primeira coisa que faz não só é procurar coisas de que gosta na outra pessoa, mas também enaltecê-las, dizendo ou fazendo alguma coisa para indicar que reconhece as boas qualidades (em vez das ruins). Tenho uma ótima sensação quando alguém se aproxima de mim e diz "Você não é Napoleon Hill?", e eu respondo que sim, sou eu. "Ah, Sr. Hill, quero que saiba que seu livro me fez muito bem." Gosto disso, a menos, é claro, que seja exagerado (e você sabe que isso também é possível). O ponto é que nunca vi alguém que não responda da mesma maneira a um cumprimento desse tipo. Por mais que seja mal-humorada, até uma gata selvagem vai enrolar a cauda e começar a ronronar se você coçar suas costas. Gatos não são muito simpáticos, mas podem ser, se você fizer coisas de que eles gostam.

26. Falta de cooperação

Falta de cooperação é deixar de cooperar com os outros em espírito de harmonia. Suponho que existam circunstâncias nas quais deixar de cooperar seja justificável. Ou não? Há muitas circunstâncias em que você deixa de cooperar. É comum eu entrar em contato com pessoas que querem que eu faça coisas que não posso fazer por elas. Elas querem minha influência, querem que eu escreva cartas de recomendação, ou querem que eu dê telefonemas em nome delas. Não faço nada disso, ou não coopero de jeito nenhum, a menos que esteja convencido daquilo com que coopero e com quem coopero. Talvez você também queira ser assim.

27. Riquezas imerecidas

Você tem poder ou riqueza que não se baseiam em mérito ou no que fez por merecê-los? Espero que não tenha problemas para se atribuir uma nota nesse quesito.

28. Falta de lealdade

Outro motivo para fracasso é a falta de lealdade a quem ela é devida. Se você é leal a quem deve lealdade, talvez possa se classificar como 100%. A menos que pratique isso o tempo todo, não se atribua um cem; sua nota é mais baixa.

Se por acaso se der uma nota menor que cinquenta, marque esse quesito com um X e volte a ele mais tarde para estudar esse ponto específico. Você precisa ter todas essas causas de fracasso pelo menos 50% controladas. Se ficar abaixo disso, terá chegado ao ponto de perigo.

29. Opiniões sem base

Você tem o hábito de formar opiniões que não se baseiem em fatos conhecidos? Dê a si mesmo uma nota que reflita a medida em que faz isso. Se ficar abaixo de 50%, comece a trabalhar em si mesmo imediatamente – pare de formar opiniões, a menos que as baseie em fatos ou no que acredita serem fatos.

Quando ouço alguém expressando uma opinião sobre alguma coisa de que tenho motivo para desconfiar que essa pessoa desconhece, sempre penso naquela história dos dois homens discutindo a Teoria da Relatividade de

Einstein. Eles entraram em uma discussão acirrada sobre o tema, e um deles disse: "O que Einstein sabe sobre política, aliás?". Ele achava que entendia relatividade, não? Há pessoas que são assim, que têm opiniões sobre tudo. Poderiam comandar o país melhor que Eisenhower o está comandando. Poderiam dizer a J. Edgar Hoover umas coisinhas sobre seu emprego. Sempre poderiam melhorar os amigos. No entanto, se você os examinar com muita atenção, geralmente não estão indo muito bem.

30. Ego descontrolado

Egocentrismo é algo maravilhoso, e vaidade é uma coisa maravilhosa. Se você não tivesse um pouco de vaidade, não lavaria o pescoço, o rosto, não enrolaria o cabelo nem o alisaria (ou qualquer coisa que as mulheres façam com o cabelo). É preciso ter um pouco de vaidade, um pouco de orgulho, mas eles podem ser excessivos. Acho batom uma coisa maravilhosa, se não manchar minha camisa, mas dá para exagerar no batom. *Blush* no rosto também é lindo, mas a natureza é boa nessa coisa de pintar rostos. Quando vejo uma mulher de sessenta ou setenta anos pintando o rosto para parecer uma jovem de dezesseis, sei que ela está enganando a si mesma e a ninguém mais – porque ela certamente não me engana.

O ego é algo maravilhoso. Muitas pessoas precisam fortalecer seu ego porque deixaram as circunstâncias da vida castigá-las até não haver mais espírito de luta nelas, nem iniciativa, nem imaginação, nem fé. O ego humano é uma coisa maravilhosa quando você o tem sob controle e não permite que se torne algo a que outras pessoas possam se opor. Ainda não conheci uma pessoa bem-sucedida que não tivesse grande confiança na própria capacidade de fazer qualquer coisa que começou a fazer. Um dos objetivos desta filosofia é capacitar a pessoa a fortalecer seu ego até que ele faça qualquer coisa que ela queira, seja o que for. O ego de algumas pessoas precisa ser aparado um pouquinho (e precisa até de uma espremida, se entendem o que quero dizer), mas eu diria que muito mais gente precisa fortalecer o ego.

31. Falta de imaginação

Nunca fui capaz de determinar exatamente se essa grande capacidade de visão e imaginação é uma qualidade herdada ou adquirida. No meu caso, talvez seja herdada, porque tenho muita imaginação desde que consigo me lembrar.

Esse foi um dos aspectos que me criaram dificuldade em outras coisas – eu tinha muita imaginação e não a guiava na direção certa.

32. Indisponibilidade para fazer o esforço extra

Quando você desenvolve o hábito de fazer o esforço extra, vai sentir alegria com tudo que faz, e há boas chances de colocar muita gente em dívida com você – espontaneamente em dívida, quero dizer –, porque elas não vão se importar de estar em dívida com você nessas circunstâncias. Se tem muita gente em dívida com você, não há razão legítima para você não poder fazer uso de sua influência, educação, capacidade e tudo que puder ajudar a conquistar sucesso no que estiver fazendo.

Você sabe como induzir alguém a fazer o que quer que essa pessoa faça? Faça alguma coisa por ela primeiro. Qual é a dificuldade de fazer alguma coisa boa por outra pessoa sem ter nem que pedir permissão a ela? Quando há uma longa lista de pessoas preparadas como um exército para ajudar quando você precisar de ajuda, como se cultiva esse exército antes da hora de necessidade? Você não pode simplesmente fazer o esforço extra agora e no minuto seguinte pedir à pessoa a quem acabou de prestar serviço para prestar a você o dobro de serviço. Não pode ser desse jeito, porque assim não funciona.

Você precisa construir uma coisa chamada boa vontade antecipada. De novo, o tempo tem que ser certo. Tem muita gente que faz o esforço extra só por interesse. Fazem esse esforço para colocá-lo em dívida. Não temporizam bem o bastante para deixar você esquecer, digamos assim. Imediatamente depois de lhe fazer um favor, essa pessoa pede dois ou três. Já teve essa experiência? Já viu alguém cometer esse erro?

Se eu tivesse que escolher um princípio com o qual se pode ter resultados máximos com a maioria das pessoas, eu diria que o princípio é este: fazer o esforço extra. Essa é uma coisa que todo mundo pode controlar, se quiser. Você não precisa pedir a ninguém o privilégio de se esforçar para ser gentil e poder ajudar. Mas, no momento em que começa a fazer isso, provavelmente vai criar contraste, porque a maioria das pessoas não está fazendo isso.

33. Desejo de vingança

Você já teve vontade de se vingar por ofensas reais ou imaginárias? O que é pior, querer se vingar por uma ofensa real (como ser insultado) ou por uma ofensa imaginária? Pense nisso.

O que acontece quando você quer se vingar por uma razão qualquer? Isso prejudica o alvo do seu desejo? O ponto é que o desejo de vingança prejudica você. Vingança o faz negativo e envenena a mente. Envenena até o sangue, se você mantiver esse desejo por tempo suficiente, porque qualquer tipo de atitude mental entra na corrente sanguínea – e interfere na sua saúde.

34. Desculpas

Você conhece pessoas que têm o hábito de produzir desculpas, em vez de resultados favoráveis? Em que medida começa imediatamente a procurar uma desculpa quando comete um erro, faz alguma coisa que não dá certo ou deixa de fazer o que devia ter feito? Com que frequência diz "Foi minha culpa, eu assumo a responsabilidade", ou começa a criar um conjunto de desculpas para justificar o que fez ou deixou de fazer? O objetivo é classificar-se pela preponderância de seus hábitos nesse quesito.

Se você é uma pessoa mediana, procura uma desculpa para justificar o que faz ou deixa de fazer. Se não é uma pessoa mediana (e tenho certeza de que não vai ser, se você se tornou devidamente doutrinado nesta filosofia), não vai procurar desculpas. Você sabe que desculpas o enfraquecem; desculpas são muletas em que se apoiar. Em vez disso, você vai enfrentar a realidade, reconhecer seus erros, reconhecer suas fraquezas. Afinal, a autoconfissão faz bem enorme à alma.

Quando você sabe realmente quais são seus defeitos e os confessa com honestidade, não precisa espalhá-los ao mundo todo; em vez disso, confesse quando a confissão for necessária. Tenho uma aluna que foi ao meu escritório há alguns dias e fez uma confissão que terá mais utilidade para ela do que qualquer coisa que já aconteceu desde que ela era uma menininha. Anteriormente, essa aluna sofria porque ainda não havia aprendido a distinguir entre suas necessidades por coisas e seu direito de tê-las. Ela precisava muito de coisas e estava disposta a tê-las do jeito errado, mas muita gente comete esse erro. Não conseguem determinar a diferença entre coisas de que precisam e coisas que têm o direito de ter.

35. Falta de confiabilidade

Pode ser difícil se classificar nesse quesito, falando de maneira geral, mas você sabe se é confiável, ou se é possível confiar na sua palavra. Você sabe se seu desempenho em sua ocupação ou em seu emprego é confiável. Sabe se o relacionamento com sua família, com a esposa, o marido ou os filhos é confiável. Você sabe se é um homem ou mulher de família confiável. Sabe se é ou não confiável em suas relações de crédito, ou com pessoas das quais compra coisas a crédito.

Não é maravilhoso ter amigos confiáveis? Você sempre sabe exatamente o que esperar deles, aconteça o que acontecer. Não é maravilhoso ter confiabilidade entre as pessoas que ama, saber que não o desapontarão em nenhum momento, por nenhum motivo? Se você tem meia dúzia de pessoas assim em sua vida – absolutamente confiáveis em todas as circunstâncias –, que sorte a sua. Eu diria que, se você tem três pessoas assim ao longo de toda a vida, é alguém realmente afortunado.

Com todas as pessoas que conheço no mundo todo, não sei se posso usar os dez dedos das mãos para contar as que estão em minha vida e são confiáveis em todas as circunstâncias. Confiabilidade, que coisa maravilhosa.

36. Falta de responsabilidade

Falta de responsabilidade é uma indisposição para assumir responsabilidades em detrimento ao desejo por compensação. Em outras palavras, você quer as coisas boas da vida – um bom rendimento, uma boa casa, um bom carro e um guarda-roupas com boas roupas –, mas não se dispõe a assumir as responsabilidades que conferem o direito a ter essas coisas. Como se classifica nessa? Está disposto a assumir as necessárias responsabilidades para ter o direito a todas as coisas que quer ter na vida? É a isso que você vai dar uma nota.

37. Deixar de ouvir sua consciência

Com que frequência você deixa de ouvir sua consciência quando é vantajoso para você? Há momentos em que diz à sua consciência para sair de cena por alguns instantes? Você diz à sua consciência "Não olhe agora, porque aquela transação comercial que eu quero realizar parece um pouco sem graça"? Já fez isso? Acho que pode fazer isso algumas vezes e se dar bem, mas, se isso se tornar um hábito, você pode transformar sua consciência em cúmplice que vai endossar todas as coisas ruins que você pode querer fazer. E isso seria ruim.

A consciência nos foi dada por um Criador que tudo sabe, de forma que você sempre vai saber o que é certo e o que é errado sem ter que perguntar a ninguém. Se está bem com sua consciência e realmente responde a ela em todas as circunstâncias e a deixa ser seu guia, então você é uma pessoa de muita sorte e tem usado sua consciência de maneira muito apropriada. Mas se há momentos em que vacila, é indeciso e faz sua consciência se retirar, dê a si mesmo uma nota baixa e comece a trabalhar nisso.

Acho que é maravilhoso o Criador ter dado a cada indivíduo uma espécie de juiz para avaliar todos os seus atos, todas as suas necessidades, todos os seus pensamentos, e dizer a ele quando está certo e quando está errado.

38. Incapacidade de abrir mão do que não pode controlar

Agora é sobre o hábito da preocupação desnecessária com coisas que não pode controlar. Como vai se classificar em relação a isso? Se não pode controlar aquilo com que está se preocupando, o que pode fazer a respeito disso? Você pode se ajustar a essa coisa que não pode controlar, e pode fazer isso com uma atitude mental positiva de forma a não se deixar deprimir. Ou pode transmutar essa preocupação em algo que pode controlar.

39. Aceitar derrota temporária como fracasso

Você sabe qual é a diferença entre fracasso e derrota temporária? Já pensou nisso? Em primeiro lugar, fracasso só é fracasso quando você o aceita como tal, sejam quais forem as condições. É derrota temporária, talvez, mas certamente não é fracasso. Se você é vendedor e aceita como resposta todos os nãos que ouve, nunca vai ganhar a vida vendendo. É mais fácil a pessoa dizer não. Não é essa a intenção; a resposta negativa significa apenas que as pessoas ainda não foram convencidas por um bom vendedor. Derrota temporária e fracasso.

Quem determina se uma circunstância é uma derrota temporária ou um fracasso? Quem determina isso? Isso mesmo: é você.

40. Falta de flexibilidade

Como você se ajusta às circunstâncias variáveis da vida? Um motivo para o fracasso é a falta de flexibilidade mental.

Você sabe que às vezes é necessário conviver com companhias desagradáveis, gente de quem você não gosta? Você convive com elas até o momento em que elas saem de sua vida. É claro, você poderia tê-las expulsado desde o início, mas, se agir assim, sempre vai ter o pior delas. Você pode cansá-las, ou obrigá-las a trabalhar até a morte convivendo com elas por um tempo. Se criar caso com tudo que faz com essas pessoas de quem não gosta, vai estar sempre em dificuldades. Por outro lado, você pode deixar passar essas coisas, ou as coisas que alimentam incidentes.

O tempo é uma cura maravilhosa, um agente maravilhoso. O maior médico da face da Terra é o tempo – a Velha Mãe Tempo ou o Pai Tempo, tanto faz. De qualquer maneira, há muitas coisas neste mundo que só podem ser curadas com o tempo.

Tem gente que está sempre agitada. Essas pessoas se esgotam criando problemas por coisas bobas, pequenas e sem importância que surgem todos os dias na vida. Não há um dia na sua em que você não possa provocar um problema por alguma coisa ou criar uma cena desagradável com alguém, se você se permitir.

Como estudante desta filosofia, talvez você possa se classificar em 80% nesse quesito. Em relação à flexibilidade, na maior parte do tempo você se ajusta às circunstâncias de que não gosta sem sucumbir a elas, e sem criar problemas por causa delas.

Você pode ter um motivo de fracasso muito peculiar que eu não mencionei aqui. Seria muito interessante ver qual é, se tiver, porque forneci aqui um catálogo bem bom das coisas que fazem as pessoas fracassar. O mais importante nessa lista de quarenta causas de fracasso é que você pode fazer alguma coisa por cada uma delas imediatamente. Não é verdade? De que adiantaria eu promover essa análise se você não vai fazer nada com ela?

Você pode eliminar cada uma dessas causas quase instantaneamente. Algumas demoram um tempinho para se desenvolverem em hábitos mais positivos. Na maioria dos casos, você pode remover cada uma delas da sua personalidade da noite para o dia, decidindo removê-las, e decidindo desenvolver um conjunto de circunstâncias mais agradáveis.

Você pode eliminar essas causas de fracasso, seja qual for a adversidade em sua vida. Reveja os últimos dez anos e examine cada circunstância desagradável que teve. Procure agora a semente do benefício equivalente que estava lá, embora você não a tenha encontrado e não a tenha usado naquele momento. É muito difícil encontrar a semente de um benefício equivalente em uma circunstância desagradável enquanto uma ferida ainda está aberta e doendo. Por outro lado, o tempo é importante. Mas se você der um tempinho e decidir que não vai sucumbir a essa circunstância, depois voltar e avaliá-la com cuidado, vai descobrir que aprendeu alguma coisa útil com ela.

PRINCÍPIO 13

COOPERAÇÃO

No século 16, o grande escritor John Donne escreveu as palavras imortais: "Nenhum homem é uma ilha". Talvez essas mesmas palavras tenham inspirado o Dr. Hill a inserir cooperação como uma das bases desta filosofia. Também chamada de trabalho em equipe, cooperação é o 13° princípio.

Como uma coisa tão óbvia pode ser tão importante? Considere o seguinte: pouquíssimas realizações importantes, se é que houve alguma, foram conquistadas por um homem ou uma mulher trabalhando sozinhos. Todos nós precisamos de outras pessoas. Até o folclórico inventor lobo solitário precisa de outras pessoas com experiência em produção para manufaturar e embalar a invenção que ele criou durante anos de isolamento em seu porão ou sótão. Para levar essa invenção aos seus consumidores, ele precisa de gente que a divulgue e promova e de vendedores e lojistas que a ofereçam.

Que organização humana você conhece – uma casa, escola, governo ou indústria – que pode realmente ser bem-sucedida sem seus membros trabalhando de maneira harmoniosa por um objetivo comum? Cooperação é essa ideia tão poderosa porque envolve o desenvolvimento e a utilização de um aspecto particular do espírito humano. Uma parte de nosso espírito reconhece a unicidade das pessoas e a parceria de toda a humanidade. A verdadeira cooperação não deixa espaço para egoísmo ou ganância.

Há dois tipos de cooperação, uma baseada em força ou coerção, e outra baseada em ação voluntária (e provocada por motivo).

COOPERAÇÃO FORÇADA

A maioria das circunstâncias de cooperação se b4aseia em alguma forma de força ou coerção. Por exemplo, a maior parte dos empregados coopera com o empregador, mas há certa medida de coerção nisso. Existe o medo de perder o emprego, se não cooperar. É claro, há circunstâncias em que a cooperação dos empregados com o empregador gera tantos benefícios que eles cooperam espontaneamente.

Qualquer tipo de cooperação forçada ou baseada em algum tipo de coerção não é desejável. As pessoas só cooperam nessas condições enquanto são obrigadas, e quando não têm mais que cooperar à força, elas vão embora.

COOPERAÇÃO VOLUNTÁRIA

Relativamente falando, há uma pequena porcentagem de empregadores nos Estados Unidos que entendem a vantagem de ter a cooperação voluntária de seus empregados. Há amizade nessas empresas, e ela se baseia em benefícios que se estendem aos empregados.

COOPERAÇÃO *VERSUS* O PRINCÍPIO MASTERMIND

Cooperação é diferente do princípio MasterMind quando ela se baseia em coordenação de esforço, ou quando não envolve necessariamente o princípio de definição de objetivo ou o princípio de harmonia. Por exemplo, um exército de homens trabalhando sob ordens dos oficiais superiores no serviço militar representa uma quantidade tremenda de cooperação, mas não significa necessariamente a existência de harmonia, ou que eles gostam do que estão fazendo. Há certa quantidade de coerção; eles estão fazendo o que têm que fazer. Às vezes gostam do que fazem, mas às vezes, não.

É verdade que cooperação espontânea é *parte* do princípio MasterMind, o meio pelo qual grande poder pessoal pode ser adquirido. Ninguém jamais adquiriu tamanho poder sem a ajuda destes dois princípios, o de cooperação e o MasterMind, o que os torna indispensáveis.

Cooperação é indispensável em quatro importantes relacionamentos: em casa, no trabalho ou profissão, nas relações sociais e no apoio à nossa forma de governo e livre empreitada. Se cada cidadão cooperasse nessas quatro áreas, este país seria melhor do que é agora.

Exemplos de cooperação que não se baseiam no princípio MasterMind

Vou dar exemplos de cooperação que não envolvem o princípio MasterMind:
1) soldados trabalhando sob as regras do exército;
2) empregados trabalhando sob as regras da empresa;
3) membros do governo trabalhando sob as leis da nação;
4) profissionais (como advogados, médicos e dentistas) trabalhando sob as regras da ética de sua profissão;
5) cidadãos de uma nação vivendo sob um ditador.

Como o princípio mastermind confere poder à cooperação

Esforço cooperativo presume grande poder quando o princípio de cooperação é combinado com o princípio MasterMind, que envolve harmonia e um motivo compartilhado. Vou explicar essa afirmação usando o exemplo dos membros do governo, quando trabalham em harmonia e são apoiados pela maioria do povo.

Durante o primeiro mandato de Roosevelt, a emergência de uma depressão econômica forneceu motivos para harmonia – um desejo de recuperação econômica para todo mundo. Nunca vi exemplo melhor de poder adquirido por meio de uma combinação dos princípios de cooperação e MasterMind do que esse da administração de Roosevelt. Todos nós tínhamos um motivo para apoiar o presidente, e esse motivo era a sobrevivência. Estávamos em perigo; havia uma emergência. Tínhamos que nos unir e apoiar o presidente, concordando ou não com seus princípios políticos, e foi o que fizemos. Agimos assim em grande escala por um tempo, mas, logo que a emergência passou ou foi amenizada, a combinação do princípio MasterMind e de cooperação começou a se desintegrar. Antes de Roosevelt deixar o cargo, houve um desassossego, uma falta de harmonia, e muitas outras coisas que causaram preocupação e aborrecimento a muita gente, sem mencionar as perdas.

Empregadores e seus empregados podem ter um motivo como o que inspirou harmonia na Arthur Nash Clothing Company quando a empresa se viu diante da falência. Durante a época em que eu estava publicando a revista *The Golden Rule*, recebi um telefonema urgente do Sr. Nash, da Nash Clothing Company em Cincinnati. Ele queria que eu fosse encontrá-lo em Cincinnati, e ao chegar lá, descobri que ele estava com problemas. Estava falido. Por nenhum motivo que pudesse explicar, seus negócios, que haviam sido lucrativos durante anos, de repente deixaram de ser, e eles chegaram ao ponto em que não tinham dinheiro nem para cobrir a folha de pagamento.

Quando examinava a situação com o Sr. Nash, eu disse: "Só tem uma coisa que pode salvar sua empresa. Você tem que pensar em um plano para dar aos empregados uma nova visão de vida, induzi-los a colocar coração e alma no trabalho e ajudá-lo a salvar a empresa". Trabalhamos nesse plano, pelo qual, no fim do ano, além dos salários regulares, eles receberiam bônus que consistiriam em uma porcentagem dos lucros. Havia muitos detalhes que não vou explicar agora, mas essa era a essência do plano.

O Sr. Nash reuniu os empregados e disse a eles o que tinha em mente. Ele disse: "Em primeiro lugar, acho que preciso informar a todos que a empresa está falida. Não temos dinheiro para pagar os salários da próxima semana ou cobrir a folha de pagamento. Faz muito tempo que estamos perdendo dinheiro. Notei que os empregados estavam perdendo o interesse, e o entusiasmo que antes prevalecia não está mais aqui. O espírito da coisa se foi, e a menos que possamos reconquistar esse espírito, essa disposição para o entusiasmo, para todos se envolverem e fazerem alguma coisa, estamos todos no mesmo barco, e o nome do barco é falência. Mas tenho um plano que acho que vai ajudar, porque ele se baseia na Regra de Ouro.

"Aqui vai o plano. Na segunda-feira de manhã, vocês vão chegar e começar a trabalhar com uma *nova* base – a mesma atitude mental que tinham há dez anos, quando estávamos prosperando. Pagarei seus salários assim que conseguirmos levantar o dinheiro, inclusive os salários atrasados que não vou conseguir pagar na próxima semana. Se conseguirmos levar a empresa adiante, no fim do ano dividiremos os lucros, e vocês terão a mesma porcentagem de um acionista da empresa. Vou sair da sala para que possam conversar com franqueza e decidir o que querem fazer. Quando tiverem uma resposta, mandem me chamar."

Nós saímos para almoçar, e depois de uma hora, mais ou menos, o mensageiro chegou para levá-lo do restaurante. Eles votaram, e o Sr. Nash foi informado sobre o que havia acontecido. Os empregados não só decidiram aceitar a proposta, mas também tiveram uma ideia. No dia seguinte, eles chegaram com suas economias. Alguns tinham dinheiro guardado em meias velhas, outros, em latas, alguns em contas bancárias. Eles colocaram US$ 16 mil em cima da mesa e disseram: "Aí está, Sr. Nash. Se é assim que se sente em relação a nós, é assim que nos sentimos em relação ao senhor.

Ganhamos esse dinheiro aqui, mas se ajuda em alguma coisa, use-o. Quando puder devolver, devolva. E se não puder devolver, tudo bem também".

Cada um daqueles empregados encontrou o espírito da verdadeira cooperação. A companhia começou a prosperar, e antes de o Sr. Nash morrer, cerca de dez anos mais tarde, ela se tornou a mais próspera empresa de venda de roupas por catálogo nos Estados Unidos. Até onde eu sei, ainda é, apesar de ele ter falecido. Imagine a mesma empresa, no mesmo lugar, fazendo o mesmo tipo de roupas, com o mesmo pessoal trabalhando – falindo em um dia e começando a prosperar em grande escala no dia seguinte. O que aconteceu foi uma mudança de atitude mental. O que provocou a mudança de atitude mental? Não foi o medo de perder o emprego. Foi um motivo. O Sr. Nash os havia inspirado com sua sinceridade e tinha um propósito ao fazer aquele tipo de oferta. Eles foram tocados por ela. Sabiam que era sincera, e decidiram ser tão dedicados quanto ele. Não se deixariam superar pelo patrão.

O PODER DO MOTIVO

Quando você tem um grupo qualquer de pessoas em torno de um motivo, não me importo com qual é o problema desse grupo: eles o resolverão a contento. Sempre resolvem. Os Rotary Clubs e seus membros pelo mundo nos dão um exemplo maravilhoso do princípio MasterMind e da harmonia nas agremiações. Fui membro do primeiro Rotary Club organizado em Chicago. Pertenci ao grupo original organizado por Paul Harris. O objetivo original incluía construir sua prática de advocacia de um jeito que não violasse sua ética, mas finalmente superamos esse propósito. O objetivo do Rotary Club que existe hoje é baseado na ideia de desenvolver amizade entre os membros. O Rotary Club se espalhou pelo mundo e se tornou uma influência positiva em tudo que já tocou.

Ninguém faz nada neste mundo sem um motivo; tem que haver um motivo para inspirar tudo que você faz. A única pessoa que faz alguma coisa sem um motivo é uma pessoa insana, porque não precisa ter um motivo.

Motivo 1: oportunidade

A oportunidade de ter maior compensação e promoção é um dos motivos de maior destaque para a obtenção de cooperação amigável. Sempre que esse motivo foi posto em uso em qualquer negócio, houve um retorno muito benéfico e muito lucrativo.

Motivo 2: reconhecimento

Ser reconhecido por iniciativa pessoal, personalidade agradável ou trabalho relevante é um forte motivo para inspirar cooperação. Dê reconhecimento a alguém que fez um bom trabalho; diga isso e faça alguma coisa a respeito disso.

Conheço um empregador que sabe a data do aniversário de todos os empregados, suas esposas e filhos. No aniversário, eles ganham um presente e um cartão personalizado assinado por ele. Assim, ele transformou sua empresa em uma grande família. Dá para imaginar o que isso faz por cada pessoa.

Motivo 3: interesse pessoal e utilidade

Um motivo poderoso para conquistar cooperação amigável é se interessar pelos problemas das pessoas com quem se associa, ou com quem trabalha, e ajudá-las a resolver esses problemas. Muita gente diz: "Meus problemas são meus, mas os problemas do outro são dele". Isso não me interessa. Você tem o direito de agir assim, se quiser. Mas posso afirmar que essa atitude não é benéfica para você, e também não vai ser lucrativa. Se você quer ter muitos amigos e muita cooperação, vai adquirir o hábito de olhar em volta e, sempre que possível, começar a ser útil para as pessoas.

Motivo 4: competição amigável

Você pode criar um sistema de competição amigável entre os departamentos, e entre os indivíduos do mesmo departamento. Em ambos os casos, o sistema é baseado em cooperação amigável. Em uma organização de vendas, por exemplo, se você pode ter um grupo competindo com outros na mesma organização (amigavelmente), todos vão se empenhar para fazer o melhor e vencer. Vão se empenhar por causa do espírito do bom esportista. Bons gerentes de venda sempre criam esse tipo de motivo para inspirar a equipe a trabalhar melhor.

Motivo 5: benefício futuro

Benefícios futuros na forma de algum objetivo ainda não atingido sempre podem ser alcançados por cooperação mútua. Talvez haja algo que você queira realizar com um grupo de pessoas, e que só pode ser realizado com todo mundo agindo em conjunto, se esforçando na mesma direção, ao mesmo tempo, em espírito de harmonia.

Poderíamos mencionar outros motivos. Pode haver um caso específico no qual você precise da cooperação de alguém e saiba que tipo de motivo pode plantar na mente dessa pessoa para ter a cooperação. Você sabe que a cooperação que quer (e de que espera se beneficiar) não pode ser obtida por força ou coerção, porque, se a tiver por esses métodos, mais cedo ou mais tarde a cooperação vai se transformar em ressentimento.

QUATRO MANEIRAS DE CONSTRUIR COOPERAÇÃO POR MEIO DE MOTIVOS

O método de Andrew Carnegie para inspirar cooperação se baseava em quatro princípios. Primeiro, ele estabelecia um motivo monetário por meio de promoções e bônus. Esse era um de seus motivos mais potentes e influentes para ter cooperação. Todos os homens que trabalhavam para Andrew Carnegie sabiam que tinham a possibilidade de se tornar um executivo muito rico. Viam vários homens chegando a essa posição: começavam de baixo e progrediam até o topo.

O segundo método para obter cooperação era seu sistema de perguntas. Ele nunca advertia um empregado pessoalmente, mas, por meio de perguntas cuidadosamente direcionadas, deixava o próprio empregado merecedor da crítica se advertir. Se queria repreender ou disciplinar alguém, ele chamava esse empregado e começava a fazer perguntas que só poderiam ser respondidas de um jeito – do jeito que o Sr. Carnegie queria. Isso era muito astuto. Se ele queria apontar um defeito, deixava o próprio homem exibi-lo, formulando perguntas que o forçariam a expor seu defeito. Ele também usava esse método para induzir a pessoa a admitir uma mentira, que o homem não ia querer admitir, especialmente quando tinha consciência de que o Sr. Carnegie sabia que mentira era essa. Essa era uma das coisas que indicavam a astúcia do Sr. Carnegie. Ele sabia como obter os melhores resultados das pessoas sem necessariamente atacá-las ou ofendê-las.

O terceiro motivo usado pelo Sr. Carnegie era ter sempre um ou mais homens em treinamento para seu cargo. Pense em um empregador que tem vários homens em treinamento para um cargo. Eles não seriam desleais, seriam? Não mentiriam, não se recusariam a dar o melhor no emprego, a fazer o esforço extra, certo? Seria bobagem. O Sr. Carnegie sabia como exibir os benefícios que as pessoas queriam, e, por mantê-los sempre um pouco além do alcance dessas pessoas, ele as obrigava a se tornar mais fortes e esticar mais o braço. Isso era muito melhor do que plantar o medo no coração de um homem, o receio de perder o emprego ou alguma coisa assim, como muitos outros empregadores faziam.

Quarto, ele nunca tomava decisões por seus empregados, mas os incentivava a tomar as próprias decisões e a se responsabilizar pelos resultados. Acho maravilhoso que ele não decidisse por seus executivos, pelos que estavam abaixo deles e por ninguém que estivesse em treinamento para um cargo executivo.

O PODER DE DECISÃO

Eu estava no escritório do Sr. Iris H. Curtis, proprietário do *Saturday Evening Post,* que também foi um dos contribuintes para esta filosofia, quando seu genro Edward Bock entrou. Depois de se desculpar por interromper nossa reunião, ele disse: "Preciso falar com o Sr. Curtis porque preciso de uma resposta imediatamente". Notei que ele segurava um telegrama enquanto explicava apressado ao sogro que havia um problema na compra do suprimento de papel para o ano seguinte. Como vocês podem imaginar, custava muito dinheiro comprar papel para um ano inteiro das revistas *Ladie's Home Journal, Saturday Evening Post* e *Country Gentleman*. Ele contou ao sogro qual era o problema e mencionou as três coisas que acreditava que poderiam fazer para resolvê-lo. Depois disse: "O que eu quero que me diga é qual delas devo fazer". Querem saber qual foi a resposta do Sr. Curtis? Depois de analisar brevemente cada uma das três soluções e considerar seus pontos positivos e negativos, ele disse: "Essa responsabilidade é sua. É isso que posso dizer. É sua responsabilidade determinar qual dos planos vai adotar". Depois que o Sr. Bock agradeceu e saiu, o Sr. Curtis disse: "Se ele tomar a decisão errada, isso vai nos custar não menos que US$ 1 milhão". Perguntei: "Por que não deu a ele a decisão certa?". Ele disse: "Se desse, arruinaria um bom executivo, por isso não dei". O Sr. Bock se tornou um bom executivo. Fez de *Ladie's*

Home Journal a revista relevante de seu tempo. E não fez isso com o sogro tomando decisões por ele. Ele mesmo as tomou.

O Sr. Carnegie ensinava as pessoas a tomar decisões e se responsabilizar por elas. Isso é importante. Nosso sistema americano de livre empreitada conquista cooperação amigável desde que o motivo básico do lucro esteja intacto e não sofra interferência de influências externas. Se eliminarmos o motivo do lucro, tiraríamos o telhado de todo o nosso sistema de livre empreitada. Certos grupos pressionam o tempo todo para que isso seja feito – pela retirada do motivo do lucro. Você precisa de um motivo para tudo que faz, e acreditamos que os Estados Unidos têm um sistema de livre empreitada baseado na melhor combinação de motivos que existe em qualquer lugar do mundo.

Não sei o que você pensa sobre esta filosofia até aqui, mas quero lhe dizer uma coisa. Se tiver 50% dos benefícios oferecidos por esta filosofia – não 100%, mas 50% –, pode mudar sua vida tão completamente que o próximo ano pode ser o melhor de sua vida. De agora em diante, até o fim da vida, você pode desfrutar de um destino controlado, um destino que você crie para si mesmo – no qual vai encontrar felicidade, prazer, contentamento, segurança, a amizade e a boa vontade das pessoas à sua volta –, porque vai criar circunstâncias que conduzam a isso.

PRINCÍPIO 14

VISÃO CRIATIVA OU IMAGINAÇÃO

Homens e mulheres que cultivaram e usaram o grande dom da visão criativa – ou imaginação – são responsáveis pelos benefícios da civilização como os conhecemos hoje. Exemplos desse princípio estão à nossa volta, embora um de seus exemplos mais claros, talvez, possa ser encontrado no filme *2011: Uma Odisseia no Espaço*. Em uma cena específica logo no começo do filme, uma criatura que parece um macaco joga um osso para o alto, e, enquanto o osso gira no ar, o filme nos transporta dezenas de milhares de anos para o futuro, e o raio de luz de sol no osso se torna o brilho de uma espaçonave voando sobre a Terra.

Visão criativa deu vida ao projeto do filme propriamente dito, à tela em que você vê essa cena, ao aparelho de videocassete e à televisão em que você pode ter visto essa produção em casa. Visão criativa também originou tudo que foi usado para fazer o filme: os figurinos dos atores, os modelos de aeronave, os cenários, os microfones e as câmeras. É claro, foi por meio da visão criativa que o escritor Arthur C. Clarke criou seu romance clássico, e foi por meio da visão criativa que Stanley Kubrick transformou esse livro em um clássico do cinema.

A cena em questão resume o poder do princípio da Visão Criativa. Estas aulas também resumem a grande filosofia de Napoleon Hill, o homem que exerceu tal visão criativa para trazê-la até nós.

A imaginação é a oficina na qual se formam o objetivo do cérebro e os ideais da alma. Alguém disse isso, e não conheço definição melhor.

DOIS TIPOS DE IMAGINAÇÃO

Há duas formas de imaginação. A primeira é a imaginação sintética, que consiste em uma combinação de velhas ideias, conceitos, planos ou fatos reconhecidos que são arranjados em uma nova combinação. Coisas novas são poucas e espaçadas. Na verdade, quando você fala que alguém criou uma nova ideia ou algo, há uma chance em mil de que não seja nada novo, mas um rearranjo de alguma coisa antiga.

A segunda forma de imaginação é a imaginação criativa. Ela opera por meio do sexto sentido, tem sua base na seção subconsciente do cérebro e serve como meio pelo qual fatos ou ideias completamente novos são revelados.

Qualquer nova ideia, plano ou propósito levados à mente consciente, repetidos e apoiados por sentimento emocional, são automaticamente captados pelo subconsciente e levados à sua conclusão lógica, por quaisquer meios naturais práticos e convenientes.

Vou repetir parte da afirmação para você poder ver nela um ponto muito importante: qualquer nova ideia, plano ou propósito levados à mente consciente, repetido e apoiados por *sentimento emocional*. Em outras palavras, ideias em sua cabeça que não têm emoção, entusiasmo ou fé raramente produzirão alguma ação. Para ter ação, você precisa ter emoção em seus pensamentos, precisa ter entusiasmo, ou precisa ter fé.

Imaginação sintética

Aqui vão alguns exemplos de imaginação sintética aplicada. Primeiro, vamos considerar a invenção de Edison, a lâmpada elétrica incandescente. Não há nada de novo na lâmpada elétrica de Edison. Os dois fatores combinados para criar a luz incandescente eram velhos e bem conhecidos pelo mundo muito antes da época de Edison. Restava a ele enfrentar dez mil diferentes derrotas antes de encontrar um jeito de unir essas duas velhas ideias e criar com elas uma nova combinação.

Como a maioria aqui sabe, uma dessas ideias era aplicar energia elétrica a um cabo de metal, e no ponto de fricção esse metal se aqueceria e produziria uma luz. Muita gente descobriu isso antes da época de Edison. O problema dele era encontrar novos meios de controlar esse metal, de forma que, quando aquecido, ele produzisse luz e não queimasse.

Ele tentou todos esses experimentos – dez mil, para ser exato – e nenhum funcionou. Então, um dia, quando ele se deitou para um dos habituais cochilos, Edison entregou o problema ao subconsciente, e enquanto ele dormia, o subconsciente encontrou a resposta. Eu sempre me perguntei por que ele teve que enfrentar dez mil derrotas antes de conseguir fazer o subconsciente agir e fornecer a resposta. Edison já tinha metade da ideia, mas, depois que acordou daquele cochilo, ele soube que a solução para a outra metade do problema estava no princípio do carvão.

Para produzir carvão, você põe uma pilha de madeira no chão, ateia fogo, depois a cobre com terra, deixando passar só o oxigênio suficiente para manter a madeira fumegando, mas não o suficiente para permitir chamas. Isso queima certa parte da madeira, e a parte que sobra é chamada de carvão. Você sabe, é claro, que, onde não tem oxigênio, não pode haver combustão. A partir desse conceito que conhecia havia muito tempo, Edison voltou o laboratório, pegou o metal que aquecia com eletricidade, colocou-o em uma garrafa, tirou dela o oxigênio e selou a garrafa, impedindo a entrada de oxigênio e seu contato com o arco. Depois, quando ligou a energia elétrica, ela queimou por oito horas e meia. Até hoje, esse é o princípio de funcionamento da lâmpada elétrica incandescente. Já notaram que, quando derrubamos uma dessas lâmpadas, ela explode como um tiro? Sabem por quê? Porque todo o ar foi extraído dela. Não tem oxigênio dentro da lâmpada, porque, se houvesse, o filamento queimaria rapidamente. Esse é um exemplo de duas ideias antigas e simples reunidas pela imaginação sintética.

Examine o funcionamento de sua imaginação, ou da imaginação de pessoas bem-sucedidas. Em um grande número de casos, acho que você vai descobrir que foi usada imaginação sintética, e não imaginação criativa. Rearranjar antigas ideias e velhos conceitos pode ser muito lucrativo.

Você pode ter descoberto que só existe um novo princípio nesta filosofia que está estudando (a Lei da Força Cósmica do Hábito). Em outras palavras, tudo aqui é tão velho quanto a humanidade, e só dei uma contribuição que você pode não ter conhecido antes. O que foi que eu fiz? Usei minha imaginação sintética e rearranjei ideias que já existiam. Em outras palavras, comecei com as coisas salientes que fazem parte do sucesso e as organizei como nunca haviam sido organizadas antes na história do mundo. Eu as organizei de uma forma simples, de um jeito que você e qualquer pessoa pode se apoderar delas e colocá-las em uso.

Sempre me pergunto por que alguém mais esperto que eu não pensou nisso antes. Quando dominamos uma ideia boa, sempre nos sentimos propensos a dizer: "Por que não tinha pensado nisso?". Ou, quando você tem a ideia, pensa: "Por que não tive essa ideia há muito tempo, quando precisava do dinheiro?".

A combinação que Henry Ford fez da carroça puxada por cavalos e a colheitadeira propelida a vapor não é mais que o uso da imaginação sintética. Ele foi inspirado a criar o automóvel quando viu pela primeira vez uma colheitadeira sendo puxada por um motor a vapor. Lá ia a máquina pela estrada: uma colheitadeira ligada a uma locomotiva a vapor. Quando o Sr. Ford a observou, ele teve a ideia de usar o mesmo princípio e colocá-la em uma carruagem (no lugar dos cavalos). Sua "carruagem sem cavalos" se tornou conhecida como automóvel.

Imaginação criativa

Agora vamos ver exemplos de imaginação criativa. Basicamente, todas as novas ideias se originam pela aplicação individual ou MasterMind da visão criativa. O que isso significa? Geralmente, significa que, quando duas ou mais pessoas se juntam e começam a pensar mais ou menos na mesma linha, em espírito de harmonia (e com o tipo de entusiasmo que todas as pessoas no grupo começam a ter quando estão trabalhando com ideias), vai sair desse grupo uma ideia pertinente àquilo que eles estão discutindo. Em outras palavras, se eles estão nessa discussão pela solução de um problema maior, alguém vai encontrar a resposta, alguém cujo subconsciente sintonize o depósito infinito e escolha a resposta primeiro. A resposta nem sempre vem da pessoa mais esperta, mais brilhante ou mais educada do grupo. Na verdade, costuma vir do menos educado e do menos brilhante.

Vamos ver alguns exemplos de imaginação criativa, como a descoberta científica de Madame Curie. Tudo que Madame Curie sabia era que, em tese, deve haver rádio em algum lugar no universo. Ela esperava que fosse nessa bolinha que chamamos de Terra. Veja, Madame Curie tinha um objetivo definido. Tinha uma ideia definida. Trabalhava essa ideia de forma matemática e determinada sobre a existência de rádio em algum lugar. Ninguém jamais tinha visto, produzido ou encontrado a substância.

Imagine Marie Curie tentando encontrar rádio e compare-a à história sobre a pessoa que procura uma agulha em um palheiro. Entre as duas tarefas, prefiro a agulha no palheiro. A essa altura, creio que vocês já devem ter uma ideia de como ela se dedicou a essa busca. Não estão pensando que ela saiu com uma espada cavando o chão em busca da substância, não é? Ah, não, ela não fez isso. Não era tão tola.

Ela condicionou a mente para sintonizar a Inteligência Infinita, e a Inteligência Infinita a guiou para a fonte. É o mesmo processo que se usa para atrair riquezas ou qualquer outra coisa que se desejar. Primeiro, você condiciona a mente com uma imagem definida da coisa que quer. Você a fortalece e sustenta com a fé e a crença de que vai conseguir o que quer, e continua querendo mesmo quando as coisas ficam difíceis.

O radar e o rádio, por exemplo, são subprodutos de imaginação criativa e da máquina voadora dos Irmãos Wright. Ninguém jamais havia criado e voado com sucesso em uma máquina mais pesada que o ar, até os Irmãos Wright produzirem a deles. Os irmãos Wright não tiveram incentivo do público quando anunciaram que iam voar na máquina. Até então, eles não a haviam feito voar, mas a demonstrariam novamente em Kitty Hawk, Carolina do Norte. Quando fizeram esse anúncio à imprensa, os jornalistas reagiram com tanto ceticismo que nem foram ao local. Nem um único jornalista foi até lá para o maior furo dos últimos cem anos. Eram sabichões, espertinhos que tinham todas as respostas. Com que frequência isso acontece quando alguém tem uma ideia nova? Sempre tem gente que não acredita que aquilo pode ser feito, porque nunca foi feito antes.

Não há limite para a aplicação de visão criativa. A pessoa que consegue condicionar a mente para sintonizá-la com a Inteligência Infinita pode encontrar a resposta para tudo que tem uma resposta. Qualquer coisa, seja o que for.

Olhe para a invenção da comunicação sem fio de Marconi e para a máquina falante de Edison. Antes da época de Thomas Edison, ninguém jamais havia gravado ou reproduzido nenhum tipo de som. Ninguém jamais tinha feito isso, ou nada parecido com isso. Até onde sei, não havia nem conversas sobre isso, ou histórias escritas a respeito disso, e mesmo assim Edison teve a ideia, e quase instantaneamente ele pegou do bolso um lápis e um pedaço de papel ou envelope e desenhou nele um esboço grosseiro do que mais tarde se tornaria a Incrível Máquina Falante de Edison, como foi chamada. É aquela que tem um cilindro, e quando a testaram, ela funcionou logo na primeira vez.

Foi um grande contraste com suas experiências anteriores. Vejam, a lei da compensação o gratificou por aquelas dez mil derrotas, quando ele pensava estar trabalhando na lâmpada elétrica incandescente. Percebem que coisa generosa e justa é a lei da compensação? Se você se sente injustiçado em alguma coisa, vai descobrir que tudo será melhor em outra, na proporção dos seus esforços, sejam eles quais forem. Isso também vale para a penalização. Talvez você escape da polícia em alguma esquina depois de ter passado no farol vermelho. Talvez escape dela de novo. Mas, na próxima vez, vai ser multado por dois ou três motivos. Vai descobrir que, em algum momento, ela vai alcançar você. Bem, em algum lugar na natureza tem um tremendo policial e uma tremenda máquina gravadora. Ela grava todas as nossas qualidades e todos os nossos defeitos, todos os nossos erros e todos os nossos sucessos. Mais cedo ou mais tarde, vai pegar todos nós.

Vamos ver a visão criativa enquanto avaliamos o grande estilo de vida americano. Ainda desfrutamos do maior privilégio de liberdade e da maior oportunidade de enriquecimento que a humanidade jamais conheceu. No entanto, precisamos usar a visão para continuarmos desfrutando dessas grandes bênçãos. Se você examinar que traços de personalidade fizeram nosso país grande, aqui estão eles. Em primeiro lugar, os líderes que têm sido responsáveis pelo estilo de vida americano aplicaram os dezessete princípios da ciência de sugestão com ênfase nos seis a seguir. Naquela época, não chamavam esses princípios pelos nomes, embora, provavelmente, soubessem que os estavam aplicando. Uma das coisas mais estranhas em relação a todas as pessoas bem-sucedidas com quem trabalhei é que nenhuma delas conseguiu me dar um passo a passo do *modus operandi* com que chegou ao sucesso. Por mero acidente, acreditem, tropeçaram nesses princípios aqui relacionados.

Na verdade, quero que vocês meçam os 56 homens que assinaram a Declaração de Independência com base nesses seis princípios. Vejam se conseguem rastrear a aplicação destes princípios na atuação deles:

1) definição de objetivo,
2) fazer o esforço extra,
3) o princípio MasterMind,
4) visão criativa,
5) fé aplicada,
6) iniciativa pessoal.

Eles abriram caminho para o estilo de vida americano. Não esperavam alguma coisa em troca de nada. Não regulavam suas horas de trabalho pelo relógio. Assumiam totais responsabilidades de liderança, mesmo quando as coisas ficavam difíceis.

Olhando para esses 53 anos de visão criativa, por exemplo, descobrimos que Thomas A. Edison, por meio de sua visão criativa e iniciativa pessoal, abriu caminho para a grande era elétrica. Ele nos deu uma fonte de energia que o mundo antes não conhecia. Pense em como um único homem abriu caminho para uma nova era – a grande era elétrica – sem a qual todo esse progresso industrial que tivemos – radar, televisão, rádio – não teria sido possível. Que coisa maravilhosa uma pessoa fez para influenciar a tendência de civilização no mundo todo. Que coisa maravilhosa o Sr. Ford fez quando criou o automóvel. Ele uniu os bosques e a rua principal, encurtou distâncias e aumentou o valor das terras, causando a abertura de incríveis estradas que passavam por elas. Deu emprego direto e indireto a milhões de pessoas que não teriam sido empregadas de outra forma. Agora, milhões de pessoas atuam no suprimento do ramo automobilístico. Wilbur e Orville Wright mudaram o tamanho da Terra, por assim dizer, encurtando distâncias pelo mundo todo – só aqueles dois homens agindo pelo bem da humanidade. Andrew Carnegie, por meio de sua visão criativa e iniciativa pessoal, deu início à grande era do aço que revolucionou todo o nosso sistema industrial e tornou possível o nascimento de uma grande variedade de indústrias que não poderiam ter existido sem aço. Ele não se satisfez com o acúmulo de uma grande fortuna pessoal. Elevou o padrão de seus associados com fortunas consideráveis que eles não poderiam ter acumulado sem a ajuda de Carnegie. Terminou a vida inspirando a organização da primeira filosofia de realização pessoal do mundo, que torna o *know-how* do sucesso disponível para a pessoa mais humilde. Que coisa maravilhosa um homem pode fazer agindo por intermédio de outro homem.

Quando você começa a analisar tudo isso, vê o que pode acontecer quando um indivíduo se junta a outro e forma uma aliança de MasterMind. Eles começam a fazer algo útil. Não há nada impossível para duas pessoas que trabalham juntas em espírito de harmonia sob o princípio MasterMind. Sem essa aliança, mesmo que eu tivesse cem vidas para viver, nunca poderia ter criado esta filosofia. No entanto, inspiração, fé, confiança e espírito empreendedor que tive ao ter acesso a um grande homem como o Sr. Carnegie me permitiram ascender ao nível dele, algo que eu nunca poderia ter feito sem esse princípio MasterMind e visão criativa. Houve épocas em que, se eu tivesse ouvido a voz da lógica e da razão, teria desistido desta filosofia e arrumado um emprego, como um de meus parentes disse que achava que eu deveria fazer. Eu poderia ter arrumado um bom emprego de guarda-livros em algum lugar, ganhando US$ 75 por semana. Teria tido segurança e teria estado em casa todas as noites (bem, quase todas), e tudo teria sido adorável. Podem acreditar, tive que resistir a esse argumento por um bom tempo, mas lutei contra ele com sucesso.

Vi coisas maiores na vida. Comecei a usar não só minha imaginação sintética, mas também minha imaginação criativa (e particularmente a última). Isso me capacitou a abrir as cortinas do desânimo e da falta de esperança, olhar para o futuro e ver ali o que agora sei que acontece no mundo como resultado de eu ter seguido adiante. Tudo isso pela visão criativa! Como é maravilhoso poder recorrer a essa coisa chamada visão criativa e, por meio dela, sintonizar os poderes do universo. Não estou fazendo um discurso poético, estou citando ciência, porque tudo que estou dizendo é prático, e está sendo feito, e pode ser feito por vocês.

Aqui vai uma breve visão panorâmica do que homens e mulheres com visão criativa e iniciativa pessoal nos deram. Em primeiro lugar, o automóvel, que praticamente mudou todo o nosso jeito de viver. Aqueles aqui que nasceram nos últimos vinte e cinco, trinta ou até quarenta anos não têm ideia de quais eram as vibrações desta nação na era dos cavalos e carruagens, comparando aos dias de hoje. Naquele tempo, você andava pela rua, ou cavalgava por ela, em segurança. O problema é que você não pode nem atravessar em segurança a rua onde há um policial de vigia, a menos que esteja muito alerta. Todo o método de transporte e todo o método de fazer negócios mudaram em consequência dessa coisa chamada automóvel. Os aviões hoje voam mais rápido que o som e reduziram este mundo a distâncias que permitem que povos de todos os países se conheçam melhor.

Talvez o Criador quisesse assim. Em vez daquelas preocupações e coisas que tínhamos no passado, reduzir o tamanho do mundo talvez aproximasse os povos do mundo todo, com distâncias viajáveis, de forma que eles pudessem se conhecer melhor, finalmente ser vizinhos ou irmãos – na alma e também fisicamente. Se a irmandade entre os homens algum dia acontecer, será por causa dessas várias coisas maravilhosas que a imaginação do homem descobriu e revelou, unindo-nos de maneiras que tornam mais conveniente, para nós, nos reunirmos e compreendermos uns aos outros pelo mundo todo.

Você não pode travar uma guerra com a pessoa com quem faz negócios todos os dias. Não pode brigar com o vizinho e ter paz de espírito. Tente se entender com as pessoas com quem tem de manter contato. Você se surpreenderia com quantas qualidades existem em pessoas de quem antes você não gostava quando as conhecer como elas são.

Você algum dia pensou no rádio e na televisão, que nos dão as notícias do mundo quase tão depressa quanto elas acontecem? Sem nenhum custo para nós, elas fornecem o melhor entretenimento para os chalés na montanha e as mansões na cidade. É um grande progresso desde os dias em que Lincoln aprendeu a cavalgar no cabo de madeira de uma pá em uma cabana de um cômodo. E muito distante das montanhas do Tennessee e da área rural da Virgínia, onde nasci (na época, famosa apenas pelas disputas na montanha, pela bebida de milho e pelas cascavéis).

Você pode girar um botão e ouvir as melhores óperas, a melhor música e o melhor de tudo. Pode saber o que o mundo está fazendo na mesma velocidade em que ele está fazendo. Sabe, se tivéssemos esses confortos quando eu era criança, duvido que meu primeiro objetivo principal definido tivesse sido me tornar um segundo Jesse James. Provavelmente, eu teria desejado me tornar operador de rádio, ou alguma coisa assim. Puxa, como isso mudou tudo para o povo das montanhas por lá, por todo o país, e pelo mundo. Pense em todas as coisas que a mente humana produziu para apresentar as pessoas umas às outras.

PRINCÍPIO 15

SAÚDE FORTE

Em muitos sentidos, a filosofia de Napoleon Hill estava à frente de seu tempo. Isso é particularmente verdadeiro na área da saúde. Muito antes de virar moda, o Dr. Hill falava sobre a ligação mente-corpo e sobre essas duas partes do ser humano serem inseparáveis. Ele apontou como qualquer coisa que afete uma vai afetar a outra. No início, muitos olharam para esse conceito com algum ceticismo. Agora sabemos, além de qualquer dúvida, que somos criaturas corpo-mente. Para funcionar da melhor maneira possível, devemos seguir o mandamento do 15º princípio de *O seu direito de ser rico*, a manutenção da boa saúde.

Vamos enfatizar que esta palestra é apresentada como o Dr. Hill sempre a apresentou, com este aviso: procure sempre seu médico antes de começar um programa de exercícios, dieta ou uso de medicamento. A intenção desta palestra não é defender alguma forma específica de tratamento médico, mas ajudá-lo a se manter saudável por meio de atitudes e comportamentos básicos comprovados.

Recomenda-se moderação em todas as coisas: não beber demais nem comer demais, dieta, trabalho e lazer equilibrados. Há muitos outros aspectos envolvidos, mas todos eles envolvem o exercício de outro princípio: autodisciplina. A premissa do Dr. Hill era que a boa saúde pode ser mantida, em grande parte, pelo controle de nós mesmos – pensar e viver de um jeito positivo. Só recentemente aprendemos o quanto ele estava correto. Estamos descobrindo algumas coisas que causam as doenças: comportamento destrutivo, venenos que ingerimos via alimentação, indústrias e ambiente. Certamente, influências além do nosso controle podem nos fazer adoecer, mas há muito que podemos fazer para impedir que a doença nos acometa.

É maravilhoso dispor de um organismo por meio do qual se possa ter essa velha forma física em boas condições para fazer tudo que você quiser, e como quiser. Se eu não tivesse um sistema para me manter saudável e cheio de energia, não poderia ter feito todo o trabalho que fiz durante todos esses anos, e não poderia fazer todo o trabalho que estou fazendo agora.

Na verdade, com a condição saudável de meu corpo físico, posso correr como pessoas com a metade da minha idade que não têm o organismo que eu tenho. Preciso me manter nessas condições por várias razões. Em primeiro lugar, gosto de viver melhor, e, se quero que meu corpo responda quando exijo entusiasmo, a base física tem que estar ali para esse entusiasmo. Não quero acordar doente, não quero olhar no espelho e ver minha língua toda branca. Não quero ter mau hálito. Isso não é bom, é? Sempre há meios e maneiras de evitar tudo isso, e espero que você tire desta aula sugestões que o ajudarão a manter sua forma física em boas condições.

ATITUDE MENTAL DE SAÚDE: CONSCIÊNCIA DE SAÚDE

Vamos colocar atitude mental – ou consciência de saúde – no topo da lista, porque, sem pensar, agir e viver nos termos da saúde, é bem provável que você não seja saudável. Nunca penso em doenças; na verdade, não posso me dar ao luxo de ficar doente. Simplesmente não posso. Doenças tomam muito do meu tempo. Prejudicam demais minha atitude mental. E você pode perguntar: como evitar as doenças? Eu as tenho, e você também pode tê-las, mas, quando chegar ao fim desta aula, não as terá mais com a mesma frequência de antes, porque aqui tem um jeito de controlar as enfermidades. Perceba que cada uma dessas coisas em relação ao condicionamento de sua atitude mental é algo que você pode controlar, se quiser.

Saúde mental 1: controlar estresse relacionado a família e trabalho

Reclamar de suas relações familiares ou profissionais prejudica a digestão. Você pode dizer que certas circunstâncias em sua família tornam a reclamação necessária. Se for esse o caso, é melhor mudar as circunstâncias para não ter do que reclamar.

O motivo para eu mencionar relacionamentos familiares e profissionais é que você passa a maior parte de sua vida nessas situações. Se deixar esses relacionamentos se basearem em atritos, mal-entendidos e discussões, não vai ter boa saúde, não vai ser feliz e não vai ter paz de espírito. Se houver algum ódio em sua vida, você precisa se livrar dele. Não importa quanto uma pessoa merece ser odiada, você não pode se dar ao luxo de odiar. Não pode, porque isso faz mal à saúde. Prejudica a digestão e produz úlceras estomacais. Pior que isso, produz uma atitude mental negativa que repele as pessoas, em vez de atraí-las. Você certamente não pode correr esse risco. E também atrai represálias, porque, se você odeia as pessoas, elas também vão odiar você. Podem não dizer, mas vão.

Saúde mental 2: eliminar a fofoca

Elimine a fofoca ou a maledicência de sua vida. Essa é difícil, porque há muito material bom para servir de fofoca no mundo. Parece um desperdício abrir mão de todo esse prazer, não é? Fofoca ou maledicência atraem represálias e também prejudicam a digestão. Em vez disso, vamos transmutar esse desejo em alguma coisa que seja mais lucrativa para você.

Saúde mental 3: controlar o medo

É preciso não ter medo, porque ele indica atrito nas relações humanas e também prejudica a digestão. Qualquer medo indica que alguma coisa em sua vida precisa ser modificada. Posso dizer com sinceridade que não existe nada na face da Terra, nem no Universo, de que eu tenha medo. Nada mesmo. Eu costumava temer tudo que a maioria das pessoas teme, mas tive um sistema para superar esses temores. Se eu tivesse medo agora, sabe o que eu faria? Eu o tiraria de mim. Eliminaria a causa desse medo. Qualquer que fosse o preço, ou quanto tempo demorasse, eu eliminaria a causa do medo. Simplesmente não vou tolerar medo em mim.

Você não pode ter boa saúde, prosperidade, felicidade ou paz de espírito se tiver medo de alguma coisa – mesmo da morte, acima de tudo. Pessoalmente, espero ansioso pela morte com grande antecipação. Vai ser um dos interlúdios mais incomuns de toda a minha vida. Na verdade, vai ser minha última experiência. É claro, vou adiar esse momento por muito tempo. Tenho um trabalho a fazer, mas, quando a hora chegar, estarei pronto. Será a última coisa que farei e a mais maravilhosa de todas, porque não tenho medo dela.

PENSAMENTOS SAUDÁVEIS CRIAM UM CORPO SAUDÁVEL

O jeito como você usa sua mente tem mais a ver com sua saúde do que todas as outras coisas combinadas. Você pode falar quanto quiser sobre germes entrando na corrente sanguínea, mas a natureza instalou dentro de você um sistema maravilhoso de cura, e se esse sistema estiver funcionamento direito, a resistência física vai cuidar de todos esses germes. A natureza tem um jeito de manter seu corpo saudável por meio da resistência; ela mantém os germes sob controle para que não possam se multiplicar. No minuto em que você fica preocupado, ou aborrecido, ou amedrontado, sua resistência física é quebrada e os germes se multiplicam aos bilhões, trilhões e quatrilhões. Quando você perceber, está doente.

Ação de saúde física 1: coma com paz de espírito

Não permita preocupações, discussões ou coisas desagradáveis na hora da refeição. Você sabia que a família mediana escolhe a hora da refeição como o momento de disciplinar o marido, a esposa, os filhos, ou o que tiver de ser disciplinado? É nessa hora que todos se reúnem, quando não estão propensos a fugir de um sermão. As pessoas se sentam e comem enquanto você faz seu discurso, mas, se pudesse ver o que acontece com a digestão ou a pressão de alguém que come enquanto é punido, saberia que esse é o momento errado para isso. Os pensamentos que você tem enquanto come aderem à comida e se tornam parte da energia que entra em sua corrente sanguínea.

Ação de saúde física 2: coma com moderação

Comer demais sobrecarrega o coração, os pulmões, o fígado, os rins e o "sistema de esgoto". Muita gente come o dobro do que realmente precisa. Pense em quanto dinheiro você economizaria no supermercado, especialmente com os preços como estão. É espantosa a quantidade de pessoas que comem em excesso. Se você faz trabalho braçal ao ar livre, pode precisar de uma comida pesada, substancial. Um homem que cava valas precisa de uma boa porção de carne e batatas, ou alguma coisa equivalente, mas um homem que trabalha no escritório, ou passa o dia todo em uma loja ou em uma casa, por exemplo, não precisa ter a mesma quantidade de comida.

Ação de saúde física 3: Coma uma dieta balanceada

Uma dieta balanceada inclui frutas, vegetais e muita água (ou o equivalente na forma de sucos). Na Califórnia, eu sigo o hábito de fazer pelo menos uma refeição por dia à base de alimentos "vivos" – vegetais, frutas, castanhas, esse tipo de coisa. Ela inclui alimentos considerados vivos e nada que tenha sido enlatado ou processado de algum jeito. Quando sigo minha dieta em casa, noto toda a diferença do mundo em minha energia. Não posso fazer isso aqui em Chicago. Eles me considerariam maluco se eu entrasse em um restaurante e pedisse esse tipo de refeição. Na verdade, duvido que pudesse ter esse tipo de refeição em Chicago.

Ação de saúde física 4: coma devagar

Comer depressa demais prejudica a mastigação adequada. Eu posso superar esse tipo de coisa, porque tenho um corpo forte e cheio de vida, mas não recomendo que tentem. Tenho certeza de que conhecem muita gente que faz isso, mas comer depressa demais mostra que você está com a cabeça cheia, não está relaxando e não está sentindo prazer.

Uma refeição deve ser uma forma de idolatria. Seus pensamentos devem ser só sobre coisas bonitas que você quer fazer, seu objetivo principal, ou as coisas de que mais gosta. Se estiver conversando com alguém enquanto come, deve ser uma conversa agradável, não uma missão de encontrar defeitos no outro. Se um homem se senta à mesa diante de uma bela mulher, não vejo por que ele não pode falar sobre seus lindos olhos, o cabelo, o batom ou qualquer coisa sobre a qual as mulheres gostam de ouvir você falar. Mesmo que esteja sentado à mesa diante da esposa, isso faria muito bem aos dois.

Ação de saúde física 5: Evite beliscar entre as refeições

Não coma chocolate, amendoim ou lanchinhos entre as refeições; não beba muito refrigerante. Se quiser beber alguma coisa, melhor escolher algo mais forte, porque vai lhe fazer algum bem. Estou falando de água, por exemplo. (Se assustaram com essa, não foi?)

Tenho visto moças no escritório almoçando chocolate, lanches que tiram da gaveta e uma ou duas garrafas de Coca-Cola. O estômago de uma pessoa jovem pode suportar isso por um tempo, mas, se seu corpo não for tratado adequadamente, mais cedo ou mais tarde a natureza vai cobrar por esse descaso. Seria muito melhor se uma funcionária de escritório comesse alface temperado com molho de salada. Também seria bom comer uma fruta, como uvas, porque qualquer coisa que você puder pegar na barraca de frutas é melhor que chocolate.

Ação de saúde física 6: Controlar o consumo de álcool (e cigarros)

Álcool em excesso é tabu a qualquer hora – exceto depois das seis. Admito que isso foi uma piada. Não é bem *assim*. Em excesso, a bebida alcoólica é tabu a qualquer hora, mas em doses razoáveis... é razoável. Posso tomar uma ou duas doses, mas, se passar disso, começo a dizer coisas que não deveria dizer, ou fazer coisas que não deveria fazer. Nada disso seria bom para mim.

Gosto de estar no comando da minha mente o tempo todo. Qual é a utilidade de encharcar o estômago e a cabeça para deixar de ser você mesmo? As pessoas descobrem muito sobre você, coisas que não quer que elas saibam. Além disso, você fica meio bobo, não fica? Não acha que uma pessoa cuja língua se afrouxa pela bebida oferece um espetáculo? Isso não a ajuda muito, seja quem for.

Se entro em uma casa (como é comum) onde as pessoas estão bebendo, não digo "Ah, não, obrigado, não bebo". Pego a bebida e, se não quero beber, espero até ninguém estar olhando e a deixo em algum lugar. Assim que tenho uma oportunidade, jogo tudo na pia. As pessoas pensam que bebi, mas não bebi, porque nessa noite posso ter uma palestra a dar. Seria tolice me encher de bebida antes de dar uma palestra. Seja bebida alcoólica, cigarro, seja qualquer outra coisa, consuma com moderação. Se você consome, em vez de ser consumido, não é tão ruim, mas o melhor plano é superar o hábito de uma vez.

Ação de saúde física 7: relaxamento e lazer

Equilibre todo trabalho com uma porção equivalente de lazer, porque você precisa se divertir para garantir boa saúde. Isso não significa que deve ter um número *equivalente* de horas de lazer, porque não é assim que funciona. Pode acreditar, trabalho uma hora, e apenas cinco minutos de lazer podem equilibrar meu tempo de trabalho. Quando escrevo, vou para outro plano. É tão duro para a constituição física, que quarenta minutos são tudo que posso suportar. Mas depois me sento ao piano e toco por cinco ou dez minutos. Pronto, equilibrei completamente toda aquela atividade intensa a que tinha me dedicado.

Ação de saúde física 8: durma o suficiente

Durma oito de cada vinte e quatro horas, se conseguir encontrar tempo para isso. Dormir bem é um bom hábito. Quero dizer, entre lá e deite. Não fique virando de um lado para o outro, gemendo, roncando, essas coisas. Deite-se e durma tranquilamente. Mantenha um relacionamento tão bom com sua consciência e com os vizinhos que não tenha nada com que se preocupar. Quando deitar a cabeça no travesseiro, você pode dormir imediatamente.

ELIMINE A PREOCUPAÇÃO

Treine para não se preocupar com coisas que não pode consertar. É ruim o suficiente se preocupar com coisas que pode resolver; eu não me preocuparia com elas mais que o tempo necessário para resolvê-las. Há algum tempo, um de meus alunos perguntou se eu me preocupava com as pessoas que me procuravam com seus problemas. Eu disse: "Problemas alheios? Não me preocupo com os meus, por que me preocuparia com os problemas de outras pessoas?". Não é porque sou indiferente – estou longe disso. Na verdade, sou muito sensível aos problemas dos amigos e dos meus alunos, mas não o suficiente para permitir que se tornem meus problemas. Eles ainda são seus problemas. Farei o que puder para ajudar a pessoa a resolvê-los, mas não os absorvo e não os assumo como meus. Não é assim que eu funciono, e vocês também não devem agir desse jeito. Tem muita gente que não só abre espaço para todos os próprios problemas, como também assume os problemas da família do cônjuge, dos parentes, amigos, da vizinhança, e às vezes os problemas do país inteiro. Preocupação foi feita para outro alguém, não para mim.

Você não precisa procurar problemas; eles o encontrarão. As circunstâncias da vida têm um jeito estranho de revelar aquilo que você procura. Se está procurando defeitos nos outros, ou procurando problemas, ou coisas com que se preocupar, você sempre vai encontrar. Se está procurando coisas com que se preocupar, não precisa ir muito longe; na verdade, não precisa nem sair de sua casa.

ELIMINE A FALTA DE ESPERANÇA

Uma pessoa sem esperança está perdida. Porém, a boa saúde inspira esperança, e a esperança inspira boa saúde. O que chamo de esperança? Para mim, esperança é algum objetivo ainda não alcançado na vida, alguma coisa pela qual você está trabalhando, alguma coisa que está tentando fazer e sabe que vai fazer.

Não se preocupe por não ser muito rápido. Muitas pessoas que querem ganhar muito dinheiro e enriquecer são tão impacientes que ficam nervosas; acabam se enfurecendo por não conseguirem o dinheiro rapidamente. Às vezes, esse desejo de conseguir dinheiro rapidamente influencia as pessoas a tentar obtê-lo do jeito errado, e isso não é bom.

Desenvolva esperança por meio da oração diária, não por mais bênçãos, mas por aquelas que já tem (por exemplo, a liberdade de um cidadão americano). Que coisa maravilhosa é rezar todos os dias de um jeito ou de outro. Em suas próprias palavras – ou só em pensamentos –, faça uma oração de agradecimento pela liberdade de que desfruta como cidadão americano. Agradeça pela liberdade de sermos nós mesmos, viver nossa vida, ter nossos objetivos, fazer amigos, votar como acharmos melhor, termos nossa religião e fazer praticamente qualquer coisa que quisermos. Somos livres para nos sacrificar vivendo errado, se quisermos. Temos o privilégio de agir por iniciativa própria em um emprego que é protegido dos prejuízos da guerra no presente. (Pelo menos achamos que não há perigo de guerra no momento. Pode haver mais tarde, mas agora não há.) Somos livres para aproveitar a oportunidade da liberdade econômica segura de acordo com nossos talentos, e somos livres para escolher nossa religião. Livres para praticar a boa saúde física e mental. Somos livres para usar o tempo que temos – livres para controlar nosso futuro – de qualquer jeito. Pense em como é maravilhoso ser senhor do tempo que você tem pela frente.

A parte mais rica da minha vida e das minhas realizações ainda está por vir. Ainda sou igualmente jovem na escola da minha profissão. De fato, ainda vou começar o jardim da infância. Mas, como vou fazer um trabalho muito bom antes de morrer, agora vou usar meu tempo melhor que antes. O tempo é algo precioso. Na verdade, agora eu o avalio em minutos.

A DOR É MENSAGEIRA DA NATUREZA

Uma dor de cabeça é aviso da natureza de que alguma coisa precisa ser corrigida em você. Se pensar por esse lado, a dor de cabeça é uma coisa maravilhosa. Não poderíamos viver sem dores de cabeça, e morreríamos jovens demais se tentássemos, porque uma dor de cabeça não é mais que a natureza avisando que você tem um problema em algum lugar, e é melhor cuidar disso. Sabia que a dor física é uma das coisas mais maravilhosas e milagrosas de todas as criações da natureza? A dor física é uma linguagem que toda criatura viva na Terra e pessoas de todas as nacionalidades entendem. A linguagem da dor é a única linguagem universal. Cada criatura viva começa a fazer alguma coisa quando a dor física aparece. Dor é uma forma de aviso e não admite prerrogativas de nenhum tipo, em nenhum momento. Esse é um mau hábito. A boa saúde não vem de frascos, mas pode vir do ar fresco, da comida integral, do pensamento íntegro e de bons hábitos de vida – tudo isso sob seu controle.

Pessoas gordas podem ser bem-humoradas, mas geralmente morrem jovens demais, e não gosto de ver gente jovem morrer. Jejum é um dos segredos da minha saúde maravilhosa. Não tenho doenças e tenho muita energia porque, duas vezes por ano, faço um jejum de dez dias. Passo dez dias sem nenhum tipo de alimento. Durante dois dias, condiciono o corpo preparando-o com frutas, suco de frutas, nada além de elementos vivos vitais. Depois, passo a consumir só água, bebo apenas água pura, o máximo que conseguir beber. Às vezes acrescento algumas gotas de sabor ou suco de limão, ou alguma outra coisa, só o suficiente para tirar a insipidez da água. (Quando se está de jejum, a água é realmente sem graça.) Nos primeiros dias depois do jejum, como muito pouco e só coisas leves, talvez uma tigela pequena de sopa (sem nenhuma gordura) e uma fatia de pão integral no primeiro dia. Você não precisa começar a jejuar só porque eu falei. Na verdade, não tem que jejuar, mas, se decidir começar, precisa aprender como e por que sob a orientação de um médico, ou alguém com conhecimento sobre jejum. Uma vez recomendei um jejum a uma aluna que estava uns 35 quilos acima do peso. Ela disse: "Jejuar? Por dez dias? Eu morreria de fome no primeiro dia, se me tirassem a comida". Não só acredito que ela estava falando sério, como também acho que morreria, mesmo. Se uma pessoa se perdesse na floresta, não só morreria de medo, como também acho que morreria de fome em dois ou três dias. Existe um enorme valor terapêutico, espiritual e econômico em aprender a *arte do jejum*.

TENHA PRAZER COM SEU TRABALHO

Trabalhar deve ser uma bênção, porque Deus garantiu que toda criatura viva precisa trabalhar, de um jeito ou de outro, ou vai perecer. Não é uma coisa maravilhosa para se pensar sobre o trabalho? As aves no ar e os animais na selva nunca fiam, nem plantam, nem colhem. Mesmo assim, precisam trabalhar para poder comer.

O trabalho deveria ser realizado em espírito de religiosidade, e como uma cerimônia. É maravilhoso olhar para o seu trabalho como uma prestação de serviço útil, não em relação ao que você pode tirar dele, mas em relação às pessoas que ajuda com o que está fazendo. Quando você se dedica a um trabalho de amor – fazer alguma coisa por alguém só por amor a essa pessoa, ou porque ela é sua amiga, não por dinheiro –, nunca se cansa desse tipo de trabalho. Ele faz alguma coisa por você. Você tem sua compensação enquanto trabalha. Esse negócio de fazer o esforço extra é uma parte maravilhosa desta filosofia. Faz você se sentir melhor. Você se sente melhor em relação a si mesmo, em relação ao vizinho, e isso melhora sua atitude em relação à saúde. Quando o trabalho é baseado na esperança de conquistar um objetivo principal definido na vida, ele se torna serviço voluntário, um prazer a ser procurado, não um fardo a ser carregado. Trabalhe em espírito de gratidão pelas bênçãos que o trabalho proporciona. Pela boa saúde física, segurança financeira, e pelos benefícios que pode proporcionar aos seus dependentes, melhore seu trabalho com amor.

CONSTRUIR FÉ

Aprenda a comungar com a Inteligência Infinita desde o interior e adapte-se às leis da natureza à sua volta. O maior sistema terapêutico que eu conheço é uma resistente e duradoura fonte de fé. Se alguma enfermidade o acometer, não conheço remédio melhor que a fé.

CRIAR BONS HÁBITOS

Todos os hábitos são feitos permanentes e trabalham automaticamente por meio da operação da lei da força cósmica do hábito, que exige que cada ser vivo receba e se torne parte das influências do ambiente em que existe. Você pode consertar o padrão dos seus hábitos de pensamento e dos seus hábitos físicos, mas a força cósmica do hábito se apodera deles e os faz prosseguir. Entenda esta lei e vai entender por que o hipocondríaco gosta da saúde fraca.

PRINCÍPIO 16

ORÇAMENTO DE TEMPO E DINHEIRO

Anos depois de Napoleon Hill ter desenvolvido esta filosofia da realização, o filósofo Buckminster Fuller cunhou uma expressão famosa, que mais tarde se tornou título de um de seus livros, *Manual de operações para a espaçonave Terra*. Fuller imaginou todo o nosso planeta como uma espécie de espaçonave se movendo pelo universo. Como uma espaçonave, ele argumentou, nosso planeta contém uma quantidade finita de recursos, e temos que administrar e estender ao máximo esses recursos se quisermos sobreviver e, ainda mais, prosperar. Anos antes de Buckminster ter falado em espaçonave Terra, Napoleon Hill criou o 16º princípio de *O seu direito de ser rico*: orçamento de tempo e dinheiro. Hill e Fuller são duas grandes mentes compartilhando a mesma ideia: a de que há uma quantidade limitada de tudo por aí – tempo, dinheiro, os recursos do nosso planeta.

O que você faz com os recursos à sua disposição? Como usa os segundos, minutos, horas, dias, anos que lhe são dados? Quanto de seu recurso tempo é desperdiçado? O dinheiro que você ganha, como o utiliza? Quanto dedica à manutenção de sua residência, às roupas e à comida em sua mesa? Quanto vai para a recreação? Quanto você guarda, se guarda? Quanto de seus recursos financeiros são desperdiçados? Se responder a essas perguntas com absoluta honestidade, você pode não gostar das respostas, mas respostas honestas podem ser a única coisa a levá-lo a tirar proveito máximo de seus recursos de agora em diante. Simplesmente por ser humano, seus recursos são, e devem ser, finitos. Se só tem uma quantia determinada de você por aí, como se divide? Como pode se distribuir melhor para tirar mais proveito do que tem a oferecer a sua família, seu trabalho, seu país e seu mundo? Para essas e outras perguntas, o Dr. Napoleon Hill oferece algumas diretrizes e respostas.

Se você quer ter segurança financeira, precisa fazer duas coisas, pelo menos. Tem que fazer um orçamento do seu tempo (como usá-lo) e fazer um orçamento do seu dinheiro (como administrar gastos e receitas) de acordo com um plano definido.

Vamos falar do tempo primeiro. Você tem 24 horas divididas em três períodos de oito. Não tem muito controle sobre as oito horas de sono, porque a natureza as reclama. Nem sempre tem muito controle sobre as oito horas que dedica ao trabalho. Mesmo que seja autônomo, ainda não tem muito controle, porque precisa trabalhar. No entanto, há oito horas que são suas para fazer o que quiser, inclusive desperdiçá-las, se for sua vontade. Você pode se divertir, trabalhar, relaxar ou desenvolver-se fazendo cursos, lendo, ou qualquer outra coisa. É aí que está a maior oportunidade das 24 horas.

Quando eu estava fazendo minha pesquisa, trabalhava dezesseis horas por dia, mas era um trabalho de amor. Reservava oito horas do dia para dormir, e nas outras dezesseis eu trabalhava. Passava parte do tempo treinando vendedores para sobreviver, mas a maior parte dessas horas eu ocupava com pesquisa, preparando esta filosofia para entregá-la ao mundo. Não fosse pelas oito horas livres do meu tempo, eu nunca teria feito a pesquisa necessária. Com essas oito horas de tempo livre, você pode praticar o desenvolvimento de todos os hábitos que quiser ter (por meio da lei da força cósmica do hábito). Você não precisa seguir meus planos, mas vai ter boas ideias nas aulas sobre fé aplicada, força cósmica do hábito e MasterMind. Quando criar um plano para você, será melhor do que se eu o tivesse ditado palavra por palavra e você tivesse simplesmente seguido minhas instruções. Vamos voltar às sugestões para fazer o orçamento do tempo, equilibrando receitas e despesas.

ORÇANDO O DINHEIRO PARA O SEGURO DE VIDA

Considere sua renda mensal ou anual. Use um caderno para orçamento e faça sua primeira anotação. Tendo ou não uma família, o seguro de vida é absolutamente indispensável – você não pode correr o risco de ficar sem. Se trouxe ao mundo cinco filhos por cuja educação é responsável, cabe a você tomar providências para que, se falecer e não houver mais uma renda, eles tenham dinheiro suficiente para cuidar da própria educação. Se você se casou e tem uma esposa que depende inteiramente de você, é sua responsabilidade deixar um seguro suficiente para o dote do segundo marido, caso você faleça.

Seguro de vida é uma proteção maravilhosa caso você seja afastado de sua fonte de produção. Isso é importante para um homem de família ou um homem que tem um negócio em que seus serviços são a maior parte dos bens. Há homens que são considerados "homens-chave", se seu afastamento representar uma tremenda perda para o negócio. Homens assim devem sempre ter um seguro de valor bem alto, o suficiente para preencher a lacuna que será deixada por sua partida.

DINHEIRO PARA ALIMENTAÇÃO, VESTUÁRIO E MORADIA

A segunda coisa a incluir no orçamento é uma porcentagem definida de renda para alimentação, vestuário e moradia. Não exagere. Você pode ir ao mercado e gastar cinco vezes mais do que precisa se não tiver um sistema para se orientar. Acredite você ou não, quem faz as compras de casa sou eu, não Annie Lou. Assim tenho o que quero. Aprendi muito sobre compras acompanhando as donas de casa que conheço. Descobri quais eram boas compradoras e fiz perguntas, e posso afirmar que havia muitas coisas que eu não sabia sobre comprar comida e lidar com a comida depois de comprada. Quando vou a um daqueles grandes supermercados da Califórnia, sempre escolho a dona de casa mais provável e a sigo, vou atrás dela e começo a fazer perguntas. É surpreendente como elas cooperam, como dizem tudo que você deve e não deve fazer. Devo dizer que não temos um orçamento para alimentação e vestuário. Compro o que quero, mas tenho que reconhecer que, em minha condição, um orçamento para comida ou roupas não é necessário. Houve um tempo quando era, e imagino que, para muita gente, seja necessário manter um orçamento para essas coisas.

DINHEIRO PARA INVESTIR

Reserve um valor definido para investir, mesmo que seja só um dólar por semana, ou mesmo cinquenta centavos por semana. Não é a quantia que importa, é o hábito de ser frugal e ter recursos. É maravilhoso ser frugal e não desperdiçar coisas. Sempre admirei qualquer pessoa que não cometa desperdícios. Meu avô costumava recolher pregos velhos, barbante e pedaços de metal. Vocês se surpreenderiam com a coleção de coisas que ele possuía. Minha frugalidade nunca foi tão longe... foi só até um Rolls-Royce e uma propriedade de seiscentos acres. Por mais que você conheça esta filosofia, se não tiver um sistema para economizar parte do que ganha, não vai fazer diferença quanto ganha, vai? E se você não tiver esse sistema, vai gastar tudo. Seja qual for o valor restante depois de você ter cuidado desses três itens, essa quantia deve ir para uma conta-corrente ou conta de gastos para emergências, recreação, educação, etc., de onde possa ser sacada. Você pode chamar essa conta de tronco, para cobrir coisas que não entram no orçamento. Se for realmente frugal, você a deixará crescer até atingir uma soma considerável; não deixará o saldo baixo o tempo todo. É bom saber que você tem um belo pé de meia no banco, em sua conta-poupança. Aconteça o que acontecer, você sempre pode sacar esse dinheiro. Pode não precisar dele, e é bem possível que ele o coloque naquele estado mental em que não vai ter que sacá-lo. Mas se não tiver o dinheiro lá, acredite, você vai ter mil necessidades e vai sentir medo.

O que me dá mais coragem para falar, ser eu mesmo e exigir que as pessoas saiam do meu pé talvez seja não ter que me preocupar com de onde vem meu dinheiro. Não tenho preocupações financeiras. Na verdade, não tenho preocupação nenhuma. Às vezes as pessoas tentam me preocupar, mas é como diz Confúcio: "Quando o rato tenta puxar o bigode do gato, o rato geralmente acaba na honorável barriga do gato".

Desenvolva um sistema para economizar uma pequena porcentagem do dinheiro que ganha. Não é tanto o valor, mas o fato de estar estabelecendo hábitos frugais. Se seu salário ou renda é tão baixo que você não consegue mais cortar despesas e só pode poupar 1%, no máximo (isto é, um centavo de cada dólar), pegue esse um centavo e guarde em algum lugar onde seja difícil pegá-lo. Acredito em investir em ações variadas, de forma que, se uma delas cair, isso não afeta seus investimentos. Existem muitos fundos de investimento dessa natureza, alguns bons e outros nem tanto, mas, se você quiser investir em um fundo, procure seu banqueiro ou alguém que conheça o mercado de ações. Não tente fazer um investimento desse tipo por conta própria. Via de regra, a maioria dos indivíduos não é qualificada para isso, mas, se você tem parte do seu dinheiro trabalhando para você, vai se surpreender com quanto esse jogo é bom. Você sabe que está reservando uma quantia todo mês ou toda semana, e essa quantia começa a trabalhar para você. Esse negócio de reservar dinheiro é meu jeito de dizer para você colocá-lo em algum lugar onde não posso enfiar a mão no bolso e pegá-lo.

Sempre que vou ao banco, saco um pouco de dinheiro para pequenas despesas, e, independentemente da quantia sacada, sempre pego uma nota de US$ 20, dobro e deixo em um compartimento especial da carteira. Se por acaso eu ficar sem dinheiro, sempre terei US$ 20. Outro dia precisei dele. Foi útil. Caso contrário, teria que ter descontado um cheque com alguém que não me conhece bem, e isso é algo que eu não teria desejado. Guardar dinheiro é uma coisa muito difícil para a maioria das pessoas, porque elas não têm um sistema para isso.

TEMPO PARA SUA PROFISSÃO OU OCUPAÇÃO

Em primeiro lugar, sobre a escolha de uma profissão ou ocupação, quanto tempo você dedica a ela? Quanto de pensamento e tempo dedicou à questão de ajustar-se a uma ocupação, um negócio ou uma profissão que pode ser um trabalho de amor?

Você pode se classificar em todos esses quesitos, de zero a cem. É claro, não está dedicando 100% do seu tempo a esse primeiro item. Mas se você ainda não encontrou a profissão ou ocupação que pode constituir um trabalho de amor, deve dedicar muito tempo a essa busca até encontrá-la.

TEMPO PARA PENSAMENTO PLAUSÍVEL

Quanto tempo você dedica ao tipo de pensamento sobre o que pode ser feito, e quanto tempo passa pensando no que não pode ser feito? Em outras palavras, quanto tempo dedica a pensar sobre o que quer ou sobre o que não quer? Já parou para fazer um inventário e ver quanto tempo dedica a coisas que não deseja na vida: medo, saúde ruim, frustração, desapontamento ou desânimo? Aposto que se surpreenderia. Se tivesse um cronômetro, você poderia registrar o tempo que dedica todos os dias a se preocupar com coisas que poderiam acontecer com você, mas nunca acontecem.

Você se surpreenderia com quanto do seu tempo vai um pouco aqui, um pouco ali, e mais um pouco naquele outro lugar. Quando se der conta, uma porção predominantemente boa parte de seu tempo estará sendo ocupada por pensamentos relacionados a coisas que você não quer – a menos que tenha um sistema de orçamento pelo qual mantenha a mente associada às coisas que quer.

TEMPO PARA GRATIDÃO

Tenho três horas reservadas para meditação. Três horas de oração silenciosa e meditação. Não faz diferença que horas. Quando chego em casa depois de uma dessas palestras, não importa a hora em que chego, normalmente dedico três horas de meditação a expressar gratidão pela maravilhosa oportunidade de lecionar para outras pessoas. Se não faço isso à noite, passo algum tempo durante o dia expressando gratidão. Você sabe que a melhor prece do mundo não é a que pede alguma coisa? Reze por aquilo que já tem. Providência Divina, não peço mais riqueza, mas mais sabedoria para usar melhor a riqueza que já tenho. Que coisa maravilhosa é isso! Todos vocês têm muita riqueza. São saudáveis, moram em um país maravilhoso, têm vizinhos maravilhosos e pertencem a uma classe maravilhosa (à classe de alunos nes*tas aulas de Napoleon Hill*). Pensem em todas as coisas que têm para agradecer.

Pensem nas coisas que *eu* tenho para agradecer. Estou aqui falando tudo que quero, e teria que haver alguma coisa errada nesta filosofia, *se eu não fosse rico*. Não é? Eu não teria o direito de ensinar isso a vocês se não pudesse afirmar que deu certo para mim. Posso ser o senhor do meu destino e o capitão de minha alma porque vivo minha filosofia. Eu a criei para ajudar outras pessoas também, porque em nenhuma circunstância eu faria alguma coisa para prejudicar, lesar ou colocar em risco outra pessoa intencionalmente.

TEMPO PARA RELACIONAMENTOS

Quanto tempo você dedica aos relacionamentos profissionais e pessoais? Quanto gasta em relações públicas ou construção de boa vontade em seus relacionamentos com outras pessoas, seja no seu negócio, seja no emprego? Você deve dedicar algum tempo a cultivar as pessoas, porque, se não fizer isso, não vai ter amigos que realmente quer ter. Longe dos olhos, longe do coração. Não importa quanto o amigo é bom, se você não mantiver contato, vai ser esquecido por ele. É preciso manter contato.

Um dia desses, vou criar uma série de cartões-postais que só custam dois centavos cada em postagem. Vou escrever um belo lema sobre amizade em cada um deles. Assim, meus alunos vão poder mandar um por semana para cada um de seus amigos, só para manter contato. E não seria uma má ideia para um profissional ou homem de negócios. Não causaria nenhum prejuízo a um profissional construir uma clientela desse jeito. Ele não violaria a ética de sua profissão enviando cartões, e também não haveria nenhuma aresta comercial nisso. Tudo que ele teria que fazer seria mandar um cartão por mês (doze por ano), com o tipo certo de mensagem no verso, assinando de próprio punho. Acreditem, essa seria a melhor maneira de construir uma clientela.

TEMPO PARA A SAÚDE

Quanto tempo você está dedicando aos hábitos da saúde física e mental que constroem uma consciência de saúde? Consciência de saúde não aparece sem esforço.

COMPROMISSO PARA VIVER SUA RELIGIÃO

Quanto tempo você dedica a viver sua religião? Não estou falando em acreditar nela. Não estou falando em ir à igreja e deixar uma moeda no cesto de vez em quando (qualquer um pode fazer isso). Estou falando sobre *vivê-la* – em seu quarto, na sala de estar, na cozinha, no local de trabalho. É a isso que me refiro quando pergunto quanto você vive sua religião. Quando se classificar nesse quesito, é isso que tem que medir, não quantas vezes vai à igreja, porque é possível que vá à igreja uma vez por semana, talvez mais (algumas religiões exigem mais), porque não é a frequência que conta. Não é a contribuição que dá à igreja em dinheiro. É o que você faz para *viver essa religião*. É isso que conta todos os dias da vida. Qualquer religião é ótima se as pessoas viverem de acordo com ela, em vez de só acreditarem nela. Não conheço uma religião na face da Terra que não seria maravilhosa se as pessoas vivessem de acordo com ela.

Pode parecer banal pedir para vocês se classificarem de acordo com o tempo que dedicam a viver de acordo com sua religião, mas, a menos que sejam muito diferentes de muita gente que conheço, precisam refletir sobre esse assunto.

TEMPO PARA MELHORAR E PROGREDIR

Como você usa seu tempo livre? É aqui que você precisa se examinar de verdade e fazer uma avaliação honesta. Quanto dessas oito horas de tempo livre você dedica a algum tempo de progresso de seus interesses, progresso mental, ou se beneficia de uma associação (profissional ou cívica)?

ANÁLISE: COMO OS OUTROS PRINCÍPIOS SE ENCAIXAM NESTE

Um plano definido. Você tem um sistema de orçamento sobre como gastar seu dinheiro? Se não tem, crie. Você pode fazer um sistema flexível, se quiser, para poder trapacear um pouco em uma semana e compensar na outra.

Pensamento preciso. Quando faz um orçamento dos seus recursos, quanto tempo dedica a aprender a pensar com precisão e pôr seus pensamentos em ação? Quanto está fazendo para pôr o princípio do pensamento preciso em prática? Lembre-se, esse princípio tem a ver com pensar com precisão, por conta própria, e usar o poder do pensamento (seja ele controlado ou não). Você controla seus pensamentos, ou eles são descontrolados? Deixa as circunstâncias de sua vida o controlarem, ou tenta criar circunstâncias que pode controlar? Lembre-se de que você não pode controlar todas elas, ninguém pode, mas certamente pode criar algumas circunstâncias que é capaz de controlar.

Já pensou no privilégio do voto? "Acho que não vou às urnas hoje; os cretinos vão arruinar o país de todo jeito, e meu votinho não vai fazer diferença nenhuma." É isso que você diz, ou é "Tenho uma responsabilidade e vou às urnas votar, porque esse é meu dever"? Dedique algum tempo a isso, sim? Muita gente não dedica, e é por isso que tantos políticos corruptos e outros agentes ocupam cargos públicos em que não deveriam estar. Muita gente decente não vota.

Melhorar relacionamentos. Seus relacionamentos familiares são danosos ou harmoniosos? Você estabeleceu um relacionamento de MasterMind ou está deixando passar esse princípio? Quanto tempo dedica a desenvolver e melhorar seus relacionamentos familiares? Faça alguma coisa para começar! Às vezes, alguém tem que ceder. Se a esposa não cede e começa alguma coisa, por que não vocês, cavalheiros? E vice-versa. Se o marido não começa a praticar o MasterMind, por que não vocês, esposas? Por que não tornar isso interessante para ele? Tenho certeza de que se preocupa com isso antes do casamento, ou ele não teria se casado com você. Por que não começar de novo e renegociar a relação de casamento? Imagine que coisas maravilhosas isso poderia fazer por seu relacionamento. Melhorar as relações compensa em paz de espírito, dólares e centavos, amizades e em todas as medidas que escolher.

Fazer o esforço extra. No seu emprego, na sua profissão ou ocupação, você está fazendo o esforço extra e gosta do trabalho? Se não gosta, descubra por quê. Se está fazendo o esforço extra, quanto está fazendo? Está fazendo o esforço extra com a correta atitude mental? Não interessa a quem ou o que está fazendo, se você sempre assume a responsabilidade de fazer o esforço extra com todo mundo, sempre terá muitos amigos, tantos que, quando chegar a hora de pedir a ajuda deles para fazer o que quer, eles estarão à sua disposição.

Nunca vou encontrar um relacionamento melhor do que aquele que tenho com as pessoas nas minhas turmas de aulas. Trabalho nisso, quero fazer por merecer essa relação. O resultado é que as pessoas aplaudem não só com as mãos, elas aplaudem também com o coração, e é esse tipo de aplauso que aprecio.

PRINCÍPIO 17

LEI DA FORÇA CÓSMICA DO HÁBITO

O 17º e último princípio de *O seu direito de ser rico* é a Lei da Força Cósmica do Hábito, e esse princípio específico nos traz um paradoxo. Por um lado, alguns alunos do Dr. Hill disseram que é o princípio mais difícil de entender. Por outro, ele é talvez o mais simples de todos os princípios. Talvez o paradoxo esteja no fato de a força cósmica do hábito ser tão óbvia; ela cerca e permeia tudo no cosmos: as galáxias, o fluxo das marés, o ritmo das estações. Como diz o ditado, pode ser fácil não enxergar o óbvio. Colocando de forma simples, força cósmica do hábito é a lei pela qual o equilíbrio do universo é mantido em ordem – por meio de hábitos estabelecidos.

Se o universo fosse uma empresa, a força cósmica do hábito seria o controlador. Essa é a imagem geral. A imagem menor é como o princípio afeta você. O motivo pelo qual a força cósmica do hábito é tão importante para você é que, por intermédio dela, você cria os hábitos individuais que se tornam uma parte sua – hábitos que podem ser positivos ou negativos. Você precisa aprender os segredos da força cósmica do hábito e como aplicar seu poder aos comportamentos físicos e mentais. O poder está aí, e, sabendo ou não, você o está usando todos os dias. De que maneira o utiliza é o que vai levá-lo ao fracasso ou ao sucesso.

Se você é estudante de Emerson e já leu seu ensaio sobre a lei da compensação, vai pegar a essência e o resumo desta aula mais rapidamente e também vai tirar mais proveito dela (do que aqueles que não conhecem o tema). Li os ensaios de Emerson durante dez anos, especialmente aqueles sobre compensação. Quando finalmente interpretei o que ele estava falando, decidi que um dia reescreveria aquele ensaio específico de forma que homens e mulheres pudessem entendê-lo na primeira leitura. Esta aula é o que reescrevi.

A FORÇA CONTROLADORA DO UNIVERSO

Ela é chamada de lei da força cósmica do hábito porque é a força controladora de todas as leis naturais do universo. Como você sabe, temos muitas leis naturais, e é óbvio que todas funcionam automaticamente. Elas não são suspensas por um momento, por ninguém. Qualquer indivíduo que se dedique a entender e se adaptar a essas leis pode ir muito longe na vida. Os que não as entendem e não se adaptam a elas acabam derrotados.

CRIAR HÁBITOS PODEROSOS

Sempre recebo perguntas sobre o assunto dos hábitos: por que os temos, como os desenvolvemos e como nos livramos dos que não queremos. Espero dar uma ideia geral da resposta a essas perguntas. Repeti muitas vezes a importância de reconhecer que o homem não tem controle sobre nada, exceto por uma coisa, só uma. O homem tem o privilégio de desenvolver os próprios hábitos, destruí-los, substituí-los por outros, refiná-los, mudá-los e fazer qualquer coisa que quiser com eles. Ele tem a prerrogativa e é a única criatura na face da Terra que tem esse privilégio.

Qualquer outra criatura viva tem seu destino determinado e a vida padronizada, e não pode se afastar desse padrão. Chamamos isso de instinto. O homem não é dominado pelo instinto; o homem é guiado apenas pela imaginação e pela força de vontade da própria mente. Ele pode projetar sua força de vontade e a própria mente no objeto que desejar. Pode formar os hábitos que forem necessários para levá-lo em direção a seus objetivos. Esta aula trata desse assunto.

Nessa ciência do curso do sucesso, as lições anteriores foram criadas para capacitar o estudante a estabelecer *hábitos* que o levem à segurança financeira, saúde e paz de espírito necessárias para a felicidade. Nesta aula, examinamos a já estabelecida *lei da natureza, que torna todos os hábitos permanentes para tudo, menos para a humanidade.* Não existe hábito permanente para o homem, porque, além de estabelecer os próprios hábitos, ele pode mudá-los por sua vontade. Pense que o Criador lhe deu controle completo sobre sua mente e os meios para fazer uso desse controle. A lei da força cósmica do hábito é o meio pelo qual você estabelece o padrão de sua mente e o direciona para o objeto que escolher.

As estrelas e os planetas são fixados pela força cósmica do hábito e não são submetidos a suspensão (ou desvio). São estabelecidos em seu curso fixo. Pense em todos os milhões, bilhões, trilhões e quatrilhões de planetas e estrelas por aí no céu. Todos seguem um sistema e nunca se chocam. Esse sistema é tão preciso que os astrônomos conseguem determinar com centenas de anos de antecedência o relacionamento preciso entre certas estrelas e planetas. Tudo acontece de acordo com um sistema. Se o Criador tivesse que pôr essas estrelas em seus lugares e cuidar de tudo todas as noites, ele seria muito ocupado. Ele não faz isso. Ele tem um sistema melhor que funciona automaticamente.

TRABALHAR COM LEIS PARA CRIAR SUCESSO

Se você aprende que leis são essas, pode se adaptar e tirar proveito delas. Se não aprende, seja por ignorância, seja por negligência, vai sofrer por causa delas. A maioria das pessoas não percebe que existe uma lei da força cósmica do hábito. Passa pela vida usando essa lei maravilhosa para conquistar prosperidade, saúde, sucesso e paz de espírito? Não. Em vez disso, enfrenta pobreza, doença, frustração e medo, e todas aquelas coisas que as pessoas não querem, porque mantêm a mente nessas coisas. A força cósmica do hábito simplesmente capta esses hábitos de pensamento e os torna permanentes. É aí que eu entro e os interrompo com esta ciência de filosofia, e é só por isso que vocês estão aqui.

O Sr. Stone e eu recebemos uma moça muito encantadora em nosso escritório na semana passada. Ela queria nos vender um espaço em um livro que estava organizando com base na data de nascimento das pessoas. Queria saber minha data de aniversário, mas o Sr. Stone não a deixou ir muito longe com essa história. Disse a ela que ele nunca se envolveria de maneira nenhuma com um sistema ou livro baseado no pressuposto de que a data do nascimento tinha alguma coisa a ver com o que acontecia na vida da pessoa. Ele falou: "Não posso falar por Napoleon Hill, mas minha decisão é essa". E eu confirmei: "Tirou as palavras da minha boca, Sr. Stone". Para a mulher, eu disse: "Não me importa sob qual estrela você nasceu. Não me importa que circunstâncias desfavoráveis pode ter enfrentado na vida, e não me importa o que aconteceu com você no passado. Sei que, se seguir minhas instruções, vai sair de onde está agora para onde quer estar, e vai fazer isso com facilidade. Sei disso, e sei que pode estabelecer hábitos que facilitarão tanto seu sucesso que vai se perguntar por que trabalhou tanto no passado e não chegou tão longe".

Muita gente se esforça mais para fracassar do que eu me esforço para ter sucesso, muito mais. É muito mais fácil ter sucesso quando você aprende as regras. Há muito mais prazer nisso do que no fracasso, e você não vai ter sucesso a menos que entenda essa lei da força cósmica do hábito. Já parou para pensar nisso? As menores partículas de matéria existem como resultado de hábitos fixados.

CONTROLAR HÁBITOS

Os hábitos de pensamento dos indivíduos são automaticamente fixados e tornados permanentes pela força cósmica do hábito. Pense nisso. O pensamento não é fixado, mas um hábito de pensamento é automaticamente fixado. Outro jeito de dizer a mesma coisa é: os pensamentos que você expressa vão ser *fixados em hábitos*. Não precisa se preocupar com isso. Enquanto mantiver a mente voltada para as coisas que quer que se tornem hábitos, a força cósmica do hábito vai cuidar de tudo. O indivíduo cria os padrões de seus pensamentos por repetição do pensamento sobre determinado assunto. A lei da força cósmica do hábito capta esses padrões e os torna permanentes (a menos que sejam rompidos ou modificados pela vontade do indivíduo). Seria terrível se não pudéssemos romper esses hábitos.

Quando vejo o número de pessoas que fumam, começo a pensar que talvez elas não consigam romper esse hábito. Quando vejo toda a publicidade que as revistas e os jornais dão ao alto índice de mortes por câncer de pulmão causado pelo cigarro, me pergunto se as pessoas podem ou não romper o hábito de fumar. Se você quer ter um câncer de pulmão por causa do cigarro, problema seu. Não tem mais nada que eu possa dizer. Porém, quero propor um último teste que pode ser útil. Se a partir de amanhã de manhã você não puder provar que sua força de vontade é maior que uma pitada de tabaco e um pedaço de papel, melhor começar a trabalhar imediatamente em sua força de vontade e reeducá-la. Quando parei de fumar, peguei meus cachimbos e disse para Annie Lou jogá-los fora, porque não precisaria mais deles. Ela disse: "Vou guardá-los até você pedi-los de volta". Eu respondi: "Jogue-os fora. Não vou mais precisar deles". Hábitos? Se você não consegue controlar o hábito de fumar, vai ser difícil controlar outros hábitos, como medo, pobreza e todo o resto que sua mente invoca.

Quando tenho que lidar com alguns inimigos, sempre enfrento primeiro o maior deles, porque, quando acabo com ele, os outros fogem. Se você tem hábitos que quer interromper, não comece pelos menores e mais fáceis, qualquer um é capaz disso. Comece pelos maiores, aqueles sobre os quais mais quer fazer alguma coisa.

Pegue o maço de cigarros que tem na bolsa ou no bolso. Quando for para casa, deixe-o sobre a cômoda e diga: "Você pode não saber, mas sou mais forte que você, e vou provar o que digo nunca mais mexendo nesse maço. Vou deixá-lo aqui por quarenta dias, e depois disso não vou mais precisar de cigarros". Não estou falando contra a indústria do cigarro, e não tenho ações de nenhuma dessas companhias. Estou apenas dando algumas ideias para você começar a testar sua capacidade de construir o tipo de hábito que quer ter, a começar pelos mais difíceis.

Aqui vai outro hábito. Faça um jejum de uma semana, uma semana inteira sem comida. Diga ao seu estômago que você é o chefe (ele pode pensar que é o chefe, mas é você). Não faça isso sozinho, procure orientação médica, porque jejum não é brincadeira. Assuma o controle sobre seu estômago e vai se surpreender com quantas outras coisas pode controlar.

Como podemos esperar ter sucesso neste mundo se permitimos que todos esses hábitos prazerosos nos controlem e governem nossa vida? Não podemos esperar o sucesso. Temos que formar nossos próprios hábitos e mantê-los por tempo suficiente, até a força cósmica do hábito sustentá-los automaticamente.

Hábito de consciência de saúde

Agora vamos voltar à questão de como o indivíduo pode aplicar a lei da força cósmica do hábito. Vamos ver a saúde física, por exemplo. O indivíduo pode contribuir para a saudável manutenção de seu corpo estabelecendo padrões de hábito. Se você quer comprovar a eficiência dessa lei da força cósmica do hábito, esse é um bom começo, porque não conheço nada que as pessoas queiram mais do que um corpo forte que atenda a todas as necessidades da vida. Sem isso, eu não poderia fazer o tipo de trabalho que faço. Não poderia escrever os livros inspiradores. Não poderia dar palestras inspiradoras se não soubesse que, quando piso no acelerador, tenho uma resposta imediata. Não importa a altura ou a inclinação da encosta, sei que tenho força para subir, porque mantenho meu corpo nesse tipo de condição.

Seu pensamento é onde começa a aplicação da força cósmica do hábito com o propósito de desenvolver boa saúde. A mente positiva leva ao desenvolvimento de uma consciência de saúde. Você sabe a que me refiro quando falo em consciência de saúde, ou a consciência de prosperidade, ou a qualquer outro tipo de consciência? É uma consciência contínua da condição que se deseja. Uma consciência de saúde é uma tendência predominante da mente a pensar sobre saúde, e não sobre doença.

Todo mundo conta sobre as cirurgias que fez. Há seis meses, um bom amigo meu me visitou depois de sair do hospital. Vou contar a vocês, ele descreveu a cirurgia com tanta nitidez que senti o bisturi girando em minhas costas. Finalmente me virei e massageei as costas, porque elas realmente começaram a doer no local que ele descrevia. Felizmente me controlei, mas não o convidei para me visitar de novo.

Muita gente não gosta de ouvir você falar sobre suas doenças. Não se interessam por suas aflições, e você também não deve se interessar, exceto para se livrar delas, e o melhor jeito de se livrar delas é formar uma consciência de saúde. Pense em termos de saúde, fale em termos de saúde, olhe para o espelho dez vezes por dia e fale "Sujeito saudável!", ou "Mulher saudável!". Fale com você mesmo, e vai se surpreender com o que acontece.

A mente positiva leva ao desenvolvimento de uma consciência de saúde, e a força cósmica do hábito leva esses padrões de pensamento à sua conclusão lógica. Porém, ela também realiza com a mesma prontidão a consciência de uma saúde fraca criada pelos hábitos de pensamento do hipocondríaco, inclusive a ponto de produzir os sintomas físicos e mentais de qualquer doença em que o indivíduo fixe os hábitos de pensamento por intermédio do medo. Estou dizendo que, se você pensa em certas doenças ou aflições por algum tempo, a natureza realmente as simula em seu organismo.

Havia uma senhora na região montanhosa de Wise County, Virgínia, onde eu morava quando era menino. Ela costumava ir à casa da minha avó todo sábado à tarde, sentava-se na varanda e nos entretinha a tarde toda com histórias sobre suas cirurgias, as do marido, sobre como o marido morrera, como a mãe morrera, de que morreram dois de seus filhos, e assim por diante. Depois de três ou quatro horas disso, ela concluía: "Sei que vou morrer de câncer", e levava a mão ao seio esquerdo. Eu a vi fazer isso uma dezena de vezes. Na época, não sabia o que era câncer. Uns dez anos mais tarde, meu pai me mandou uma cópia do jornal do condado, e vi um anúncio da morte de tia Sarie Ann Steve. Ela morreu de câncer no seio esquerdo. Parece que finalmente se convenceu disso. Não é um caso exagerado. É só um caso que conheço. Você pode se convencer a ter uma dor de cabeça, pode se convencer a ter um quadro bilioso, e pode se convencer a qualquer coisa. Você pode se convencer a ter qualquer doença se deixar a mente lidar com o lado negativo de seu corpo. O pensamento é importante.

Hábitos de pensamento enquanto se alimenta

A atitude mental e os padrões de pensamento estabelecidos enquanto estamos comendo (e também durante as duas ou três horas depois da refeição, enquanto a comida é digerida até se tornar líquido e entrar na corrente sanguínea) podem determinar se o alimento que entra em seu corpo é adequado para a manutenção da boa saúde. De fato, sua atitude mental quando está se alimentando torna-se parte da energia que vai para sua corrente sanguínea. Se você não sabe disso, é melhor aprender, porque é assim. Você não pode comer quando está perturbado, e não pode comer quando está muito cansado fisicamente. Sente-se, descanse e relaxe enquanto come. Na verdade, comer deveria ser uma forma de exercício religioso. Deveria ser uma cerimônia religiosa. Quando me levanto de manhã, a primeira coisa que faço é ir à cozinha e preparar um copo grande de suco de laranja. Idolatro cada gota desse suco enquanto o bebo. Não bebo tudo de uma vez só, deixo o suco descer pouco a pouco, idolatrando cada gole. Se acha que estou brincando, esqueça, porque estou falando algo muito importante sobre sua alimentação. Se você adquirir o hábito de abençoar sua comida, não só quando se senta à mesa, mas também quando ela entra em seu corpo, isso vai contribuir muito para a manutenção de sua saúde.

Hábitos de pensamento sobre o trabalho

Com seu trabalho, a atitude mental se torna uma aliada vital, um faz-tudo que trabalha em silêncio reparando cada célula do corpo enquanto se está envolvido em ação física. Portanto, trabalhar deveria se tornar uma cerimônia religiosa, cercada apenas por pensamentos positivos. Uma das tragédias da civilização é o fato de tão poucas pessoas se dedicarem a um trabalho de amor, isto é, fazer o que querem fazer porque querem fazer aquilo, não só porque precisam comer, dormir e se vestir.

Torço e rezo para que, antes de passar para o outro lado, eu tenha dado contribuições valiosas à humanidade, como a de que os indivíduos podem encontrar um trabalho de amor com o qual ganhar a vida. Que grande mundo seria esse, não fosse por algumas pessoas que vivem nele. Não que haja algo de errado com elas, são só seus hábitos que são errados. Elas pensam errado, e é isso que está errado. Que pensem em termos de boa saúde, opulência e fartura. Que pensem em companheirismo e irmandade, em vez de provocar discórdia, jogar um homem contra o outro, irmão contra irmão, nação contra nação, pensar em termos de guerra, e não de cooperação.

O mundo tem o suficiente para todos, inclusive para os esquilos, animais e aves. Basta algumas pessoas desistirem de ter demais e, enquanto acumulam, não tentarem impedir que outras tenham o suficiente, por meio do pensamento errado. Honestamente, não quero vantagens ou benefícios de nenhuma natureza que não possam ser compartilhados em todos os lugares e com todas as pessoas. Não quero nada que não possa dividir com as pessoas. Não quero vantagem sobre as outras pessoas, exceto a oportunidade de compartilhar meu conhecimento e minha capacidade de ajudá-las a se ajudarem.

Os famosos Irmãos Mayo descobriram quatro fatores de importância vital que devem ser observados para a manutenção da saúde física. Deve haver equilíbrio entre os hábitos de pensamento de trabalho, lazer, amor e religião. Não é interessante? Isso de acordo com o grande Mayo Institute, por cujas clínicas milhares de pessoas passaram. Eles descobriram que, quando essas quatro coisas estão em desacordo, o desequilíbrio quase invariavelmente resulta em algum tipo de doença física.

Aqui vai uma das principais razões para adotar e seguir o hábito de fazer o esforço extra. Esse hábito não só traz benefícios econômicos, como também permite que o indivíduo trabalhe com uma atitude mental que conduza à boa saúde física. Quando você faz alguma coisa a partir do espírito de amor, ou do espírito do desejo de ajudar outras pessoas, e não por um desejo egoísta, isso tende a proporcionar uma saúde melhor e construir melhores hábitos de saúde. Em oposição, considere a pessoa que tem o hábito de reclamar e faz todo o seu trabalho resmungando, em uma atitude mental negativa. Ninguém quer trabalhar com ela ou empregá-la. O homem que reclama enquanto trabalha prejudica não só ele mesmo; também prejudica todos à sua volta.

O Sr. Andrew Carnegie me disse que uma única mente negativa em uma organização de dez mil pessoas poderia desencorajar em maior ou menor medida todos ali em apenas dois ou três dias. Ele nem teria que abrir a boca para falar alguma coisa. Projetar seus pensamentos seria suficiente para afetar todo mundo. Entre em uma casa onde há brigas entre os membros da família, e você fica sabendo disso ao passar pela porta. Só preciso entrar no jardim para saber se quero entrar na casa ou não, ou se é ou não seguro entrar.

Temos uma experiência em nossa casa que me causa mais orgulho que tudo. Quase sempre, quando uma pessoa entra em nossa casa pela primeira vez, olha em volta e faz um elogio. Por exemplo, um renomado editor foi me visitar há não muito tempo e, quando entramos na sala, disse: "Que linda casa". Ele olhou em volta mais uma vez e deve ter notado que era só uma casa comum, nada de extraordinário. E disse: "A palavra *linda* não era a que eu queria. Tive uma sensação ao entrar. As vibrações são boas". Respondi: "Agora está esquentando. Está falando minha língua".

Essa casa é constantemente carregada e recarregada com vibrações positivas. Nada desarmonioso é permitido dentro dela. Até nossos cachorrinhos captaram essa energia. Eles respondem às vibrações da casa, identificam uma pessoa que não está em harmonia com ela no momento em que a pessoa entra, e eles não gostam desse tipo de pessoa. Sparky se aproxima, fareja a visita e, se ficar satisfeito com a atmosfera harmoniosa, lambe sua mão. Se não, se ela percebe que não há harmonia, late e se afasta. Eu não ensinei isso a ela. Foi ideia dela.

Casas, escritórios, ruas e cidades têm suas vibrações, compostas pelos pensamentos dominantes daqueles que trabalham e passam por ali. Se você for à Quinta Avenida, na cidade de Nova York, não importa quanto dinheiro tenha no bolso, se passar por aquelas lojas grandes e prósperas como a Tiffany's, vai sentir o clima das pessoas e vai se sentir próspero também. Por outro lado, ande quatro quarteirões no sentido oposto para a Oitava ou Nona, no Hell's Kitchen. Eu desafio vocês a percorrerem um só quarteirão ali sem se sentirem pobres como um rato de igreja, mesmo que tenham todo o dinheiro do mundo.

Benefícios econômicos e financeiros do hábito de pensamento

Vamos pensar nos benefícios econômicos e financeiros de trabalhar com o princípio da força cósmica do hábito. Em primeiro lugar, lembre-se da definição de objetivo.

> *Por uma combinação desses princípios de sucesso, é possível condicionar a mente e o corpo para entregar à força cósmica do hábito a imagem exata do status financeiro que se deseja manter, e esses pensamentos serão automaticamente captados e levados à sua conclusão lógica por essa lei da natureza que não conhece derrota.*

Hábito de pensar o que você pode fazer

Provavelmente, tive mais oportunidades de estudar pessoas bem-sucedidas de perto do que qualquer outro homem atualmente. Observei que elas pensam constantemente em coisas que podem fazer, nunca nas que não podem. Uma vez perguntei a Henry Ford se havia alguma coisa que ele queria fazer e não podia. Ele respondeu: "Ah, não. Não penso nas coisas que não posso fazer. Penso nas coisas que posso fazer". A maioria das pessoas não é assim. Elas pensam e se preocupam com as coisas que não podem fazer. Consequentemente, não podem fazê-las. Em outras palavras, elas pensam no dinheiro que não têm, e se preocupam com isso. Consequentemente, elas não o têm, e nunca o terão. Dinheiro é uma coisa peculiar, não é? Não acompanha o sujeito que pensa que não tem direito a ele. Por que será? Dinheiro é uma coisa inanimada; não acredito que a culpa seja dele. Não, não é ali que está a culpa, ela está na mente da pessoa que duvida de que pode tê-lo.

Percebo que, quando um aluno começa a acreditar que pode fazer as coisas, isso muda toda a sua situação financeira. E quando ele não acredita que pode fazer as coisas, não as faz. Todo o propósito desta filosofia é induzir meus alunos a construir hábitos de crença neles mesmos e em sua capacidade, de direcionar a mente para o que querem na vida e mantê-la afastada das coisas que não querem.

Se você não sabe muito sobre Mahatma Gandhi, seria uma boa ideia ler um livro sobre a vida dele. Esse homem não tinha nada com que lutar com os britânicos, exceto a própria mente. Ele não tinha soldados, dinheiro ou equipamento militar. Não tinha nem calça. Mas testou o grande Império Britânico, sem nada além de seu poder mental, resistindo a ele, não desejando e não aceitando esse império, até que os britânicos finalmente captaram a ideia de ir embora. É surpreendente quantos indivíduos se afastam quando você fixa a mente contra eles. Não é preciso dizer nada. Você só precisa falar em pensamentos "Não quero essa pessoa em minha vida", e ela vai acabar saindo, às vezes bem depressa.

O poder da mente é muito poderoso, maravilhoso e profundo quando você aprende a conhecê-lo e começa a usá-lo. É por esse meio que os hábitos de pensamento podem ser controlados até serem captados pela força cósmica do hábito. Quero chamar atenção para o fato de ninguém jamais ter se tornado conhecido por sua independência financeira sem antes ter estabelecido uma *consciência de prosperidade,* como ninguém pode permanecer fisicamente bem sem ter antes desenvolvido uma *consciência de saúde*.

Desenvolver o hábito de pensar o que quer

Lembro-me muito bem de quando comecei com Andrew Carnegie; minha maior dificuldade era esquecer que eu tinha nascido pobre, em um ambiente de ignorância e analfabetismo. Levei muito tempo para esquecer a pequena cabana na montanha de Wise County, Virgínia, onde nasci. Demorei muito para esquecer tudo isso e tirar da minha cabeça. Quando comecei a entrevistar homens de destaque, eu sempre pensava: "Ah, eu sou muito insignificante". Acho que sentia que tinha que me envergonhar e ter medo porque me lembrava de onde tinha saído. Lembrava-me da minha pobreza. Demorou muito até eu conseguir superar essa pobreza. Mas finalmente consegui.

Comecei a pensar em termos de opulência. Comecei a dizer: "Por que o Sr. Edison não haveria de querer me receber, e por que o Sr. Wanamaker não haveria de querer me receber? Sou tão grande em minha área quanto ele é na dele". Não só sentia isso, como também via o dia em que faria disso uma realidade. É uma conquista quando você pode influenciar a vida de milhões de pessoas no mundo todo. É uma conquista que nunca teria acontecido se eu não tivesse mudado os pensamentos de Napoleon Hill. Meu maior trabalho não era ir procurar os homens bem-sucedidos e conseguir sua colaboração. Isso era fácil. Meu maior trabalho era mudar os hábitos de pensamento de Napoleon Hill.

Se eu não tivesse mudado esses hábitos, os livros que escrevi e que inspiraram milhões de pessoas nunca teriam tido o efeito que tiveram, porque, quando um autor escreve um livro ou faz uma palestra, a exata atitude mental que ele tem quando escreve ou fala é transmitida para seu público. Nada pode impedir uma plateia de captar seus pensamentos. Você pode ter uma impressão sobre o escritor enquanto lê o livro. Você não poderia ler um dos meus livros e não perceber que eu lido com princípios tão fundamentais quanto a própria Inteligência Infinita. Não precisa de ninguém para provar isso a você; você sabe. Antes que eu pudesse escrever esses livros, tive que construir completamente meu processo de pensamento e meus hábitos de pensamento. Tive que aprender a manter a mente nas coisas positivas, mantê-la ali constantemente.

PENSAMENTOS EXCESSIVOS E FIXAÇÃO

Vocês sabiam que cada um aqui veio a este plano com um maravilhoso sistema próprio de cura? Da mesma forma que uma substância digere a comida e tira dela as coisas de que a natureza precisa, se você pensar corretamente, comer certo, se exercitar e viver corretamente, o médico químico dentro de você faz tudo automaticamente. É um sistema dado pela natureza para equilibrar tudo de que você necessita para manter seu corpo em boa condição o tempo todo. Mas você tem que fazer sua parte.

Fixações negativas

Fixação, ou pensamento excessivo, é maravilhoso se não se torna uma fixação negativa. Aqui vão fixações de medo: pensamentos limitantes sobre as coisas que você não pode fazer, medo de crítica, ou medo de alguma outra coisa. Se você quer usar a fixação e se beneficiar da força da lei cósmica do hábito, trabalhe na fixação da fé. Fé aplicada é uma fixação a que você pode se ater, porque fé é saber que, quando você busca as coisas de que precisa, sempre as encontra, e, se não estiverem onde você pensava que estariam, elas estarão por perto, à mão. Cultive esse tipo de fixação. Não a deixe escapar de você por negligência.

Repetição cria o hábito

Como você cria uma fixação ou hábito de pensamento? Por repetição. Aplique-a em tudo que fizer e pensar e disser. Repetição. Você pode se lembrar da fórmula de Coué: "Todos os dias, sob todos os pontos de vista, sigo cada vez melhor". Milhões de pessoas em todo o país repetiam isso, e não acontecia nada, a menos que a pessoa que repetia acreditasse nisso. Não era o que ela dizia que importava, era o pensamento com que dizia. Muita gente repetiu, repetiu e repetiu essa fórmula, depois a reprovou. Não funcionou para mim, porque no começo não acreditei nela – dá para entender por que não funcionou. Não faz diferença que fórmula você usa, ou se utiliza alguma fórmula verbal, desde que seus padrões de pensamento sejam positivos. Você deve repeti-los muitas e muitas vezes.

Adquira o hábito de pensar em termos positivos até a força cósmica do hábito captar sua atitude mental e tornar as circunstâncias de sua mente predominantemente positivas, e não predominantemente negativas. A mente da maioria das pessoas é predominantemente negativa o tempo todo. Você quer ter a mente predominantemente positiva o tempo todo, de forma que, seja qual for seu desejo, você possa ligar o poder e ter alguma resposta da Inteligência Infinita. A Inteligência Infinita não vai fazer nada por você enquanto estiver nesse estado de raiva, por mais que tenha o direito de sentir raiva. A Inteligência Infinita não vai fazer nada *por você*, mas vai deixar você fazer alguma coisa *por si mesmo* se você se mantiver em um estado mental negativo. Você não pode se dedicar a nenhum ato, expressão, relacionamento humano enquanto estiver em um estado mental negativo, e o melhor jeito de evitar esse estado mental negativo é construir hábitos positivos e deixar a força cósmica do hábito assumir o comando e torná-los predominantes em sua mente.

Mais negativos a evitar

Aqui vão as coisas negativas que você deve evitar ao criar suas fixações: pobreza, doença imaginária e preguiça comum. Sabe o que é um homem preguiçoso? É alguém que não encontrou um trabalho de amor. Não existe gente preguiçosa, só gente que ainda não encontrou o que gosta de fazer. É claro, algumas pessoas são bem difíceis de agradar. Passam pela vida com uma desculpa para explicar por que não gostam disso e não gostam daquilo.

Na verdade, elas não gostam de nada, ponto final. São preguiçosas. Outros pontos negativos são inveja, ganância, raiva, ódio, ciúme, desonestidade, vagar sem propósito, irritabilidade de maneira geral, vaidade, arrogância, cinismo, sadismo e vontade de ferir os outros. Essas coisas podem se tornar fixação na vida de muita gente, mas, como estudante desta filosofia, você não pode ter esse tipo de fixação. Simplesmente não pode se dar a esse luxo, custa caro demais.

Hábitos de pensamento positivo

Aqui vão hábitos de pensamento positivo que você *pode* ter (e não pode se dar ao luxo de não ter). A definição de um objetivo principal de vida encabeça a lista. Faça disso uma fixação. Coma, durma e beba essa definição. Todos os dias, dedique-se a atos que guiem na direção de seu objetivo principal na vida. Os mais positivos são fé, iniciativa pessoal, entusiasmo, disponibilidade para fazer o esforço extra, imaginação, as características de uma personalidade agradável, pensamento preciso e todas as outras características de uma realização individual nesta filosofia.

Transforme esses hábitos de pensamento positivo em fixações que dominem sua mente – viva de acordo com eles, pense de acordo com eles, aja de acordo com eles e se relacione com as pessoas de acordo com eles – e você vai se surpreender com a rapidez com que sua vida vai mudar nos seguintes aspectos:

- Pessoas que tentaram prejudicar você vão (por conta própria) se afastar e perder a eficiência.
- Você vai se tornar mais potente e atrair novas oportunidades.
- Você vai resolver seus problemas rapidamente quando eles surgirem.
- Você vai se perguntar por que não fez isso antes – por que se preocupou com seu problema, e por que não o resolveu, simplesmente.

Repetição e ação

Em todos esses hábitos de pensamento positivo, você vai notar que cada um deles está sob seu controle – todos submetidos ao seu controle – como resultado da repetição de pensamento. Tudo que você precisa fazer é continuar repetindo, repetindo e repetindo, e colocar alguma ação para reforçar o pensamento.

Palavras sem ação são mortas. Dedique-se a algum tipo de ação. É preciso desenvolver fixações, mas é preciso ter cuidado para que sejam fixações com algo que você quer, não com algo que não quer. Não é estranho que a maioria das pessoas viva tendo o que não quer e muito pouco do que quer? Muita gente não tem no casamento o parceiro que queria (depois de encontrá-lo e descobrir que é esse o caso, quero dizer). Conheço muita gente que não tem o que quer no emprego, ou na profissão.

Como um profissional (dentista, advogado, médico ou engenheiro) atrai clientes maravilhosos, com quem se dá bem, que pagam suas contas prontamente em dia? A resposta é ser assim ele mesmo. Em outras palavras, os efeitos começam com o próprio profissional. Sua atitude mental com os clientes ou pacientes determina como eles serão. Isso vale para quem trabalha por conta própria, para o emprego, ou para qualquer outra pessoa. *Se você quer reformar as pessoas, não comece por outras pessoas, comece por você mesmo.* Ajuste sua atitude mental e vai descobrir que os outros o acompanham. É inevitável. Se sua mente é positiva, a pessoa de mente negativa não consegue influenciá-lo. Uma pessoa de mente positiva é senhora daquela de mente negativa, se a pessoa positiva exercita seu direito de ser positiva.

Somos o que somos hoje por causa de duas formas de herança. Uma delas controlamos completamente, a outra não podemos controlar de jeito nenhum.

HERANÇA FÍSICA

Pela herança física trazemos um pouco da soma de todos os nossos ancestrais. Se nascemos com uma boa capacidade mental ou corpos fortes, tudo bem. Infelizmente, se nascemos corcundas ou com alguma doença, não há muito que possamos fazer quanto a isso. Em outras palavras, temos que aceitar a herança física como ela nos é dada.

Conheço um homem que perdeu a mobilidade das pernas pela pólio e tinha uma barraca de amendoins a dois quarteirões da Casa Branca. Porém, dentro da Casa Branca havia um homem com a mesma aflição comandando a maior nação do mundo. Esse homem fez de sua aflição uma vantagem, em vez de uma desvantagem.

HERANÇA SOCIAL

Herança social consiste de todas as influências sofridas a partir do nascimento (e talvez no estágio pré-natal). Essas influências incluem coisas que você escuta, coisas que vê, que aprende, que lê, e legiões de outras coisas numerosas demais para serem mencionadas. Essas influências têm o maior impacto sobre o que acontece conosco durante a vida. No entanto, tão importante quanto o que recebemos do nosso ambiente é *quanto o controlamos.*

É uma boa ideia voltarmos para rever as coisas em que acreditamos e descobrir que direito temos de acreditar nelas. De onde vêm nossas crenças? O que as sustenta? Acho que não tenho nenhuma crença que não seja sustentada por uma evidência sólida, ou pelo que eu acredito ser uma evidência. Não cheguei nesse estado de tolerância e mente aberta do dia para a noite. Eu era tão intolerante quanto qualquer pessoa, mas percebi que isso me fazia mal, e não fazia bem aos meus alunos ter a mente fechada para alguma coisa.

CONCLUSÃO

Isso conclui toda a apresentação do Dr. Hill desta filosofia. Para perceber sua maior contribuição para a ciência do sucesso, e o maior potencial de seu próprio sucesso, pense em ler de novo, de novo e de novo. Reveja os materiais desse programa até que se tornem uma parte de sua natureza e parte autêntica de você.

A apresentação do Dr. Hill tem um caráter histórico. Essas palestras são como uma fotografia tirada em Chicago na primavera de 1954. Porém, a filosofia não é estática como uma fotografia. A filosofia do Dr. Hill é viva, vital e viável hoje tanto quanto era quando foi criada, há tantos anos. Ela vai funcionar para você como funcionou para milhões que viveram de acordo com seus ensinamentos e lucraram a partir deles.

Outros milhões de pessoas viverão e lucrarão com esses valiosos ensinamentos no futuro. Você é uma dessas pessoas, um estudante dessa ciência do sucesso. Pode colocar seu poder para trabalhar todos os dias e adquirir riquezas que sempre sonhou em todos os campos de sua vida – pessoal e profissional. Você já está à frente da maioria, fez algo que muitas pessoas nunca farão, deu o primeiro e maior passo de sua vida. Você começou um novo caminho. Alegria, contentamento e realização estão diante de você, e desejamos tudo de bom em sua jornada.